“十二五”国家重点图书出版规划项目——
国家物流业振兴规划前沿理论与技术创新丛书

数字物流与电子物流

李向文　编著

中国物资出版社

图书在版编目（CIP）数据

数字物流与电子物流/李向文编著．—北京：中国物资出版社，2011.10
（国家物流业振兴规划前沿理论与技术创新丛书）
“十二五”国家重点图书出版规划项目
ISBN 978-7-5047-3762-5

Ⅰ.①数… Ⅱ.①李… Ⅲ.①数字技术—应用—物流 Ⅳ.①F252-39

中国版本图书馆CIP数据核字（2010）第260764号

策划编辑 郑欣怡　**责任印制** 方朋远
责任编辑 郑欣怡　**责任校对** 孙会香　杨小静

出版发行 中国物资出版社
社　　址 北京市丰台区南四环西路188号5区20楼　**邮政编码** 100070
电　　话 010-52227568（发行部）　010-52227588转307（总编室）
010-68589540（读者服务部）　010-52227588转305（质检部）
网　　址 http://www.clph.cn
经　　销 新华书店
印　　刷 三河市西华印务有限公司
书　　号 ISBN 978-7-5047-3762-5/F·1473
开　　本 787mm×1092mm　1/16
印　　张 12.5　**版　　次** 2011年10月第1版
字　　数 296千字　**印　　次** 2011年10月第1次印刷
印　　数 0001—3000册　**定　　价** 25.00元

前　言

国务院在2009年颁布的我国《物流业调整和振兴规划》中，有许多重点和亮点，其中十大重点任务中就强调要提高我国物流信息化水平、促进现代物流的发展。信息化技术是现代物流的核心之一，《物流业调整和振兴规划》强调国家与区域、行业的公共信息平台建设，实现信息共享，也鼓励企业的商业信息平台建设。我国的物流信息化水平还比较低，数字物流与电子物流的概念还不十分清晰，开发与应用技术体系还没有形成，市场环境和商业模式还远没有成熟，专业人才更是匮乏。为了贯彻落实《物流业调整和振兴规划》的战略部署和信息化建设任务，培养现代物流信息化高端人才，特编著这本物流前沿书籍。

现代物流是指在信息网络平台基础上，以信息技术为支撑，对各种物流资源进行优化处理，最大程度降低物流成本，提高物流效率，满足客户对物流服务的需求过程。数字物流与电子物流是现代物流的发展趋势，实现现代物流数字化、自动化的相关技术、管理思想都是数字物流要研究的内容。数字物流的关键技术包括物流信息技术、智能物流技术、物流信息管理技术、虚拟物流等，各关键技术又包含众多的基础科学理论和应用技术。因而，数字物流与电子物流研究涉及的学科、技术门类很多，是多学科交叉的研究领域。

本书主要从数字物流的概念出发，进而对其类似的概念如电子物流、虚拟物流等进行概念区分，阐述其内涵、特点、分类及发展前景等；重点讨论数字物流独有的系统结构及模式，数字物流信息平台的开发与应用模式及构建理论方法，数字物流与供应链信息化之间的关系，而数字物流与电子物流开发应用案例集中在最后一章中详细介绍。具体内容共分九章，分别是绪论、数字物流与电子物流概述、数字物流系统结构与模式、电子物流系统结构与模式、数字物流与电子物流的相关技术、数字物流信息平台的运作与应用模式、数字物流信息平台构建的理论方法、数字物流与供应链信息化、数字物流与电子物流开发应用案例分析，全面介绍了物流系统和物流信息特有的特点及其信息化管理技术、方法与应用选择策略，探讨了适应物流信息管理的特点，国际上主流的新的物流信息系统开发应用理论、方法与技术，如物流信息战略规划、物流信息资源规划、物流信息建模、物流信息系统体系结构。

本书编著过程中，研究生李欢、桑明光、刘琼琼、孙瑞娟、牟文飞在查找资料、初稿编写过程中付出了大量辛勤的劳动，中国物流与采购联合会和许多物流软件企业给予了大力支持，在这里一并表示衷心的感谢。

本书可以作为物流工程、物流管理、交通运输专业和物流信息管理以及相关专业本科生、研究生、MBA 的教材，也可以作为物流软件开发和物流信息管理人员的参考书和培训教材，还可供从事物流信息化的研究、开发、应用与教学人员参考。

作　者

2011 年 6 月

目　录

第一章 绪 论

本章将从现代物流的概念说起，阐述数字物流和电子物流的由来以及电子商务下现代物流的特点，并着重讨论数字物流的国内外研究现状及其研究对象与价值。

第一节 现代物流的发展趋势

数字物流与电子物流是现代物流的发展趋势，本节就从现代物流的概念讨论开始，阐述二者的由来，并展示了电子商务环境下现代物流所具有的特点。

一、现代物流的概念及其构成要素

(一) 现代物流的概念

什么是现代物流？目前，并没有统一的定义，站在不同的角度，有很多不同的认识。

现代物流就是现代管理制度、管理组织、管理技术、管理方法在物流中的运用。具体包括物流专业化、管理系统化、运输合理化、仓储自动化、包装服务标准化、装卸机械化、加工配送一体化、信息网络化。

● 现代物流是整个国民经济发展到一定阶段的必然产物，是经济发展的客观规律。

● 现代科学技术融入物流中，形成了以信息技术为支撑、以物流信息网络平台为特征的物流—现代物流。

● 现代物流追求的是供应链整体的最优，追求供应链整体的效率、效益的提高，以及整体成本的降低和服务质量的提升。

● 现代物流是以物流企业整合社会物流资源为经营模式，大型综合性物流企业凭其资产网络管理优势，发挥龙头和骨干作用，其他中小物流企业在分包上起衔接和补充作用。

(二) 现代物流的定义

现代物流是指在信息网络平台基础上，以信息技术为支撑，对各种物流资源进行优化处理，最大程度降低物流成本，提高物流效率，满足客户对物流服务的需求过程。

因此，现代物流有两个最基本的先决条件：实体网络和信息网络，它是物流、商流、信息流三流合一。

(三) 现代物流的构成要素

现代物流到目前为止还没有一个完整、公认的定义，《物流术语》也没有涉及。但

根据其本质特征，至少应由三个要素构成。

（1）现代物流理念：供应链管理理念；

（2）传统物流的实体运作：物流过程的各环节；

（3）信息运行平台：IT平台支持。

这样，现代物流的定义又可以简单归纳为：在供应链管理理念指导下、在信息技术支持下的物流活动。

二、数字物流与电子物流

众所周知，现代物流业是国民经济的基础和动脉，其发展程度是衡量一个国家现代化程度和综合国力的重要标志之一。物流发展经历了传统储运物流阶段、物流系统优化阶段和信息化物流阶段，物流运作要实现信息化、自动化、网络化和柔性化，物流管理要达到成本节约、价值实现、电子商务核心优势体现等，势必要求综合运用数字化或电子化信息技术指导物流的规划运行。数字化、电子化已逐渐成为物流过程中不可缺少的驱动因素和未来物流业发展的重要趋势。

（一）数字物流

1998年1月31日，美国副总统戈尔在加利福尼亚科学中心所作的“数字地球——认识21世纪我们这颗星球”的演讲中提出了“数字地球”的新概念。这是继“信息高速公路”后，美国政府计划实施的又一项旨在未来信息时代继续保持高科技、经济发展领先地位的顶尖技术系统工程。

所有这些信息技术的成功应用，给企业运作模式和管理水平提出了新的挑战。随着“数字地球”技术的研究，其中一些关键技术得到了突破，并逐渐商业化，其中包括高精度的全球定位系统、高性能的计算、海量的存储设备、功能更先进的地理信息系统、下一代互联网网络系统。世界政治体系、技术体系，乃至人类日常生活都产生了重大的变革，对物流这个系统而又年轻的产业，也提出了新的挑战，数字物流应运而生。

数字物流是指将物流过程进行信息化，借此表现物流体系的精确、及时等高效特征，进而达到“物流操作数字化、物流商务电子化、物流经营网络化”。

信息技术发展日新月异，新的技术、标准推陈出新，但信息必须为实际的生产、社会服务，才能体现其实用价值。物流作为现代社会化大分工的又一项新兴产业，正展现出其无穷的生命力。中国各级政府和部门现在正大力推广现代物流，并卓有成效，出现了大量的物流公司。这些物流公司有的是从传统运输公司转型的，有的是按照国际标准物流规范运作的，不论这些公司是何种经营模式，都对其企业信息化非常重视。这主要是因为物流概念在电子商务兴起时备受重视，而且现代物流发展又极大地依靠信息的建设，物流中的信息技术是未来信息产业中另一个重要的应用行业。

数字物流应经济社会、信息技术的发展而来，数字物流的发展也必然会促使社会经济的快速发展，促成新的信息技术的应用发展。

（二）电子物流

电子物流的提出和产生，是在信息技术和电子商务飞速发展的情况下，现代物流发

展的最新成果。在现行的物流组织体系下，物流是一个涉及环节多、范围广、业务分散的服务领域，单一的物流服务企业所提供的服务对象和范围都有局限性，而大量的物流需求者却难以找到物流服务方。物流服务市场所面对的是跨行业、跨地区的众多的供需方，其数量庞大，随时会发生物流商务活动。为了使物流供需双方方便、快捷地达成物流服务，物流的电子化、网络化、自动化成为必然的选择。

下面就从信息技术的发展应用和现代物流的发展趋势两方面来看电子物流出现的必然性。

1. 信息技术改造着物流企业

(1) 信息技术成为物流技术的核心。从美国、欧洲各国和日本物流业发展情况来看，国外物流企业的技术装备已达到相当高的水平，形成以信息技术为核心，以运输技术、配送技术、装卸搬运技术、自动化仓储技术、库存控制技术、包装技术等专业技术为支撑的现代化物流装备技术格局。同时，欧美的一些大型物流企业跨越国境，展开连横合纵式的并购，大力拓展国际物流市场，以争取更大的市场份额。这些都促使物流企业向集约化、协同化、全球化的方向发展。而基于互联网的电子商务进一步促进了电子物流的发展。因此，包含计算机技术、网络技术、通信技术在内的信息技术已经成为现代物流技术的核心。

(2) 信息技术促进了物流企业之间的信息共享。第一，信息共享减少了供应链上的“长鞭效应”。供应链上的“长鞭效应”是指链中企业对信息的曲解沿着下游逐级放大的现象。从表面上看，“长鞭效应”表现为需求的不确定性，实质上，这种不确定性是由于需求变化的信息在供应链中传递时出现失真进而被放大的结果，这给企业经营带来更大的风险。而信息技术的应用使得参与各方对信息高度共享，能有效消减“长鞭效应”，增进供应链上各节点企业间的合作关系，帮助实现供应链一体化和系统化。第二，信息共享提高了决策效率。物流企业之间的信息交流不仅是现实物流的信息反映，更主要的是通过信息的分析、判断进行决策。例如，美国优利电脑公司（Unisys）利用其全球物流信息系统与所有的仓库和承运人通过电子数据交换方式保持联系，用信息系统控制着18.5万件商品，总价值在5亿美元左右，任何一个零部件的移动都会在计算机上反映出来，该公司的每一位员工可以随时查询任何一个产品的库存。

(3) 物流企业纷纷进行信息化改造。信息技术的广泛使用，极大提高了物流企业的效率，提高了企业的服务水平和对客户及市场的快速反应能力。从一定意义上说，物流企业如果不进行信息化改造，就无法生存。

物流信息的商品化、物流信息收集的自动化、物流信息处理的电子化和计算机化、物流信息传递的标准化和实时化在物流业正逐步普及。信息技术的发展使物流企业实现了数据的快速、准确传递，提高了订单处理、采购、订货、装卸搬运、配送与发运以及仓库的管理水平，使订货、包装、保管、运输、流通加工实现一体化，能够快速响应客户需求，及时抵达，实时跟踪反馈，并将安全库存降到最低。

企业通过建设基于互联网电子物流系统，可以将企业与客户、供应商、分销商直接连接在一起，使交易和信息的传递更方便，剔除价值链中的多余部分，去掉多余环节。

并且，企业可通过互联网提供新的服务，在特定的环节上占据优势，控制与客户间的电子渠道，并制定商务规则。

基于互联网的电子物流信息系统为运输企业、物流经营者和客户提供了一个信息交换平台，是全程物流服务经营管理的基础，也是传统物流向电子物流转变的主要标志。

(4) 大量IT企业纷纷投身于物流信息化行列。我国的物流软件市场正在稳步扩大，一批新兴的物流软件企业正在成长，跨国IT企业如IBM、CA等也努力开拓我国物流软件市场。我国著名的IT企业联想也进军物流，表示将推出能运用信息技术实现可视化管理的IT产品，从而实现物流过程的全程监控。库存可视化进一步方便了用户获取信息、了解库存状况等。这些都为电子物流的发展奠定了技术基础。

2. 电子物流成为现代物流的发展方向

(1) 供应链一体化管理呼唤物流电子化。从20世纪90年代开始，随着经济全球化、网络化，物流在大多数企业中的作用发生变化，越来越多的企业从整个过程而不是从单个部分考察物流，从而产生了对商品、信息和资金进行一体化控制的供应链管理。供应链管理试图开发商品生产和客户服务的统一流程，物流已不再只是使成本最小化的机会，而是企业赢利的核心部分。然而，企业要真正实现供应链一体化，却面临着一个巨大的障碍，那就是各个管理层次间的信息脱节。

首先，业务执行层的运输和仓储信息难以实时采集出来。其次，企业的运输、仓储等业务部门之间的数据连接性不够，不能在整个企业的层面上及时作出合理的决策。再次，企业不能与供应链伙伴实现供应链可视化，也就使制造商与供应商、分销商和物流服务商之间不能实现信息共享乃至实时共享。最后，供应链伙伴之间无法做到统一对数据进行分析并作出决策和制订计划，从而无法实现真正的供应链一体化。

缺乏供应链上的信息共享是妨碍供应链一体化管理的最大障碍，因此，电子物流是供应链一体化的必然选择。

(2) 互联网成就电子物流。传统的物流服务，是由服务商直接向客户提供运输、仓储或其他增值服务。为了解决供应链信息脱节的问题，需要物流服务商不仅提供物流的服务，还要提供信息的服务。但一般物流公司自己的信息系统很难做得非常完备，要实现信息完全共享非常困难，于是就需要经过一些中间环节向客户提供服务。例如，有的企业专门提供一个共用信息平台，大家通过它来进行信息交换，这就是一种信息中间商。此外，还有配载，如货物运输上需要满载，一个公司和一个客户之间可以配载的水平和范围是有限的，但如果放在一个中立的网上市场，把货主放在一边，把物流服务商放在另一边，这样，很多货主的货物和运输公司的运输就可以在网上市场进行交易。这就打破了原来一对一的服务，变成了多对多的服务。一个客户可以跟很多人协作，也可以选择很多物流服务商。这种服务一开始可能只是一个信息的交换、一个信息的共享或者一个服务的多对多的共享。再后来，真正解决物流问题可能是需要从整个供应链上着手。所以，有专门的企业，不光在平台上提供信息交换或信息共享，还提供咨询服务，帮助客户制定解决方案，比如帮助客户选择运输路线、制定货物配置的方案等，这就是供应链管理的服务商。这些服务超出了原来传统的物流服务，是一种新的服务形式。这些服务都是基于互联网、基于一种电子手段，因此说，互联网成就了电子物流。基于互联网的电子物流各方关系，如图 1－1 所示。

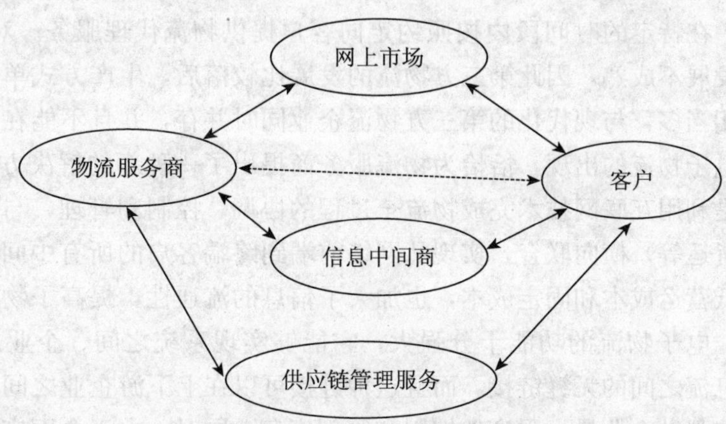

图 1－1 基于互联网的电子物流各方关系

(3) 物流信息平台撑起电子物流。物流信息平台是通过对公用数据的采集，为物流企业的信息系统提供基础支撑信息，满足企业信息系统对公用信息的需求，支撑企业信息系统各种功能的实现。同时，通过共享信息支撑部门的行业管理与市场规范化管理，建立协同工作机制。物流信息平台最重要的作用就是能整合各种物流信息系统的信息资源，完成各种系统之间的数据交换，实现信息共享。物流信息平台可以担负信息系统中公用信息的中转功能，各个承担数据采集的子系统按一定规则将公用数据发送给信息平台，由信息平台进行规范化处理后加以存储，根据需求规划或者各物流信息系统的请求，采用规范格式将数据发送出去。

通过物流信息平台，可以加强物流企业与上下游企业之间的合作，形成并优化供应链。当合作企业提出物流请求时，物流企业可通过物流信息平台迅速建立供应链接，提供相关物流服务。这有利于提高社会大量闲置物流资源的利用率，起到调整、调配社会物流资源，优化社会供应链，理顺经济链的重要作用，不但会产生很好的经济效益，而且会产生很好的社会效益。物流信息平台的建设，还有利于实现与电子商务 B to B、B to C系统的对接。随着电子商务交易系统建设的深入，如何为其配置电子化的物流系统已成为关键问题，而公共物流信息平台是解决这一问题的较佳方案。

(4) 电子物流代表现代物流的方向。电子商务在世界各国迅速发展，这促使现代物流上升到了前所未有的重要地位。随着网络经济和电子商务的发展，商品交易发生了巨大的革命，在这种情况下，未来物流的流通时间和流通成本，很大程度上取决于物流。因此，物流对未来的经济发展起到非常大的决定和制约作用。现代经济的水平，在很大限度上取决于物流的水平。电子物流应用电子化手段，实现了物流商务运作过程的自动化、规范化、有序化，使物流进入一个充分利用现有资源、降低物流成本、提高物流运行效率的良性轨道。同时，电子物流的运作方式也改变了现行物流体系的组织结构。可以推断，现代物流的方向就是物流电子化。

(5) 第三方物流发展电子物流的必要性。第三方物流通常又称为“契约”物流，是指从生产到流通过程中提供服务的第三方，其本身不拥有商品，而是通过达成合作协议或者合作联盟，在特定的时间段内按照约定向客户提供物流代理服务。对于我国来说，由于市场经济发展不成熟，因此第三方物流的发展比较落后，生产方式单一或独立的外包物流活动还相当多，与现代化的第三方物流企业同时并存，并且不能在短时间内解决这个问题。而电子物流的出现，恰恰为物流服务商提出了一种新的解决方案——利用电子手段，尤其是利用互联网技术完成物流全过程的协调、控制和管理，与其他服务的提供者（仓储、货运等）横向联合，实现从网络前端到终端客户的所有中间过程服务。这样，既可以降低营运成本和固定成本，也加大了信息的流通性，提高了物流企业的服务效能和竞争力。电子物流的功能十分强大，它能够实现系统之间、企业之间以及资金流、物流、信息流之间的无缝链接，而且这种链接可以在上下游企业之间提供一种透明的可见性功能，帮助企业最大限度地控制和管理库存。同时，由于全面应用了客户关系管理、商业智能、计算机电话集成、地理信息系统、全球定位系统、因特网、无线互联技术等先进的信息技术手段，以及配送优化调度、动态监控、智能交通、仓储优化配置等物流管理技术和物流模式，电子物流提供了一套先进的、集成化的物流管理系统，从而为企业建立敏捷的供应链系统提供了强大的技术支持。

三、电子商务下的现代物流

(一) 电子商务下的现代物流

电子商务是通过因特网进行商务活动的新模式。它集商流、信息流、资金流、物流于一身，物流包含在电子商务之中。电子商务下的现代物流是指利用电子商务可以整合供应链流程，物流配送网络为电子商务服务，是电子商务实现的基础之一。电子商务下的现代物流还有另一层含义，就是原来以原子（实物）状态配送的商品（如书籍、电子出版物），可以直接通过计算机网络以比特（数字）的状态实现虚拟配送。

随着电子商务的迅猛发展，全球物流和交通运输产业也面临新的商机。现代企业要利用互联网的优势开展商务活动，如果没有一个高效、合理、畅通的物流系统，电子商务所具有的优势就难以得到有效的发挥，电子商务也难以得到有效的发展。同时，电子商务在物流领域的应用，也为物流业带来新的运作模式。面对电子商务给现代物流带来的无限商机，电子物流在现代物流行业中日渐重要。

1. 电子商务的发展离不开物流电子化

电子商务的发展离不开现代物流，这是当今人们的共识，也是许多电子商务公司在经过多年的探索之后得出来的结论。一个完整的电子商务活动必然涉及物流、信息流、资金流和商流，其中：物流是基础，信息流是桥梁，资金流是目的，商流是载体。长期以来，电子商务的最大障碍就是物流与信息流、资金流、商流严重脱节的问题。电子商务靠网络订货，靠物流系统送货而将商品及时地配送到用户手中，完成商品的空间转移（物流），才标志着电子商务过程的结束。除了网上交易安全、全国统一结算、电子交易

法规等方面的原因之外，货物不能及时送达是许多电子商务公司至今未能取得成功的主要原因。

因此，物流系统的效率高低、整合社会物流资源的能力是电子商务成功与否的关键。而把物流业务委托给电子物流企业来做，是电子商务企业的理想选择。电子商务发展至今，不仅要求信息流（信息交换）、商流（所有权转移）和资金流（支付）的电子化、网络化，更需要实物投递过程（物流）的电子化管理。

2. 物流服务是电子商务的基本保障

无论是在传统的贸易方式下，还是在电子商务下，生产都是商品流通之本，而生产的顺利进行需要各类物流活动支持。整个生产过程实际上就是系列化的物流活动。合理化、现代化的物流，通过降低费用从而降低成本、优化库存结构、减少资金占压、缩短生产周期，保障了现代化生产的高效进行。

物流同样服务于商流。在商流活动中，商品所有权在购销合同签订的那一刻起，便由供方转移到需方，而商品实体并没有因此而移动。在传统的交易过程中，除了非实物交割的期货贸易，一般的商流必须伴随相应的物流活动，即按照需方（购方）的需求将商品实体由供方（卖方）以适当的方式和途径向需方（购方）转移。而在电子商务下，消费者通过上网点击购物，完成了商品所有权的交割过程，即商流过程。但电子商务的活动并未结束，只有商品和服务真正转移到消费者手中，商务活动才告以终结。在整个电子商务的交易过程中，物流实际上是以商流的后续者和服务者的角色出现的。没有现代化的物流，任何商流活动都会退化为一纸空文。

3. 物流是实现“以客户为中心”理念的根本保证

电子商务的出现，在最大限度上方便了最终消费者。他们不必再跑到拥挤的商业街，一家又一家地挑选自己所需的商品，而只要坐在家里，在互联网上搜索、查看、挑选，就可以完成他们的购物过程。但试想，他们所购的商品迟迟不能送到，或商家所送并非自己所购，那消费者还会选择网上购物吗？因此，物流是电子商务中实现“以顾客为中心”理念的最终保证，缺少了现代化的物流技术，电子商务给消费者带来的购物便捷等于零。

4. 电子商务促进了物流信息化

物流信息化表现为物流信息的商品化、物流信息收集的数据化和代码化、物流信息化处理的电子化和计算机化、物流信息传递的标准化和实时化、物流信息存储的数字化等。随着电子商务的发展，物流信息化在我国物流业中将得到普遍应用。

电子商务解决了物流过程中信息流、商流和资金流处理方式的烦琐，提高了物流速度。信息化是一切的基础，没有物流的信息化，任何先进的技术装备都不可能应用于物流领域，信息技术和计算机技术的应用将彻底改变我国物流业的面貌。因此，一方面电子商务需要物流的信息化，另一方面电子商务也促进了物流本身的信息化进程。

5. 电子物流是物流服务的电子商务应用

电子物流是物流服务商务活动的电子化、网络化和自动化。从物流活动过程来看，物流服务过程本身就是一个商务活动，它包括商务活动的洽谈、签约、支付、履行、结算等流程。这些商务流程也可以进行电子化，这一过程的电子化同样包含了信息流、资金流、物流服务流。与电子商务不同的是，电子物流交易的标的是物流服务，而不是商品，提供的是物流交易信息服务。电子物流是电子商务的一种应用形式，具备了电子商务的所有特征，电子物流也是传统物流与现代信息技术相结合的产物，电子商务、物流和电子物流三者的关系，如图 1-2 所示。

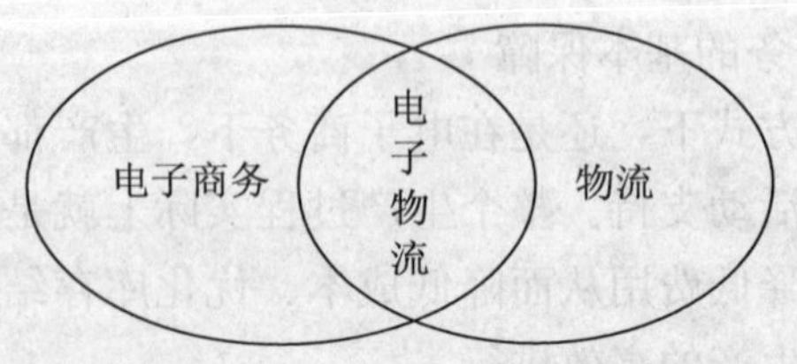

图 1-2 电子商务、物流、电子物流三者的关系

6. 电子商务改造传统物流企业

网络经济时代，物流企业纷纷开展电子商务，电子商务企业与物流企业相结合，呈现出一些新型业态。

（1）电子商务企业向物流企业延展。电子商务企业整合各种物流要素，如代为选择物流企业、物流方式和运输手段，代付运费、保管费及保险费，代为结算贷款，提供信息查询功能等。

（2）物流企业向电子商务延伸。物流企业开展网上交易或实现现货仓单交易。现货仓单交易即电子商务公司指定商品交割仓库，卖方将货物存入交割仓库，仓库开出仓单，卖方凭仓单在电子商务交易系统交易，交易成功，卖方转让仓单给买方，买方依据仓单提货。

面对电子商务的迅猛发展，物流企业在为供应商和消费者提供更及时、更具针对性的服务方面寻求更大的突破。电子商务为传统的仓储、运输、货代企业在网上订单的履行方面提供了许多新的商业机会。尤其是那些能够为客户提供较高增值服务的物流企业，将因此而获益更多。随着供应链管理在企业中的应用和发展，电子商务已经成为物流企业维持和提升其核心竞争力的重要工具。

（二）现代物流与电子商务的关系

电子商务的发展离不开现代物流，这是当今人们的共识，也是许多电子商务公司在经过多年的探索之后得出来的结论。早在 1994 年，一些公司就开始投资电子商务，但它们大都沿袭了期货业务的思路。只设计了网上查询、竞价撮合、银行结算划账的工作程序，几乎没有与之匹配的物流程序，也没有将物流企业作为自己的战略伙伴。几年之后，虽然花费了大量的资金，这些公司都没能成为电子企业家族中的一员，除了交易安全、全国统一结算、电子交易法规等原因之外，货物不能及时送达是这些公司至今未能取得成功的主要原因。

所以，只有电子商务与物流相结合才能够更好地促进二者的发展，形成新型的电子

物流。电子商务企业与物流企业的结合，大体有三种模式。

第一种是从电子商务企业向物流企业延伸。信息查询、交易在网上进行、物流业务由物流公司来做。各种要素的整合由电子商务企业完成。如代为选择物流企业、物流方式和运输手段，代付运费、保管费及保险费，代为结算货款，提供信息查询功能等，而物流企业只从事保管、分拣、包装、配送、运输工作。

第二种是从物流企业向电子商务延伸。信息查询、交易、货物送达由物流企业完成。例如，中储公司就曾设想这样一个方案：以仓库和物流中心为基地，卖者将货物存入仓库，并在网上发布销售信息。一旦与卖者在网上达成购销合同，仓库将锁定卖者的库存货物，买方款到发货，并由仓库将货款支付给卖方。

第三种是现货仓单交易。电子商务公司指定商品交割仓库，卖方将货物存入交割仓库，仓库开出仓单，卖方凭仓单在电子商务交易系统交易。交易成功，卖方转让仓单给买方，买方依据仓单提货。

综上所述，电子商务与物流链接还要克服许多困难和障碍，但二者结合的趋势十分明显。

1. 电子商务促成现代物流的电子化

许多数据表明，电子商务的浪潮并非昙花一现。据全球合作组织预测，2005 年，全球电子商务中的 B to B 交易额将达 7.21 万亿美元。这意味着电子商务将以每年 118%的速度快速增长。至于 B to C 业务，估计在线交易额也将从目前的 2.4 亿美元增长到 13 亿美元。业界人士普遍认为，电子商务将给全球物流和交通运输产业带来新的商机。面临电子商务的迅猛发展，物流企业必须在为供应商和消费者提供更及时、更具针对性的服务等方面寻求大的突破。事实上，电子商务不仅为现代物流企业，也为传统的仓储、运输、货贷企业在网上订单的履行方面提供了许多新的商业机会。尤其是那些能够为客户提供较高增值服务的物流企业将因此而获益更多。随着供应链管理在企业中的应用和发展，电子商务已经成为物流企业维持和提升其核心竞争力的重要工具。面临电子商务给现代物流带来的无限商机，电子物流在电子商务的带动下也发展迅速。

2. 电子商务凸显物流需求

电子商务活动由信息流、商流、资金流、物流四部分组成，任何一种交易模式都不例外。其中，信息流是桥梁，商流是载体，资金流是目的，而物流是基础。

对于电子商务这种商务模式而言，物流的价值主要体现在：

第一，提高电子商务的效率，从而支持电子商务的快速发展。

第二，扩大电子商务的市场范围。

第三，集成电子商务中的商流、信息流与资金流，促使电子商务竞争力的形成。

第四，实现基于电子商务的供应链集成。

电子商务的迅速发展引发了交易方式的创新，这种创新集中体现在商品的流通过程上，并由此引起流通模式的变革。早在大约十年前，物流对电子商务发展的重要性就引起了业界乃至社会的极大关注，配送“最后一千米”能力的欠缺，成为制约电子商务发展的瓶颈。因为在电子商务中，信息流、商流、资金流的活动都可以通过计算机在网上瞬间完成，唯独物流要经过实实在在的一系列操作，过程复杂、费时费力。因此，作为电子商务组成部分的物流便成为决定电子商务效益的关键因素。如果物流滞后、效率低、质量差，则电子商务经济、方便、快捷的优势就不复存在。可以说，完善便捷的物流系统是决定电子商务生存与发展的命脉。

就目前情况看，重商流、轻物流，适合电子商务发展的物流体系没有建立，物流基础设施不配套，物流管理手段落后，第三方物流服务滞后等问题的存在，已经成为中国多数电子商务企业进一步发展的严重阻碍。

在电子商务行业中，B to B、B to C、C to C 等不同模式对物流系统建设有着不同的需求，以 B to C 最为复杂。B to C 的物流操作流程主要包括货物装卸、检验、储存、分拣、包装、配送和物流信息管理等内容。由于电子商务面对的绝大多数都是零散客户，分布地域极其广阔，订单数量大，而且具有鲜明的小批量、多批次的特点，因此决定了电子商务企业物流配送的数量、频率和方向具有不确定性，给企业造成相对复杂的物流操作和较高的物流成本。为了提高配送效率，降低物流成本，以卓越、当当、京东商城为代表的 B to C 电子商务企业对物流配送进行了大量的探索和尝试。

电子商务集中体现了供应链的思想理念，使供应链整合更加可行。电子商务使商流、信息流、资金流打破时空限制，信息共享更加方便、快捷。

商流、信息流、资金流在电子工具和网络通信技术支持下，可通过轻轻点击瞬息完成。但是物流，物质资料的空间位移是不可能直接通过网络传输的方式来完成的。需要具体的运输、储存、装卸、保管、配送等各种设施和活动为支点和基础。

电子商务的 B to B 模式需要通过物流运作来实现交付，B to C 模式需要通过配送网络完成服务。

总之，现代物流与电子商务关系的结论可以形象地比喻为：供应链理论是思想，电子商务是神经，物流是肢体。

第二节　国内外数字物流研究与发展

数字物流的概念起于 1998 年美国副总统戈尔的“数字地球”的演讲中，那么十几年以来，国外数字物流的研究发展有着怎样翻天覆地的变化？中国的数字物流的发展又是如何？与国外相比还存在哪些差距？前景在哪里？

一、国内数字物流研究与发展

（一）数字物流在中国发展现状

近年来，数字物流在中国传播很快，很多企业已经开始实施，它们大都是基于原来传统的实体物流。若没有传统的实体物流做基础，就去做数字物流公司、网上配载、网上运输交易、网上提供仓库等，很难真正实现数字物流。现在已初步成型的，都是原来有传统实体物流的，比如说“中运网”，最早是通过 BP 机来配货，形成了传统的服务网

络。又如“中储在线”，主要依托中储在全国各地的仓库资源，把它放在网上交易。还有“华夏交通在线”，主要是靠交通部门来支持其推广。这些企业之所以能开展数字物流服务，源于其原有的物流资源。所以发展数字物流首先要有物流，在原有物流的基础上，加上数字化手段。但总体来讲，目前我国的数字物流公司处境比较困难。原因主要有以下几个方面。

1. 数字物流公司赢利模式很模糊

数字物流公司是在双方交易成功后收取费用，但是客户和供应商获得信息后不是在网上进行交易，而是进行网下交易。这样就绕开了中间商数字物流公司，使其无法得到应有的报酬。现在我国网上收费客户接受率不高，多数客商还不能接受收费网站。这也给数字物流的发展带来一定的影响。

2. 信息技术未达到数字物流的发展要求

数字物流公司要提供很好的平台服务，这对公司的信息技术要求很高，我国现有的网络基础设施还不能完全跟得上。

3. 物流企业的资质能力不够

据调查，深圳有5000家物流企业，其中有很多都是个体企业，蹬三轮的也挂个物流公司的牌子。这样的个体企业要真正做到实行电子商务进行网上交易，还很难。

所以国内做数字物流公司，要让很多货主和物流服务商接受基于信息平台的服务，还需要一个很长的过程。

（二）发展条件与前景

我国加入WTO后，物流市场已逐步对外开放，物流行业逐步与国际标准接轨，这为数字物流的发展创造了良好的环境。在信息通信方面，目前我国四大骨干网络的覆盖范围包括全国地市以上城市和90%的县级市及大部分乡镇，并连通世界主要国际信息网络，从而使EDI、GPS等一些围绕物流信息交流、管理和控制的技术得以应用。与此同时，我国的物流软件市场正稳步扩大，一批新兴的物流软件企业正在成长，跨国IT企业如IBM、CA等也努力开拓我国物流软件市场。这些都为数字物流的发展奠定了技术基础。相信经过一段时间的优胜劣汰，一些拥有清晰的商务模式和良好的管理团队的电子物流服务商将脱颖而出，数字物流这一适应网络经济的新型服务形式在中国的发展前景将十分广阔。

面临网络经济给物流业带来的机遇，中国的物流业也正面临着重大变革。一是物流基础设施（物流基地、配送中心）的建设。二是物流行业组织、协调模式的变革，使之与物流基础设施的变化相适应。数字物流正成为中国物流业的发展方向。物流企业间的电子化信息互动实现了产品简单、准确、快捷的物理流动过程。把供应链伙伴间的业务流程数据化、数字化，再通过有效的方式联结起来，实现物流信息的互动，这一切正在改变着中国物流业的面貌。

虽然总体而言，在中国，单纯的数字物流公司处境比较困难。但中国的经济和信息技术的发展，也给数字物流的发展创造了良机。这就需要企业不能单单只做数字物流业务，基础的物流功能运作也是应该要有的。

二、国外数字物流研究与发展

（一）国内外数字物流发展差距

虽然数字物流在中国传播很快，但由于经济发展等造成的物流水平差距等原因，使得国内外数字物流发展水平相距甚远。

1. 物流发展水平相距远

据统计资料表明，美国的物流成本占整个 GDP 的 9%，而中国的物流成本占整个 GDP 的 25%。中国的劳动力成本、物流资源成本、设备成本均大大低于发达国家。从理论上讲，中国的物流总成本也应该比发达国家低很多，但事实上却比发达国家高得多。这说明中国的供应链过程中发生了巨大的隐含成本（如逆向物流成本、订单物流成本、批量变化成本、库存成本等）。在这些隐含的成本因素中，库存成本是最依赖供应链协作方式，也是影响供应链效率最大的因素。

2. 先进物流管理理念的运用较少

在过去的近 30 年里，国外在供应链效率改进方面不断产生新的概念和应用，如快速反应（QR）、卖方管理的库存（VMI）、交叉堆放（Cross Docking）等都只有一个目标，即通过供应链伙伴间的协作降低总体库存，缩短产品交付周期。而这些概念的实施无一例外地建立在 EDI 基础上。到目前为止，发达国家 90%以上的物流信息互动过程都是由 EDI 完成的。在美国，若不采用 EDI 系统，其物流成本不会只有 9%。EDI 在使供应链伙伴间协调运作，从而有效降低物流成本过程中发挥了巨大作用。

在中国，EDI 应用还未普及，供应链过程的信息沟通几乎建立在传真、电话或人工传递基础上。其主要原因有两个：一是 EDI 初始投资太大，二是在中国还只是一个通信技术，而没有相应的增值服务来实现企业间业务流程的集成，从而使技术仅仅是技术，不能有效地为业务服务。

3. 先进的信息技术应用未普及

国内物流信息化进程瓶颈种种，甚至有“上 ERP 早死，不上 ERP 找死”的信息化悖论。信息技术如 RFID 应用尚未普及，严重制约着物流的信息化进程，很难实现数字物流，实现物流操作数字化、物流商务电子、物流经营网络化。

这样导致中国的数字物流与国外的数字物流水平还有一段不短的距离。在国外，尤其是发达国家，物流业起步早、水平高，在发展电子商务时，具备能够支持电子商务的现代化物流水平。

（二）国外数字物流发展好的原因

1. 物流专业人才多

国外物流和配送的教育和培训非常发达，形成了比较合理的物流和配送人才的教育培训系统。相比较而言，我国在物流和配送方面的教育还比较落后。

2. 物流和配送发展所需的制度环境完善

制度环境主要是指融资制度、产权转让制度、人力使用制度、市场准入或退出制度、社会保障制度等。企业在改善自身物流效率时，必须涉及各种物流资源在企业内部

和企业与市场之间重新配置。上述制度利于企业根据经济合理原则对物流资源的再配置。

（三）美国数字物流的发展

物流概念起源于美国，数字物流也发源于美国。而且，随着现代物流发展的需求，信息技术发展扎实，数字物流稳步发展。

1. 数字物流公司发展迅猛

例如，总部设立在美国纽约的全球物流电子信息技术服务公司，包括公司总经理在内，总共有 27 名从事物流的专门技术人员，尽管他们一年到头忙碌的都是与物流有关的业务，但是却没有一个人直接处理任何货物的运输服务。像他们这些物流软件的开发商和网络设计专家，创造的产品都是当前高科技电子产品热门货，目前在美国的物流经营市场供不应求。

物流电子软件市场发展神速，现在不少货运物流公司已经拥有相当实力的软件开发和网络设计技术专业队伍，货运物流公司之间的竞争已经迅速发展到电子网络技术方面。

2. 货运物流公司对物流数字化的支持

实现数字物流，高科技投入必然会带来额外投资成本，目前美国的货运物流公司实施“细水长流”方针，即让客户支付少量的高科技费用，其余大部分高科技发展费用和风险均由货运物流公司承担。公司人员介绍，物流的传统操作系统通常有两个项目需要跟踪，一是什么时候提货，二是什么时候发货。

美国物流业现已对此进行彻底改革。新的物流操作系统是通过网络系统达到每一个项目和每一票货物的全程实况跟踪。这是货运物流市场发展的需要。

3. 美国物流公司实现数字物流

2004 年后，美国的物流公司和其他大中型企业一样，已经普遍使用网络信息技术，过去需要几个小时、甚至几天的物流业务，现在只需要几分钟就解决了，而且效果令人满意。一旦货运开始启动，物流软件系统就可以每天 7 次更新物流动态，详细报告物流中的每一件货物的详细资料，其中尤其重要的是为客户随时和随需提供的各种有关信息都是通过最新物流网络软件，透明度高、速度快，让货运代理和客户都能够非常满意地获得有关物流的各种信息。

目前在世界物流市场具有优势的美国联邦快件和联合包裹服务的最大特点就是大量引进电子信息网络技术。值得注意的是，美国的托运人都是十分欢迎物流经营人拥有操作方便的现代化物流网络电子信息技术，但不同托运人对于信息的内容和信息的效果所提出的具体要求却是多样的，因此物流公司必须开发出公司内部特有的一整套可以为客户提供全面服务的多功能电子信息技术网络，由此促使货运公司灵活机动地选择满足客户要求的最佳方案。

目前美国的物流公司纷纷引进和安装物流经营人和客户之间可以进行双向交流和信息共享的高科技电子信息网络软件。

美国的数字物流不过才十来年时间，行业已经发生了翻天覆地的变化，而这种发展变化正在向纵深扩大。

第三节 数字物流的研究对象与价值

本节主要阐述数字物流的由来、研究与发展及其对现代物流发展的重要性，以及数字物流研究哪些内容、涉及哪些学科、研究对象是什么、能带来哪些价值。

一、研究对象

所谓数字物流，是指可以为物流过程中各方将物流过程自动化，并提供一个集成的、端到端的业务实现和供应链管理服务的机制。所以，数字物流是研究怎样实现现代物流的数字化、自动化，使物流复杂的端到端的业务过程自动、快速衔接。实现现代物流数字化、自动化的相关技术、管理思想都是数字物流要研究的内容。因而，数字物流研究涉及的学科、技术门类很多。

物流是介于社会科学和自然科学之间的交叉学科，或是管理科学和工程技术科学之间的交叉学科，是融汇了技术科学和经济科学的综合学科，其研究范围极为广泛，包括物流科学、信息科学、计算机科学、管理科学、系统科学、环境科学、流通科学、运输科学、仓储科学、营销科学、再生科学、决策学、运筹学、认知科学、方法论、控制理论和机械与电子等基础科学和理论，正是它们的交叉融合形成了物流这门新兴的学科和技术。而数字物流则对信息技术等新兴技术提出了更高的要求。数字物流力图从离散的、系统的、动力学的、非线性的和时变的观点来系统研究流通加工、包装、装卸搬运、运输、仓储、配送、技术、组织、管理、营销和控制等一系列问题。

数字物流的本质是物流信息的数字化，而数字化的核心则是离散化，即将物流过程中的连续物理现象、随机现象、模糊的不确定现象、企业环境、个人的知识、经验和能力离散化，进而实现数字化。数字物流的关键技术包括物流信息技术、智能物流技术、物流信息管理技术、虚拟物流等，各关键技术又包含众多的基础科学理论和应用技术。

本书主要从数字物流的由来、概念出发，进而对其类似的概念如电子物流、虚拟物流等进行概念区分，阐述其内涵、特点、分类及发展价值前景等。数字物流独有的系统结构及模式，数字物流信息平台的开发与应用模式及构建理论方法，数字物流与供应链信息化之间的关系，数字物流案例将在各章中详细阐述。

二、研究价值

数字物流促成信息化物流、智能化物流，实现现代物流的数字化、自动化。

（一）数字物流促成物流的信息化

物流内在的目标就是用最少的时间和最低成本，把质优价廉的产品推向动态多变的市场，快速到达消费者手中。时间是竞争优势的最终资源，而信息系统是达到这种优势的关键。这种基于时间的竞争要求在整个物流组织内，从产品的生产加工开始到产品的

出厂、配送、流通过程，都能在线存取信息，实现整个过程的集成。电子商务技术的广泛应用，带来对物流的巨大需求，推动物流的进一步发展，加快了世界经济的一体化；同时，物流的进一步发展，对电子商务及其相关技术提出了新的要求。

物流的信息化研究目标应着重以下几个方面。

1. 系统的集成

既确保信息资源的最大利用率，又对系统内部的日常信息进行处理，其内涵十分丰富。计算机辅助采购及物流支持是一种服务于整个社会、乃至整个世界的互联网络系统集成，它是在客户关系管理系统的基础上，结合电子商务发展起来的。

2. 数据处理

在数据的处理中，要达到信息采集的在线化、信息存储的大型化、信息传播的网络化、信息处理的智能化、信息输出图形化。

3. 完善开放型的人机交互系统

在系统中科学地贯彻执行系统的管理指令，对组织的人、财、物以及各种资源，如物流、资金流等进行管理和控制。

4. 优化系统的分析、计划、预测和控制功能

即强调对信息的深加工和管理方法的作用。其目标是将整个社会经济运行中的各经济要素有机地结合起来，实现资源优化配置、降低成本、提高效益。

物流信息化的一些外在表现为：物流信息的商品化、物流信息收集的数据库化和代码化、物流信息处理的电子化和计算机化、物流信息传递的标准化和实时化以及物流信息存储的数字化等。相关的技术包括条码技术、数据库技术、电子订货系统、电子数据交换、快速反应和有效的客户反馈以及企业资源计划等。

而数字物流的目标也包括实现物流信息的商品化、物流信息收集的数据库化和代码化、物流信息处理的电子化和计算机化、物流信息传递的标准化和实时化以及物流信息存储的数字化等。简而言之，研究数字物流也是研究物流信息化的一条明路。

（二）数字物流促成物流的智能化

智能物流是指利用集成智能化技术，使物流系统能模仿人的智能，具有思维、感知、学习推理判断和自行解决物流经营某些问题的能力。

这里强调系统的集成智能化包含两个方面的内容：一是对物流管理、规划等技术的软智能，即集成智能优化技术；二是物流设备的硬智能，也就是物流设备本身所具有的智能，如自动导引小车、智能叉车、自动悬挂单轨车、自动化仓储系统等。

综合集成智能技术最终实现软智能与硬智能二者的融合。计算智能和人工智能的进一步发展，有力地推动了物流系统调度等研究的进一步展开。其中，禁忌搜索、模拟退火算法和遗传算法等由于本身的限制，迫切需要在求解速度和求解质量方面突破问题规模的制约，这就需要探索能基本满足实用要求的新型启发式方法。要满意解决复杂的物流系统优化问题，在某种程度上单单依靠某一种优化算法效果不甚理想，而利用不同算法的优点，整合成复合算法，对于某些问题有着良好的求解特性。综合集成人工神经网络、人工智能、专家系统、模拟退火算法、进化算法（包括遗传算法、进化规化、进化

策略)、蚁群算法、控制理论、小波变换法、混沌理论、分形、粗集理论、模糊逻辑等与物流技术相结合形成智能物流科学。针对不同的物流问题，可以自动选择某种优化方法或由某几种方法组合而成的复合优化方法来解决。

物流智能化是物流自动化、信息化的一种高层次应用，物流作业过程中大量的运筹和决策，如库存水平的确定、运输（搬运）路径的选择、自动导引小车的运行轨迹和作业控制、自动分拣机的运行以及物流配送中心经营管理的决策支持等问题都需要借助大量的知识才能解决。物流信息和知识的获取、表示、存储、组织、推理、传递及使用共享、信息融合是使物流技术上升到物流科学的关键。目前，传统的人工智能技术，如人工神经网络、专家系统、模糊建模和推理等技术已广泛应用于专家知识的获取、学习、存储、推理、建模和表示，并形成了智能物流的一些初步基础。这些为物流科学的建立和完善提供了有利的条件，同时引导了物流系统软件的发展趋势：集成化物流系统软件、物流仿真系统软件具有开放性接口，便于与其他软件如 ERP 等系统的集成。

数字物流应用大量信息技术、网络平台，使得物流过程的数字化再现，促进智能技术的发展，加快物流现代化、智能化的发展进程。

第二章　数字物流与电子物流概述

本章从介绍数字物流和电子物流的概念入手，讨论二者的内涵、特点、功能及其优势等，然后辨析数字物流、电子物流及虚拟物流的概念内涵，揭示三者之间的相互关系。最后还将它们与传统物流相比较，并展望它们的发展趋势。

第一节　数字物流的内涵与功能

数字物流是指可以为物流过程中各方将物流过程自动化，并提供一个集成的、端到端的业务实现和供应链管理服务的机制。它的本质到底是什么呢？数字物流有哪些功能特点？

一、数字物流的含义

（一）数字物流概念的发展

在当前科技飞速发展的时代，学科交叉、综合已是不可逆转的潮流，数字物流的内涵也是不断扩充的。

1. 数字物流的纵向发展

纵向方面，数字物流在物流的基础上，出现了将材料、半成品和成品的生产、供应、销售、流通等的有机结合的一体化物流，实现了流通与生产的纽带和促进关系；随着一体化物流的纵深发展，又提出了“价值链”的概念，并在此基础上形成了比较完整的供应链理论，它是指涉及将产品或服务提供给最终消费者的过程和活动的上游及下游企业组织所构成的网络。

2. 数字物流的横向发展

横向方面，数字物流在物流系统的设计、规划、分析及配送等过程中，与地理信息系统、智能交通系统等数字城市框架技术紧密相连，可以将数字物流作为一项重要内容纳入到数字城市框架中。如在流通领域，随着全球卫星定位系统的进一步完善和广泛应用，社会大物流系统的动态调度、动态储存和动态运输将逐渐替代企业的静态固定仓库。在物流中运用机载数字遥感系统、卫星遥感系统、卫星定位系统、地籍调查测量系统和多种业务系统来获得与更新数据，使数字物流具有准实时数据，这对物流系统的设计与规划、物流配送与管理调度等方面具有较大的现实意义。

（二）数字物流出现的必然性

数字物流是当前社会经济发展的迫切需求。物流是从最初的简单物料搬运发展到现

代的综合物流系统，由局部小范围的流通交换转变为敏捷的全球化信息物流。为了适应不断提升的社会要求及经济成本的最低化，必然对物流的发展提出更高的要求。从企业角度来看，随着技术和市场的不断完善，企业间竞争的实质逐渐表现为对客户快速优质服务的竞争，数字物流则可以实现快速优质服务。

（三）数字物流的本质

从技术系统角度，数字物流是指在仿真和虚拟现实、计算智能、计算机网络、数据库、多媒体和信息等技术的支持下，应用数字技术对物流所涉及的对象和活动进行表达、处理和控制，具有信息化、网络化、智能化、集成化和可视化等特征的技术系统。

其本质是物流信息的数字化，而数字化的核心则是离散化，即将物流过程中的连续物理现象、随机现象、模糊的不确定现象、企业环境、个人的知识、经验和能力离散化，进而实现数字化。

（四）数字物流的内涵

在数字物流时代，物流信息的发展注定要向系统的综合一体化集成方向发展。强调系统的综合集成，既可确保信息资源的最大利用率，又便于对系统内部的日常信息进行处理，其内涵是十分丰富的。

数字物流是指通过在现代物流各环节应用信息技术和物流技术，使信息流与实体物流同步，产生优化的流程和协同作业，实现对实体物流的综合管理。数字物流强调信息技术和物流技术在现代物流管理中的重要地位，能整体描述在物流管理系统中信息的流动过程，强调信息流在现代物流运作过程中的重要作用。信息管理软件的开发运行，必须基于数字物流的运行理念，同时依托局域网络系统和硬件平台。

数字物流是在计算机、网络等技术与物流技术不断融合、发展和广泛应用的基础上诞生的，其内涵有以下几个方面。

1. 数字物流的信息化特征

近半个世纪以来，在信息论的推动下，信息技术已渗透至各个经济部门，迅速改变着传统产业和经济的面貌，物流业也不例外。在物流的运作过程中，现代物流追求物流全过程的可见性，由物流过程的可见性上升到全程的可控性，进一步由可控性而一体化，由一体化实现敏捷性，以实现低成本、快速、优质的服务。而这一切的实现关键在于信息，信息的传递与处理是重中之重，这也是各种各样各具特色的物流信息系统层出不穷的内在原因。

数字物流极大地提升了传统物流行业，使其效率得以大幅度提高。数字物流在具体的实践中表现在数据的传递、数据的挖掘、GPS 及 GIS 在物流中的应用、物流装备的调度与控制等方面，它们都是以信息化为主要特征的。

2. 数字物流是信息驱动的

信息技术对物流的巨大推动作用，使信息在物流中的作用日益突出，成了现代物流中不可缺少的一部分。信息化物流实现了连续、快速、有效、准确的传递，使企业中物流各环节能够及时按量供应，而不积压和增加库存，实现高效运行，使物流管理更加科学化、规范化，极大地提高企业效益。信息化物流的纵深发展导致了以系统综合集成智

能化为主要特征的智能物流与强调计算机仿真和虚拟现实技术的虚拟物流的到来，随着其内涵的不断丰富、延伸与交叉，最终形成数字物流的理念，因此可以认为数字物流是信息驱动的。

数字物流实际上就是对物流的整个过程进行数字化的描述，从而使物流系统更高效、可靠地处理复杂问题，为人们提供方便、快捷的服务。

二、数字物流的分类

数字物流是指在仿真和虚拟现实、计算智能、计算机网络、数据库、多媒体和信息等支撑技术的支持下，应用数字技术对物流所涉及的对象和活动进行表达、处理和控制，具有信息化、网络化、智能化、集成化和可视化等特征的技术系统。而此处的数字技术，是指以计算机硬件、软件、信息存储、通信协议、周边设备和互联网络等为技术手段，以信息科学为理论基础，包括信息离散化表述、扫描、处理、存储、传递、传感、执行、物化、支持、集成和联网等领域的科学技术集合。可根据用户的需求，迅速收集资源信息，对物流信息进行分析、规划和重组。

数字物流主要研究信息化物流、网络化物流、虚拟化物流、智能化物流。下面从这四个方面来探讨数字物流的研究着重点。

（一）信息化物流

电子商务时代，物流信息化是电子商务的必然要求。物流信息化表现为物流信息的商品化、物流信息收集的数据库化和代码化、物流信息处理的电子化和计算机化、物流信息传递的标准化和实时化、物流信息存储的数字化等。相关的技术包括：条码技术（BC）、数据库技术（DB）、电子订货系统（EOS）、电子数据交换（EDI）、快速反应（QR）及有效的客户反映（ECR）、企业资源计划（ERP）等。物流信息化是物流现代化管理的基础，没有物流的信息化，任何先进的技术设备都不可能应用于物流领域，物流的数字化趋势也就无从谈起。

（二）网络化物流

物流网络化有两层含义：一是物流与配送网点的网络化，企业根据自身的营销范围和目标，通过详细的分析、选择与优化，逐渐建立全国范围的物流和配送网络，提高物流系统的服务质量和配送速度。二是物流配送系统的计算机通信网络，包括外部网和内部网，外部网（基于 Internet 的电子商务网络平台）主要用于物流配送中心与上游供应商或制造商的联系，以及与下游顾客之间的联系；内部网（Intranet）主要用于企业内部各部门间的信息传输。

物流的网络化是物流信息化的必然，是数字物流的主要研究内容之一。当今世界 Internet 等全球网络资源的可用性，以及网络技术的普及为物流的网络化提供了良好的外部环境，物流网络化不可阻挡。

（三）虚拟化物流

物流实体的网络化为物流虚拟化提供了平台基础，电子商务、信息通信技术的飞跃式发展则提供了现代物流虚拟化趋势发展的技术基础，同时也正是这些高新技术的发展引导了客户需求，推动了物流虚拟化的进程。虚拟化物流是指实际物流过程在计算机上的本质体现，即采用计算机仿真与虚拟现实技术，在计算机上群组协同工作，建立物流过程的三维全数字化模型，从而可以在物流设计阶段对物流过程进行分析和评价。其基础是用计算机支持技术对全部有效的物流活动进行表述、建模和仿真，用信息技术对整个物流过程进行几个层次的建模与仿真。

虚拟化物流应用人工虚拟现实技术，可以达到虚拟物流环境的高度真实化，并使人与虚拟物流环境有着全面的接触与交融。虚拟物流是现实物流系统在虚拟环境下的影射，既具有身临其境的真实性，又具有超越现实的虚拟性，达到沉浸其中、超越其上的效果。

（四）智能化物流

智能化物流是指利用集成智能化技术，使物流系统能够模仿人的智能，具有思维、感知、学习推理判断和自行解决物流经营某些问题的能力。这里的集成智能化技术指的是人工神经网络、人工智能、专家系统、模拟退火算法、进化算法、蚁群算法、控制理论、小波变换法、混沌理论、分形、集理论、模糊逻辑等的综合集成。在数字物流的进程中，智能化物流是不可回避的技术难题，也是数字物流研究内容的一个方面。

总之，数字物流就是把数字化信息技术和现代物流技术相结合的具有信息化、网络化、智能化、集成化和可视化等特征的技术系统。数字物流是物流现代化、集成化的必由之路。

三、数字物流的特点与关键问题

（一）数字物流的主要特点和发展趋势

1. 物流信息的数字化

物流信息的数字化使得人机互动，能以多媒体形式实现，而符号化了的物流信息则可在不同软件平台上进行存储、处理并通过协议进行传递。

2. 物流信息的知识化

将物流全过程中的数据和资料等经过处理，可以形成辅助人们决策的具有很高价值的信息形态——知识，它是使企业投入增值的新动力。在科学技术和生产力高度发达的今天，提高企业运作水平和产品的知识含量，增值效果特别明显，知识成为企业创造价值的源泉之一。

3. GPS 和 GIS 技术与数字物流的结合

GPS 和 GIS 技术融于数字物流中，主要是指通过 GIS 地理数据功能和 GPS 全球定位功能来完善物流分析技术，利用集成车辆路线模型、最短路径模型、网络物流模型、分配集合模型和设施定位模型等来实现运输路线的选择、仓库位置的设置、仓库容量的确定、装卸策略的制定、运输车辆的调度、投递路线的优化以及配送车辆的自定位、跟踪调度、陆地救援等。

4. 电子商务与数字物流的结合

电子商务对物流的数字化进程起着极大的推进作用，电子商务是未来商务活动发展

的主要方向，研究物流活动的电子商务不仅可以促进物流系统自身的高效率运作，而且物流作为电子商务活动的重要中介，研究两者的结合对电子商务的发展也起到重要的推动作用。

5. 信息技术与数字物流的结合

信息技术是数字物流得以正常和高效运作的重要支撑，单纯的、不依赖信息技术的物流过程已不复存在。研究如何将现有的各种信息技术（如计算机网络技术、通信技术、条码技术以及人工智能和自动控制技术等）与数字物流结合起来，设计具体的应用方案，解决统一标准、接口、规范和安全等问题是目前的紧迫任务。

（二）数字物流中的三个关键信息问题

物流内在的目标就是在合适的时间，用最低的费用，将物品由供应地准确、快速地送往需求地。速度是竞争优势的最终资源，而信息是实现这种敏捷化优势的关键所在。速度的竞争本质就是时间的竞争，由于信息的动态、时变性，要求从产品的生产加工开始到产品的出厂、配送、流通等物流全过程，都能实时存取信息，实现整个过程的数字集成。这就对物流系统的可知性、可见性、敏捷可控性等提出了很高的要求，由此引出了数字物流的关键信息问题。

1. 数字物流信息的处理问题

随着物流的深层次发展，物流系统的复杂性与日俱增，描述物流过程的难度也日益增加。相关的一些技术也运用到物流分析中来，如三论方法、动力学、协同学、混沌与拓扑等，这些方法应用的实质就是研究物流信息的分析与处理技术。在物流过程中始终伴随着信息流，物流系统处在由无序化向有序化的转变过程中。而信息处理的定义，正是通过消除某系统中的某些成分或增加某些成分而达到该系统的组织化或有序性，即对系统中的不确定性成分进行处理。

2. 数字物流信息的管理问题

（1）数字物流信息的集成化、兼容性和标准化。物流的本质是将各个分散的流通环节集成化（包括信息的集成），追求系统整体的优化，使原有的流通渠道“提速”、“节能”，这势必要求物流信息实现集成化、兼容性和标准化。然而当前由于组成物流系统的各个主要领域处于分立、互斥的状态，各种运输方式各自为政，同样在信息方面也难以实现互相兼容。而标准化是实现信息互相兼容的良好保证，这样可以从管理源头上消除行业内非通用性标准。物流信息只有实现集成化、兼容性、标准化才能更好地实现“物畅其流”。

（2）物流系统的数据挖掘。面对当前物流系统中日益膨胀的各类信息，数据挖掘（Data Mining）技术提上日程，它从大量的、不完全的、有噪声的、模糊的、随机的实际应用数据中，提取隐含在其中的、人们事先不知道的但又是潜在有用的信息和知识，并用它们指导具体实践，提高效益。利用数据挖掘技术可以提升市场决策能力，检测异常模式，在过去经验基础上预言未来趋势等。

（3）物流信息的转化和知识管理。如何将物流信息转化成物流知识，即利用数据信息取得知识，再利用知识获得最大的利润或效益，这已经上升到一个新的层次。知识由信息而来，是通过对信息的提取、识别、分析和归纳转换而得，是多种简单信息的融合、归纳和升华。知识的信息含量比简单信息的信息含量要大得多，同时知识的产生要花费较多的劳动时间，与简单信息相比它能创造更高的价值。知识管理是通过一组问答序列即解决方案的集合，寻找和识别与问题有关的关键性信息，并将这些信息进行提取，形成对某一问题的专门知识作为决策的依据。知识管理是运用集体的智慧提高应变能力和创新能力，为企业实现显性知识和隐性知识的共享提供新途径。在信息社会和知识社会，信息、知识和一些专门的技巧是获取利润的工具。知识管理就是把信息转化为知识，用知识指导决策并付诸行动，再将该行动转化为利润。

3. 数字物流信息的可靠性问题

数字物流信息的可靠性问题主要包括信息的同步性、准确性及安全性等问题。

(1) 信息的同步性。物流信息的同步性要求数据及时更新，信息达到实时性。信息的时效性相当强，如果不能达到信息的同步性则容易使信息失真。在一体化物流中，由于需求信息偏差逐级放大引起的供应商库存的不确定性，称为牛鞭效应。牛鞭效应在传统的供应链管理中，供应链上各节点企业根据来自其相邻下游节点的订单来预测市场需求，并依此安排生产和决策，需求信息的偏差就会沿信息流方向逐级放大。最源头的供应商所得到的需求信息与实际消费市场中的顾客需求信息就可能相差甚远，顾客需求的微小波动就会导致上游供应商生产计划的较大波动。这种需求放大的效应导致上游供应商往往维持比下游供应商更高的库存水平，使供应链出现不同步，降低供应链效率。这就迫切强调需求信息沟通的实时性和管理中的精益性等。

(2) 信息的准确性。物流信息在传递过程中不可避免地会有干扰介入，干扰可使物流信息失真，引起决策的失误。为了最大程度地减弱牛鞭效应对企业的负面影响，其中重要的一点就是改进企业物流管理，在供应链上尽可能地分享信息，在商业伙伴间建立互惠互利、相互信任的永久关系。为了提高信息的准确性，常用的方法是：①提供富余信息，形成冗余系统，以提高可靠性；②在信息传递阶段及时校核信息，再供物化应用；③对所传信息进行抗干扰编码，提高信息传递的可靠性；④在信息阶段对物化误差作开环补偿；⑤在信息物化阶段，对物化结果进行实时信息获取，并与指令进行比较，及时作出补偿。

(3) 信息的安全性。物流信息是物流企业的商业秘密，对于企业的发展有着重要的影响。伴随着互联网的蓬勃发展，电子商务正以其效率高、成本低、信息传输快等优势逐步成为新兴的经营模式，但因其是一种网络应用，在应用过程中不可避免地存在着由互联网的自由、开放所带来的信息安全隐患。在供应链管理中，所有动态联盟企业被集成在一条供应链上，任何一个环节的安全漏洞都会引起供应链上一系列连锁的负面影响。由于物流信息是通过网络传输的，网络有广域性、开放性、资源共享性等特点，信息安全容易受自然因素（地震、水灾、火灾、雷电等）、人为因素（管理水平、计算机病毒、计算机黑客以及恐怖事件等）的影响与破坏，因此需要运用信息安全相关技术。信息安全技术包括信息的保密性、信息的完整性（保证信息在传送中不被篡改，或信息不可伪造）、信息的可用性（信息只能被授权的人所获取）、信息的可控性（对信息及信

息系统实施安全监控管理）、信息的不可否认性（保证信息行为人不能否认自己的行为）。随着时代的进步，传统的物流运作方式已经难以适应高速发展的信息化社会的要求，迫切需要运用信息等新兴技术对物流加以提升，使之上升到数字物流阶段，由信息来驱动数字物流的进一步发展，以适应当前社会经济发展的需要。

四、数字物流的功能与作用

数字物流强调物流信息的数字化共享性集成，强调信息管理，建立现代先进的信息系统，用它去统率先进的自动化物流系统，其结果是，能够用信息管理代替费时费力的卡车、集装箱以及其他硬件装备和员工的管理，从而释放企业资源，改进服务，发挥员工潜能，壮大企业，获得战略上的竞争优势，同时，提高数倍的生产率。

不仅如此，数字物流还创新第四方、第五方、第六方物流等新的电子商务新模式。与第三方物流相比，数字物流是作为一种技术手段被第三方物流企业使用。对于运用第四方物流企业的来说，数字物流主要是一种服务，提供解决方案，提供物流信息平台。对于第五方和第六方物流企业模式，数字物流就是电子商务创新的必经之路。

第二节　电子物流的内涵与功能

电子物流的提出和产生，是在信息技术和电子商务飞速发展的情况下，现代物流发展的最新成果。电子物流是与电子商务相伴而生的概念，主要是通过物流过程实现电子化。本节将阐述它的含义、分类及特点，并介绍电子物流的功能与作用。

一、电子物流的含义

（一）电子物流定义

所谓电子物流，是利用电子化的手段，尤其是利用互联网技术来完成物流全过程的协调、控制和管理，实现从网络前端到最终客户端的所有中间过程服务，其显著特点是各种软件技术与物流服务的融合应用。电子物流的概念结构如图 2－1 所示。

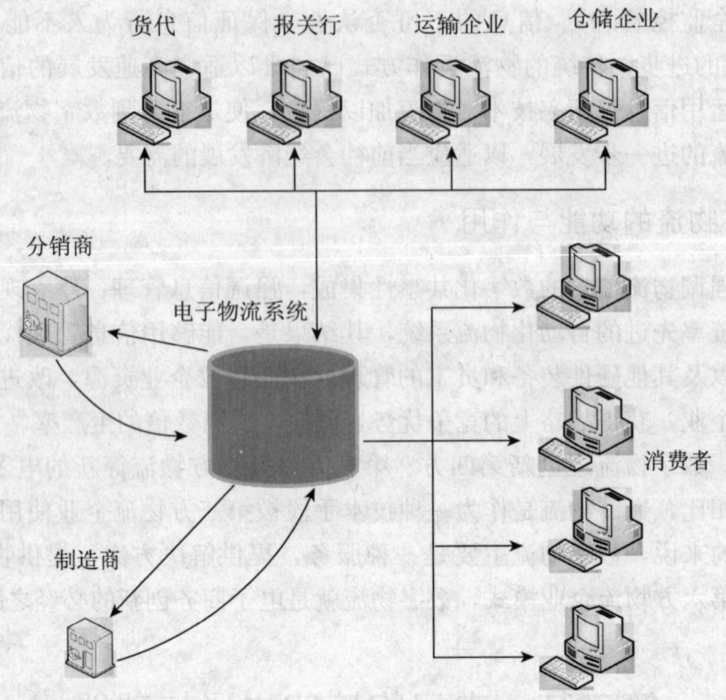

图 2－1　电子物流的概念结构

电子物流是一个整合性物流管理平台，它将产、供、销各个环节中的信号、数据、消息、情况等通过信息技术，进行系统的智能采集和分析处理，并配合决策支持技术，对企业物流系统中涉及的各部门进行有效的组织和协调，从而实现企业物流管理和决策的高效率和高质量以及低物流成本的目标。它的主要功能包括对发货仓库和在途的库存量的及时监控，运输货物中途状况的追踪查询，物流运送各个环节的自动预警机制和整个流程自动化的提高。

（二）电子物流的定位

电子物流不是任何一个传统行业的延续，而是一个新兴的产业，是国民经济新的增长点和“第三利润源泉”。要改变过去那种重商流、轻物流的思想，把物流提升到竞争战略的地位，把发展社会电子化物流系统安排到日程上来。要按照这样的定位来制定我国现代物流发展的总体战略，并明确政府、企业和社会中介组织各自的作用。

（三）电子物流的本质

电子物流中信息交流不仅是现实物流的信息反应，更主要的是通过信息的分析、判断进行决策，并控制现实物流运行的物流电子化指挥系统。电子物流包含了物流的运输、仓储、配送等各业务流程中的组织方式、交易方式、服务方式的电子化。毫无疑问，电子物流充分运用了以信息技术为代表的现代科技手段，适应了现代社会对物流速度、安全、可靠、低费用的需求，是未来现代物流的主要发展方向。

电子物流也可称为物流电子化或物流信息化，它是指利用电子化的手段，尤其是利用各种物流信息技术与互联网技术来完成物流全过程服务，其最显著的特点是各种信息

技术与物流服务的融合应用。电子物流的目的就是通过物流组织、交易、服务、管理方式的电子化，使物流商务活动能够方便、快捷地进行，以实现物流的速度、安全、可靠、低费用。

（四）电子物流是物流与电子商务的融合

电子物流概念融合了物流的电子化与电子商务的物流服务两方面内容。电子物流是物流产业的电子化，是应用电子商务的手段实现物流服务的商务运作过程。物流的电子化、网络化、自动化实现了物流供需双方方便、快捷地达成物流服务。电子物流包含了物流的运输、仓储、配送等各业务流程中组织方式、交易方式、管理方式、服务方式的电子化。它既是一个整合性物流管理平台，又是一个物流电子化指挥系统。它能将产、供、销各个环节中的信号、数据、消息、情报等通过信息技术进行系统的智能采集和分析处理，并配合决策支持技术对企业物流系统中涉及的各个物流环节及部门进行有效的组织和协调，使物流商务活动能够方便、快捷、安全、可靠地进行，从而实现企业物流管理和决策的高效率和良好效果。

甚至有说法，电子物流就是物流电子商务，和上面论述的支持电子商务的物流是完全不同的概念，物流电子商务是物流服务商务活动的电子化、网络化和自动化，电子物流是信息流、资金流和物流服务三者的统一，电子物流所实现的是物流组织方式、交易方式、管理方式、服务方式的电子化。

应该说此电子物流非彼电子物流，之所以沿用“电子物流”这个词主要参照了与“电子商务”的沿袭，同时物流电子商务也包含了原物流电子化的主要内容。从物流活动来看，物流服务过程本身就是一个商务活动，也包括商务活动的洽谈、签约、支付、履行、结算的各个过程，这些商务过程也可以进行电子化，这一过程的电子化也包含了信息流、资金流、物流服务流（与电子商务不同的是物流电子商务交易的标的是物流服务而不是商品，所以不是物流而是物流服务流），即物流服务商务活动的电子化——物流电子商务。

（五）电子物流价值分析

电子商务从效率、互补、壁垒、创新四个方面创造了价值，物流企业在实现物流电子化的过程中也主要通过这几个方面创造出了更高的价值，为企业带来了更多的经济效益。电子物流企业的生命力就在于提供比客户自身进行运作更高的价值，从另一个角度说，要与客户一起在物流领域中创造新的价值。

1. 电子物流服务提供更高的运作效率

电子物流服务提供商为客户创造价值的基本途径是达到比客户更高的运作效率，并能提供较高的服务成本比。例如，仓储的运作效率取决于足够的设施与设备及熟练的运作技能。此外，它还需要协调和沟通技能，而协调和沟通技能在很大程度上与信息技术相关联，一般是通过各个环节部门的信息化、电子化过程来实现的。

2. 电子物流企业增值方式多元化

电子物流企业增值的另一个方法是引入多客户运作，或者说是在客户中分享资源，形成资源互补。例如，多客户整合的仓储或运输网络，客户运作可以利用结合起来的资源，形成整合运作的规模效益，这种规模效益成为能够取得比其他资源更高的价值。

3. 物流水平高，竞争力强

电子物流服务商能在物流方面拥有高水平的运作技能，提高竞争力。这里高水平的运作技能指的是将客户业务与整个物流系统综合起来进行分析、设计等能力。电子物流商是供应链的整合者，将本企业与其他辅助的服务提供商的资源能力和技术集中起来进行管理，以此向客户提供全方位的供应链解决方案。

4. 形成系统，便于实现整体最优

电子物流企业通过建立和完善电子化的物流系统，可以使物流活动的各个环节达到无缝链接，使活动的参与方及时了解各环节的物流信息，从而加快运作进程，创造时间和空间价值。

二、电子物流的分类

电子物流是物流产业本身应用电子化的手段，实现物流商务运作的过程，其内容包含了物流的运输、仓储、配送等各业务流程中组织方式、交易方式、服务方式的电子化，通过对物流业务实现电子化，可以改革现行物流体系的组织结构，通过规范、有序的电子化物流程序，可以使物流进入一个充分利用现有资源、降低物流成本、提高物流运行效率的良性轨道，我们把以电子化为主要特征的物流系统称为电子物流。

以物流电子化为特征的现代物流发展主要有两种类型。

（一）定位在电子物流信息市场

主要功能有：信息查询、发布、竞标，附属功能有行业信息、货物保险、物流跟踪、路状信息、全球定位等。如我国的华夏交通在线、56NET、迪辰系统等。

世界各国也都在为发展电子物流业投入更多的技术力量。日本的三大综合商社住友、三井和三菱，2001 年正式就合作构筑电子物流信息市场达成了协议。这一系统的思路是将网上商品的电子贸易与物流运输两大业务同时在互联网上完成。日本凭借本国的先进电子信息技术，捷足先登构筑电子物流信息市场，将对国际物流业产生重大影响。

（二）定位在为专业物流企业提供供应链管理的电子物流系统

目前，国际上许多著名的专业物流企业都不同程度地应用了这类电子物流系统，如美国联邦快递（UPS)。电子物流服务提供商应根据客户规模的大小提供不同的个性化解决方案，这种方式将有利于服务的多样性以及加强市场的伸缩性。我国的宝供物流集团，利用 XDI 物流信息平台建立了与众多客户以及宝供各分支机构间的网络沟通，使得宝供可以直接从客户的信息系统中获得订单，而无须传真和手工录入。宝供的一个客户采用 XDI 物流信息平台后使每一个订单运行的时间缩短了 3 天，每年减少的库存占压有 1 亿元。电子物流服务提供商注重同其他单一物流服务提供商、IT 技术提供商建立业务战略合作伙伴关系，德国 SAP 公司已有 12 年开发电子物流软件的技术和经验，其 SAP 软件已在全球 100 多个国家与地区的 1 万～3 万家企业，安装 3 万套。

以提供物流电子化信息服务而在我国物流领域声名鹊起的快步公司（egistics)，推出的电子化物流平台通过安全有效的信息交换，实现整个供应链全过程，包括制造商、分销商、第三方物流提供商、零售商和电子零售店在内的各环节参与者之间的无缝隙的物流业务流程的整合；同时推出的电子化物流解决方案是以物流信息平台为核心，针对产品销售渠道的动态变化、新兴电子商务的发展和供应链的优化提供的完整解决方案。该方案不但支持传统的业务模式，而且也支持新的业务模式和交易方式。

三、电子物流的特点

电子物流是利用电子化的手段，尤其是利用互联网的技术来完成物流全过程的协调、控制和管理，实现从网络前端到最终客户端的所有中间过程服务，最显著的特点是各种软件与物流服务的融合应用。

（一）电子物流实现物流运营的信息化、自动化、网络化、智能化

1. 信息化

物流信息化表现为物流信息的商品化、物流信息收集的自动化、物流信息处理的电子化和计算机化、物流信息传递的标准化和实时化、物流信息存储的数字化等。信息化是其他活动的基础，没有物流的信息化，任何先进的技术设备都不可能应用于物流领域。

2. 自动化

物流自动化的基础是信息化，核心是机电一体化，外在表现是物流活动的程序化批处理。物流自动化的效果是省人、省力，另外还可以扩大物流作业能力，提高劳动生产率，减少物流作业的差错等。物流自动化的设施非常多，如条码、射频自动识别系统、货物自动存取系统、自动导引小车以及货物自动跟踪系统等。

3. 网络化

物流网络化是物流配送系统的计算机通信网络，包括物流配送中心与供应商或制造商的联系要通过计算机网络，另外与下游顾客之间的联系也要通过计算机网络通信，比如物流配送中心向供应商提出订单这个过程，就可以使用计算机通信方式，借助于增值网（Value Added Network，VAN）上的电子订货系统（EOS）和电子数据交换技术（EDI）来自动实现，物流配送中心通过计算机网络收集下游客户订单的过程也可以自动完成。物流的网络化是物流信息化的必然，是电子商务下物流活动的主要特征之一。

4. 智能化

物流智能化是物流自动化、信息化的一种高层次应用，物流作业过程大量的运筹和决策，如库存水平的确定、运输（搬运）路径的选择、自动导引小车的运行轨迹和作业控制、自动分拣机的运行、物流配送中心经营管理的决策支持等问题都需要借助于大量的知识才能解决。在物流自动化的进程中，物流智能化是不可回避的技术难题。

（二）电子物流信息系统是前端服务与后端服务的集成

电子物流前端服务包括：咨询服务（确认客户需求）、网站设计与管理、客户集成方案实施等。电子物流的后端服务包括六类主要业务：订单管理、仓储与分拨、运输与交付、退货管理、客户服务以及数据管理与分析。电子物流业务使得客户可以运用外部服务力量来实现内部经营目标的增长，即客户能够得到量身定做的个性化服务，而整个过程则由第三方物流服务提供商来进行管理。而电子物流的外包服务则在 B to B 业务中

的制造商与电子物流服务供应商之间，以及 B to C 业务中的制造商及业务伙伴之间起到了建设性的桥梁作用。

（三）电子物流体现以客户为中心的柔性化服务

柔性化本来是为了实现“以顾客为中心”的理念首先在生产领域提出的，柔性化的物流正是适应生产、流通与消费的动态需求而发展起来的新型物流模式，它要求物流配送中心根据现代消费需求“多品种、小批量、多批次、短周期”的特点，灵活地组织和实施物流作业。在网络经济时代，物流发展到集约化阶段，一体化配送中心已不再只是提供仓储和运输服务，还必须开展配货、配送和各种提高附加值的流通服务项目，甚至还可以按客户个性化的需要提供其他特殊的服务。

物流以实现顾客满意为第一目标，它是通过提供顾客所期望的服务，在积极追求自身交易扩大的同时，强调实现与竞争企业服务的差别化，努力提高顾客满意度。在电子商务的运营中，物流业是介于供货方和购货方之间的第三方，是以全方位的信用服务作为第一宗旨。在网络营销中，物流配送离客户最近，联系最密切，商品是通过他们的服务送到客户手中。美、日等发达国家物流企业成功的秘诀，无一不在于他们都十分重视对客户群服务的研究。

（四）电子物流信息系统以互联网为媒体实现各方信息交流

按电子物流经营模式可分为电子物流信息市场和为专业物流企业提供供应链管理的电子物流系统。

1. 定位在电子物流信息市场

以互联网为媒体建立的新型信息系统，将企业或货主要运输的物流信息及运输公司可调动的车辆信息上网确认后，双方签订运输合同。即货主将要运输的货物的种类、数量及目的地等信息登记上网，运输公司将其现有车辆的位置及可承接运输任务的车辆信息通过互联网提供给货主，依据这些信息，双方签订运输合同。从功能来看，主要功能有三个：信息查询、发布、竞标，附属功能有行业信息、货物保险、物流跟踪、路况信息、全球定位等。

日本凭借先进的电子信息技术，捷足先登，构筑了电子物流信息市场，对国际物流业产生了重大影响。日本在国内构筑了第一座最大的电子物流信息市场，使日本的物流业电子信息化走在世界前列。我国近年来涌现的一批物流信息类的电子商务网站，如金干线、华夏交通在线、56NET 等，大多能实现货运信息供需双方的信息交流，包括车辆、货物的信息发布及查询，也可以进行竞标、请求配载等交易行为。

2. 定位在为专业物流企业提供供应链管理

提供供应链集成系统，融合应用各种软件技术与物流服务，实现系统之间、企业之间以及资金流、物流、信息流之间的无缝连接，而且可以在上下游企业间提供一种透明的可见性功能，帮助企业最大限度地控制和管理库存。由于全面应用了客户关系管理手段以及配送优化调度、智能交通、仓储优化配置等物流管理技术和物流模式，电子物流提供了一套先进的、集成化的物流管理系统，从而为企业建立敏捷的供应链系统提供了强大的技术支撑。目前，国际上许多著名的专业物流企业都不同程度地应用了这类电子

物流系统。例如，FedEx公司于2002年7月开展了为中小企业客户提供网站建设解决方案的业务，这些网上商店由FedEx进行管理，同时这种前端服务同FedEx的后端服务相连接，提供集成的电子物流服务。

四、电子物流的功能与作用

电子物流企业是基于信息，把具体的物流服务的实体流程（比如运输、仓储等）外包，自己只提供信息。电子物流服务商与客户是多对多的关系，强调怎样把各种各样的传统服务商与客户协同起来。电子物流企以客户为中心，根据客户的需要来组织提供服务。它是虚拟的、信息化的。

1. 电子商务对企业业务流程的影响

随着企业电子商务应用的普及，B to B、B to C和C to C模式的后台管理及仓储物流管理等业务也被越来越多企业采取了外包形式给更为专业的企业去运作。这样，传统低效率的金字塔型组织结构也逐渐被网络型的组织结构所替代。由于商务范围的扩大和竞争环境的变化，因为流程中涉及不同的组织和个人，这种新型结构的运作面临巨大的领导及协同的困难。以现代网络通信技术为基础建立的电子商务模式使这种新型组织结构的流程运作成为可能企业组织结构。

一般来说，传统的企业发展都是基于规模经济理论的，其发展历程为：人数增加—岗位细化—组织阶层的形成。这样造成的结果是组织结构、业务流程以及人际关系的复杂化，虽然这样可以带来业务流程的标准化，并在一定程度上提高了生产率，但不可避免地将导致成本和费用的上升。

2. 电子物流与商务流程外包（BPO）

对企业电子商务的流程进行分析可以看出，除了销售业务（即前台业务）以外，其他的主要工作就是流程操作和物流了。而传统企业间的商务活动都是基于各自的既有组织结构，然后在既定的成本条件下设定一定的利润水平进行相应的流通活动的。这样，想要获得更多的利润就只能通过规模效应来降低相应的成本来达成。而BPO的本质则是要利用虚拟组织网络，通过电子商务联盟，将业务流程外包，从而降低内部成本的一种经营模式，实践表明，这种做法可以将企业的成本降低10%～50%。这就从本质上改变了过去通过交易量的增加来降低成本的方式，取而代之的是利用业务流程的外包实现企业与企业间的紧密合作，如果再加上网络技术，通过电子物流（E-Logistics），则可以更好地将涉及业务流程的各个企业和部门联系在一起，消除信息壁垒、实现优势互补来取得新的经济性。其实，也只有通过计算机与虚拟网络技术，才有可能使从制造商—流通商—零售商的供应链管理、末端的客户定制，以及各流程间的协调动作真正成为现实。从电子商务的实践来看，可以说所有企业的物流部分都不是它们的主要业务，同时，电子商务的网络性又决定了电子物流的应用存在大量的需求，这样基于电子商务的物流服务提供商就会顺理成章地应运而生了。

配送服务商（Delivery Provider）是直接从事面向客户进行运输、仓储及分拣配送服务的物流业务服务提供商。物流服务中最终与消费者结合的部分通常被称为“最后一千米”，这个部分将通过对物流配送中心的运作来达到高效。

这种运作过程对于前面对电子物流（E-Logistics）的定义来说就具有了两个方面的含义。

（1）商品实物的配送。其中，从商品实物配送的现状来看，由各个零售企业独立实施的情况非常普遍，这样做显然是低效的。即使站在用户的角度，一天之内可能会由于接收多件由不同商家提供的商品配送服务而耽误大量的时间。通过建立社区流通仓库（Neighborhood Crossing Dock Center，NCC）的商业模式，运用电子物流网络就可以使这种“最后一千米”配送的效率提高 2 倍以上。

（2）人力资源的动态配置。与实物配送的 NCC 模式类似，人力资源的动态配置是将各个行业的专业人员通过网络组织起来。从而形成一种人力资源动态配置的商业模式，通过虚拟的企业组织和电子技术手段，这种商务在理论上是可行的。由大量分散的专业人事通过网络形成一种特殊的组织，势必能为客户解决更多各种各样极其复杂的问题。

随着电子商务应用及企业流程重组观念的日益普及，企业在通过电子信息手段进行商务活动的同时，也正积极探索通过利用这种信息手段的进步，来帮助企业进行内部的管理变革。这样一来，原来基于企业物流流程管理而产生的电子物流概念也进一步扩大了，从单纯地利用网络信息技术对物流流程进行管理控制，逐渐发展到对企业全部业务流程进行管理，直至发展到与外包理论结合，通过这种技术对企业外包的非核心业务流程进行有效的管理。我们有理由相信，对我国这样一个经济飞速发展，但以大量中小企业为主的国家来说，对这种电子商务形态变化趋势的深入研究，具有非常积极的意义。

第三节　数字与电子物流有关概念及其关系辨析

物流是物质资料从供给者到需求者的物理性运动（包括处在供给者内部的物理性运动），是创造时间价值和空间价值的活动（包括一定的加工附加值）。物流即“物的流通”，包含“物”与“流”两方面的内容。概括地说，“物”是指一切可以进行物理位置移动的物质资料。“流”是指物理性运动，有“移动、运动、流动”的含义。物流不仅仅是实体在流动，而且相关的信息也在虚拟世界借助实际媒介流动，而物流过程的数字化、电子化，可称为物流的虚拟化。

一、数字物流

数字物流是指将物流全过程进行信息化，借此表现物流系统的精确、及时和高效特征，进而达到“物流操作数字化、物流商务电子化、物流经营网络化”。可以把现代物流中的商品流、信息流、资金流高度自动化集成的物流称之为数字化物流。

（一）数字物流要求

1. 系统要求

数字物流系统要求准确、快速、高效及个性化。准确与快速是物流企业的生存之本，只有在满足了快速、准确的前提下，才能发展个性化服务，才能谈到提高企业运作效率。在企业竞争空前激烈的今天，为了在以时间为基础的竞赛中占据优势，必须建立一整套对环境能够敏捷和迅速反应的系统。数字物流的系统层次结构如图 2-2 所示。

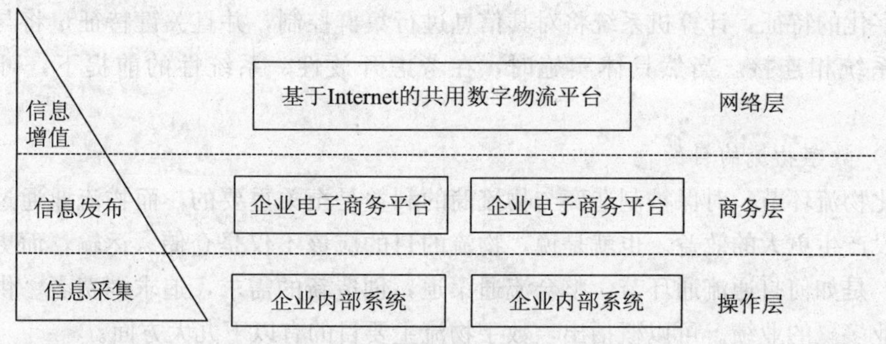

图 2-2 数字物流的系统层次结构

仅“快速”这个要求，就包含着多种含义。首先对于需方来说，快速是指在正确的时间将货品送达目的地，也就是及时性；对于物流系统而言，“快速”是指高效完成系统中的物流，这可以减少资产负担并提高相关的周转速度，在某种程度上也意味着高效利用库存；另外，“快速”还指物流系统对于业务变迁的适应能力。

2. 信息技术需求

在现代企业中，为了提高竞争力，进行企业业务流程重组或类似的调整是很常见的事。敏捷系统的实现一方面要依靠物流系统的业务优化，另一方面也依赖于信息技术的发展，特别是自动识别技术、无线网络技术、商业智能（BI）等的发展。技术的创新，改变了一些传统的运作模式，通过技术的创新也可以引发模式的变革。数字物流将信息化中先进的成果运用到物流业务中，用先进的信息化手段推动物流业务模式的变革。

计算机网络、数据库技术、管理信息系统等（将在第五章详细阐述）都是数字物流关键技术，它们不是相互分离的，而是互为补充、相互促进的，在众多技术的综合作用下才形成了数字物流这一框架结构。

（二）数字物流的构成

在企业微观物流领域内，企业必须具备自动化、信息化的一线生产系统和自动化、信息化的物流系统；对于企业的经营系统来说，必须完成企业自身的信息集成自动化改造，当然，这种改造必须具备开放性特征，预留与社会物流信息的接口。

对于社会物流，必须实现物流的数字化，建设社会化统一的、信息化的物流信息平台，适应产业进步和提供多样化的物流服务，传统的物流业必须脱离卡车加仓库的模式，彻底摆脱“调度员在卡片、地图、铅笔和纸张之间忙碌，卡车司机一天数次把车停在路边打电话”的困扰。通过物流信息平台对现有的资源进行整合，使原有的资源发挥出最大的效益，同时，通过数字化的信息技术，实现消费者、企业群体及政府相互之间的信息联系，减少因信息不畅而出现的脱节现象，促使协同工作平台及经营机制的建立，强化政府对市场的宏观管理与调控能力，支持物流的规范化管理，而且使物流信息系统成为行业管理、发展与规划提供信息化的决策支持手段。

数字物流的结构组成包括仓储系统、数字化输送系统、数字化作业系统、电控系统、计算机系统、消防系统等。其中，每一个子系统要求不仅是自动化的，而且要求其具有数字化的特征，计算机系统将对其信息进行集群控制，并且关键特征量将与社会物流信息系统相连接。当然具体实施时，在考虑开放性、系统性的前提下，可以分步实施。

（三）数字物流的目的

优化物流环节，对保护制造商与物流商的利益是至关重要的，而物流业通过数字化物流建设产生更大的效益。也就是说，物流的目的应该不仅是仓储、运输，而更重要的是市场，是如何打通流通环节，整合流通渠道，创造新的需求，追求消费者、供应商和物流企业多赢的业绩。可以概括出，数字物流主要目的有以下九大方面。

（1）实现信息的获取从滞后转变为及时；

（2）对消费者的需求从推测转变为了解；

（3）为消费者提供的价值理念从错位转变为匹配；

（4）消费者服务模式从供应商服务转变为供应商、物流业以及消费者自我服务；

（5）业务流程从补救失误转变为预防失误；

（6）生产率增长模式实现常规的改进；

（7）员工的价值从低价值转变为高价值；

（8）物流业组织从相互隔绝转变为统一系统，在整个系统中，信息、思想和物流解决方案能够相互共享；

（9）系统运行转变为快速、准确、可变，从传统的商品经营转变为战略经营。

这些转变是以用户、人才和利润为中心的，而贯穿整个系统的神经就是完善的物流信息化。

总之，数字物流是指将物流全过程进行信息化，采用应用全球定位系统、地理信息系统、电子数据交换、条码技术、计算机、网络通信、互联网、仿真和虚拟现实等现代高新技术，使得物流操作数字化、物流商务电子化、物流经营网络化。最终促使信息流、物流、资金流和商流的融合和一体化。简单地说，数字物流就是把数字化信息技术和现代物流技术相结合的具有信息化、网络化、智能化、集成化和可视化等特征的技术系统。数字物流是物流现代化、集成化的必由之路。

二、电子物流

（一）电子物流的概念

如上所述，电子物流是指利用电子化的手段，尤其是利用互联网技术来完成物流全过程的协调、控制和管理，实现从网络前端到最终客户端的所有中间过程服务。

电子物流是定位在为专业物流企业提供供应链管理的电子物流系统，它的特点是利用电子化的手段，尤其是利用物流信息技术来完成物流全过程的协调、控制和管理，实

现从网络前端到最终客户端的所有中间过程服务，最显著的特点是各种软件技术与物流服务的融合应用。它能够实现系统之间、企业之间以及资金流、物流、信息流之间的无缝链接，而且这种链接同时还具备预见功能，可以在上下游企业间提供一种透明的可见性功能，帮助企业最大限度地控制和管理库存。同时，由于全面应用了客户关系管理、商业智能、计算机电话集成、地理信息系统、全球定位系统、互联网、无线互联技术等先进的信息技术手段，以及配送优化调度、动态监控、智能交通、仓储优化配置等物流管理技术和物流模式，电子物流提供了一套先进的、集成化的物流管理系统，从而为企业建立敏捷的供应链系统提供了强大的技术支持。可以想象，每小时要处理数万件来自数百个供应商和流向数百个零售商货物信息，使供应链各方之间不得不建立电子化手段。

（二）电子化手段

如何实现电子物流？即实现物流的电子化手段，在这里先分列如下，具体内容将在第五章介绍。

（1）条码技术；

（2）射频识别技术；

（3）全球定位系统；

（4）地理信息系统；

（5）智能运输系统；

（6）自动导引系统；

（7）自动化立体仓库；

（8）电子标签拣货系统；

（9）摘取式和播种式电子标签拣货系统；

（10）声控技术。

回顾过去近30年历史，国外企业在供应链效率改进方面不断产生新的概念和应用都只有一个根本目的，即通过改善供应链伙伴之间的协作，降低总库存，缩短产品交付周期。所以，我们要通过电子化手段来实现电子物流，改善供应链伙伴间的协作，降低总成本，提高供应链整体效益。

三、数字物流与电子物流的联系与区别

（一）数字物流与电子物流的联系

1. 数字物流和电子物流都属于物流的信息化的范畴

数字物流和电子物流将最近发展起来的先进的信息技术运用到物流过程中。二者都朝着物流信息化的方向发展物流。物流信息化包括先进的物流管理和物流信息技术，数字物流和电子物流都着重其中的互联网技术方面。二者的发展大大促进了信息网络技术在物流中的发展应用。

2. 数字物流和电子物流均是虚拟化物流

所谓电子化、数字化、网络化都可以包括在电子或计算机信息技术的含义之中。都是以计算机网络技术、信息技术来进行物流运作与管理，以实现企业间物流资源共享和

优化配置。二者具有动态性、开放性、暂时性、快速性和核心能力互补性以及与物流战略联盟等特点，更易迎合物流市场基于需求发展的需要，均是将物流过程虚拟化。

（二）数字物流与电子物流的区别

1. 数字物流的概念有广义和狭义之分，而电子物流的含义没有此区分

从广义上讲，数字物流通过计算机网络、数据库等信息技术手段实现实体物流的信息化，实现物流信息平台上信息传递即互联网上的比特运送，它是现代物流的技术基础和灵魂。

从狭义上讲，数字物流是数字产品物流，即指一地加工、存储，全球共享，不需要实体仓库；通过计算机网络虚拟运输，无须交通工具运输。即像“数字化生存（生活）”描述的那样：数字 0、1 只需要将企业网（电子商务网站）连接到广域网上，就可以共享，不需要庞大的配送系统。数字物流越发达，原子物流（传统的实体物流）系统压力就越小。比如，书籍、出版物、影视作品就完全可以通过比特的形式在互联网上实现数字加工、存储、运送，从而代替或部分代替“原子”加工、存储、运送。这是一种特殊的数字物流运作模式。

电子物流是指利用电子化的手段，尤其是利用互联网技术来完成物流全过程的协调、控制和管理，实现从网络前端到最终客户端的所有中间过程服务。

2. 二者发展来源和概念提出的背景不同

数字物流是从“原子物流”发展而来，所谓原子物流即传统物流，是指传统的工业和商业实物物流。数字物流概念是在运美国的“数字地球”理念背景下而产生的，后来又出现了所谓数字城市、数字化工厂、数字物流园区、数字港口等概念，数字物流概念也就顺理成章。

电子物流概念的提出和产生，一开始是在电子信息技术改造传统产业的背景下萌发的。后来，物流在电子商务出现后备受重视，在电子商务下的现代物流提法盛行，形成了电子物流的概念，也是在信息技术和电子商务飞速发展的情况下，现代物流发展的新成果。

3. 二者信息技术应用的侧重点不同

数字物流更看重网络信息平台的运用，重在实现物流的数字化，而电子物流偏向运用条码技术、EDI 技术、POS 技术、RFID/EPC 技术、GPS 技术、GIS 技术、ITS 技术、AGV 技术、DPS/DAS 技术及声控技术十大电子化手段来完成物流全过程的协调、控制和管理，实现从网络前端到最终客户端的所有中间过程服务，最显著的特点是各种软件技术与物流服务的融合应用。其定位在为专业物流企业提供供应链管理的电子物流系统，它能够实现系统之间、企业之间以及资金流、物流、信息流之间的无缝链接，而且这种链接同时还具备预见功能，可以在上下游企业间提供一种透明的可见性功能，帮助企业最大限度地控制和管理库存。

四、虚拟物流及其与数字、电子物流的关系

（一）虚拟物流的定义

虚拟物流的概念最初是由美国的 Stuart 等人于 1996 年在阿肯色州大学物流协会报

告中提出的。GB/T 18354—2001 物流术语将虚拟物流定义为：以计算机网络技术进行物流运作与管理，实现企业间物流资源共享和优化配置的物流模式。

虚拟物流的特点有动态性、开放性、暂时性、快速性和核心能力互补性，且具有与物流战略联盟根本区别的基于物流市场需求机遇的特性。虚拟物流是相对传统技术下的完全可见的原子（实物）物流而言的。虚拟物流中的一些服务超出了原来传统的物流服务，是一种新的服务形式。这些服务都是基于某种电子手段，基于数字化技术，基于互联网，故被称之为电子物流、数字物流或互联网物流。

物流系统是离散与连续混合型的非线性时变动力学系统，是一个多目标、多层次、多因数的复杂系统。它具有随机性和模糊性，其运作过程十分复杂，除了在十分简化的情况下，一般难以用解析方法进行分析。虚拟物流的目的在于对复杂物流系统通过虚拟运作进行事先风险评估、实时运筹调度和全局优化。虚拟物流是指实际物流过程在计算机上的本质体现，即采用计算机仿真与虚拟现实技术，在计算机上群组协同工作，建立物流过程的三维全数字化模型，从而可以在物流设计阶段对物流过程进行分析和评价。其基础是用计算机支持技术对全部有效的物流活动进行表述、建模和仿真，用信息技术对整个物流过程进行几个层次的建模与仿真。

在实现层次上，虚拟物流技术是以物流技术和计算机支持的建模与仿真技术为基础，集计算机图形学、智能技术、并行工程、人工现实技术和多媒体信息处理等技术为一体，由多学科知识形成的综合系统技术。虚拟物流应用人工虚拟现实技术，可以达到虚拟物流环境的高度真实化，并使人与虚拟物流环境有着全面的接触与交融。虚拟物流是现实物流系统在虚拟环境下的影射，既具有身临其境的真实性，又具有超越现实的虚拟性，达到沉浸其中、超越其上的效果。

（二）虚拟物流与数字物流、电子物流的关系

综上所述，电子物流、数字物流、互联网物流的含义都是指以电子信息技术、数字化技术、计算机网络技术为技术支持手段进行现代物流运作。

可以得出结论：所谓电子化、数字化、互联网都可以包括在电子或计算机信息技术（IT）的含义之中。所以，上述概念或提法基本上是等同的，都应包括在虚拟物流概念的内涵中。换句话说，《物流术语》中的虚拟物流概念完全可以涵盖之：以计算机网络技术进行物流运作与管理，实现企业间物流资源共享和优化配置的物流模式。

第四节　数字物流与电子物流的优势及其对物流的影响

叙述了这么多数字物流和电子物流的特点与功能，那它们与传统物流相比，到底有哪些优势？它们的发展趋势又怎样？

一、数字物流——现代物流的灵魂

随着数字地球技术的研究，其中一些关键技术得到了突破，并逐渐商业化，其中包

括高精度的全球定位系统、高性能的计算机、海量的存储设备、功能更先进的地理信息系统、下一代互联网络系统。所有这些技术成功的应用，给企业运作模式和管理水平提出了新的挑战。“数字地球”已经使世界政治体系、技术体系，乃至人类日常生活都产生了重大的变革，数字物流对物流这个传统而又年轻的产业的商业模式也提出了新的挑战。

（一）数字物流对物流模式的影响

数字物流是指将物流全过程进行信息化，借此表现物流系统的精确、及时和高效特征，进而达到“物流操作数字化、物流商务电子化、物流经营网络化”。对于物流系统的要求，有多种提法，但是本质上讲就是准确、快速、高效及个性化。其中准确与快速是物流企业生存之本，只有在满足了快速、准确的前提下，才能发展个性化服务，才能谈到提高企业运作效率。在企业竞争空前激烈的今天，为了在以时间为基础的竞赛中占据优势，必须建立一整套对环境能够反应敏捷和迅速的系统。

在现代企业中，为了提高竞争力，进行企业业务流程重组或类似的调整是很常见的事。敏捷系统的实现一方面要依靠物流系统的业务优化，另一方面也依赖于信息技术的发展，特别是自动识别技术、无线网络技术、商业智能等的发展。由此可以看到技术的创新，也改变了一些传统的运作模式，通过技术的创新也可以引发模式的变革。“数字物流”应该将信息化中先进的成果运用到物流业务中，用先进的信息化手段推动物流业务模式的变革。信息技术发展日新月异，新的技术、标准推陈出新，但信息必须为实际的生产、社会服务，才能体现其实用价值。

（二）对企业内部操作的影响

许多物流企业进行的一些信息化工作，只是简单地将手工业务流程进行计算机化。技术对管理会产生变革作用，一些新技术的采用会给传统的管理理念带来新的思路。在物流企业内部，随着条码技术、射频技术、无线技术和自动识别技术等的应用，企业管理进入到一个新的阶段，达到更加准确及时的管理水平，从传统的作业管理上升到了决策分析管理。各种自动的数据采集方式，使企业获得大量的内部管理数据，企业经营决策有了可靠的依据，必然使得管理水平得到提升。

（三）对企业商务模式的影响

对于物流企业，由于其服务的客户较多，地区分布较广，电子商务将打破传统意义上的国界限制和商圈范围，整个市场竞争将迅速扩大至全国乃至全球，市场概念、价值观念、营销策略、行业分工、中间机构和竞争方式也都随之发生了巨大的更新和深刻的变化。电子商务可跨越时空障碍、交通障碍和信息能力等障碍，通过互联网为供需双方提供及时、方便、快捷、双赢和有效的增值服务。据有关统计资料显示，应用电子商务可使参与交易的企业降低成本10%～20%。

（四）对物流网络的影响

物流的经营需要网络化，这是业界不争的事实。随着全球化的到来，企业之间的商务互动的网络化越来越成熟。网际间的协同商务，符合物流未来发展。当客户在网上订舱之后，相应的订舱数据传送给整个物流链上的各个操作环节，各操作环节按照客户的要求，完成整个的物流服务。如何协同各物流单位活动，则需要将各自业务系统网络化，真正形成一个网络化经营的模式。

二、电子物流的优点

电子物流与传统物流的区别何在，有何新的特征呢？

（一）物流信息高度透明

现代物流信息技术突飞猛进，电子数据交换、条码技术和全球卫星定位系统三大现代信息技术的广泛应用使得物流信息变得高度透明起来。

首先，从技术本身的应用来说，电子物流提高了物流服务的效率与质量。仅以条码技术和全球定位系统举例。如在各大超市物品被消费者购买时，需要用扫描仪对其条码进行扫描，产品的名称、日期、产地、数量、批号均可查明，同时库存信息立即得到更新，一旦库存减少到一定量时便发出补货指令；另外，如全球定位系统可随时监督产品在途中的位置、数量等情况，这些均为企业提高服务水平、实现快速反应（QR）和有效的客户反应（ECR）提供了条件。

其次，电子物流减少了“长鞭效应”。如配送问题、CA认证问题、税收问题等。我国是发展中国家，与发达国家存在着一定的差距，但是要想保持竞赛的资格，我们必须先与竞争者站在同一起跑线上。而电子商务又是我们缩短自身与世界发达国家距离的最有效手段，这对我们来说是一个千载难逢的机遇。电子商务不是一个简单的上网技术问题，而是企业经营管理方式与思想观念的变革。因此，面对我国现状，我们要进行模式创新，发展适合我国国情的电子商务。

电子商务作为21世纪的主导商务模式，不再是一个单纯的技术问题，而是关系到国家经济转变的又一次严峻挑战，我们只有勇敢地面对这一挑战。仅凭传统的管理思想已经不够了，不能够运用好互联网所带来的先进管理手段，不能融入日益成为趋势的互联网社会、电子商务氛围，再好的企业也将走向衰败。

因此，大力发展电子商务势在必行，这是在全球化经济体系中保持竞争力的需要，是国际贸易的需要，也是我们缩小与发达国家差距的需要。

（二）订单处理电子化

现代的企业开始采用电子化订单处理方式，来满足需求不断变化的顾客，以实现高效、灵活、柔性化的物流管理。

（三）第三方物流趋势明显

随着电子商务的快速发展，网络交易的快速、便捷越来越受到消费者的青睐。但某项针对在线零售商的调查发现，有约43%的公司在订单上不对送货到达日期做出承诺，或者承诺后不能够按时送到。因此第三方物流企业应时而生，它们负责运输、仓储等环节，并对客户服务提供更加灵活的方案。第三方物流企业正在受到广泛的重视。

三、电子物流与传统物流相比较的优势

（一）电子物流给传统物流带来巨大的影响

1. 在信息利用方面

在传统物流方式情况下，客户的物流信息往往掌握在不同的人手中，要取得其他部门相关的信息，必须通过掌握相应信息的人员，进行沟通才能取得，有时甚至产生不同部门或不同公司之间的沟通。但在信息传递过程中一般会发生一定程度的信息传递失真，因此信息传递的环节越多，信息失真的情况就越严重，信息的价值就越低。如果能够在原始信息与需要使用信息的人之间建立直接的信息沟通渠道，那么就可以将信息失真降到最小，但是这种渠道同时又必须有时效性和低成本性。电子物流利用互联网技术形成物流信息的综合管理体系，最大限度提高企业物流信息的透明度，及时提供基础物流信息给需要的人员，以完成自身随时随地的物流信息需求，从而最大限度发挥物流信息本身凝聚的物流利润，扩大企业的赢利能力，真正发挥物流信息的综合价值，攫取物流利润。

2. 在物流评价方面

电子物流提供专业化的物流评价手段，对企业的物流运作提供一定的指标评价，如库存周转量、销售供应链维系成本、原材料及时供应维系成本、资金周转率等，通过这些指标数据，物流供应商可以有理有据地在相应方面进行物流改进工作，可依据相应的资料评价物流供应商的综合服务水平，从而最终降低物流成本。

3. 在物流连续性方面也有很大影响

物流本身是个连续性的工作，阶段性物流只是人为地将物流划分为不同的阶段，这种划分实际上抹杀了物流整体性和连续性方面的众多信息，从而降低了物流信息的价值。电子物流为物流企业提供了物流一体化信息处理系统，物流信息资料的不断积累，使物流的整体性与连续性信息得以存在，这样为物流优化模型提供了必要的物流信息数据，使企业的物流可以向进一步优化方向发展。通过对这些物流整体性和连续性信息的分析和利用，带来新的物流管理方面和管理思路，取得更深层次的物流利润。电子物流的优势是显而易见的。

（二）电子物流与传统物流在业务处理模式上的区别

1. 电子物流服务与传统物流在服务方面的区别

服务化是电子物流的主要特征，以客户为中心的柔性化又进一步突出了为客户服务的理念。电子物流与传统物流在服务方面的区别如表 2－1 所示，与传统物流服务相比，电子物流服务更高效、更方便，服务更周到。

表 2-1 传统物流和电子物流在服务方面的比较

项 目	传统物流服务	电子物流服务
业务推动力	物质财富	IT 技术
服务范围	单项物流服务（运输、仓储、包装、装卸、配送等）	综合性物流服务，同时提供更广泛的业务范围，如网上前端服务等
通信手段	传真、电话等	大量应用互联网、EDI 技术
仓 储	集中分析	分散分布、分拨中心更接近客户
包 装	批量包装	个别包装、小包装
运输频率	低	高
交付速度	慢	快
IT 技术应用	少	多
订 单	少	多

2. 电子物流与传统物流在订单处理方面的区别

电子化的订单处理在电子物流中广泛应用。在大量的网上物流贸易中，顾客的个性化消费趋势越来越明显。过去的订单以大批量、少批次、单一品种为主，而现代物流在网上随时可以实现，呈现出小批量、多批次、个性化的特点，这在 B to C 的电子商务环境下越发明显。越来越多的企业开始采用电子化订单处理方式，来满足多元化的客户需求，以实现高效、灵活、柔性化的物流管理。传统物流与电子物流的订单履行模式比较，如表 2-2 所示。

表 2-2 传统物流与电子物流的订单履行模式的比较

项 目	传统物流	电子物流
履行方法	履行方法单一，所有客户同样对待	订单履行的动作程序随客户不同而有差异
订单大小	订单一般很大，货装托盘，使用整车运输	订单小，送货次数频繁，使用小件货物运输
客户需求	客户需求稳定	客户需求不稳定
产品流向	产品沿单一方向流动，很少回流	产品双向流动，产品退回情况多
订单来源	根据预测将产品“推”向市场	订单实际产生后，“拉动”订单履行程序
目的地	订单运输目的地集中	运输高度分散，每个订单的起运地、目的地都可能不同

（三）电子物流的优势

与传统物流相比，电子物流具有以下几个方面明显的优势。

1. 电子物流带来专业化分工优势

电子物流运作模式使客户完全专注于自身的研发、生产和市场销售，物流服务供应商完全专注于通过电子物流完成客户的实际物流运作，并通过电子物流提供的物流优化工具，不断根据实际情况优化客户的物流运作，从而大大降低客户的物流成本。电子物流自身则不断通过对物流现象的研究，提升电子物流综合物流管理功能，使电子物流拥有更多的专业物流管理手段和工具，尤其是物流信息管理与处理技术，从而真正发挥物流信息的综合价值，攫取物流利润。

2. 电子物流给客户带来优势

物流信息的充分透明使客户可以根据自身个性化的需求随时随地对自身物流信息进行再处理。通过专业化的物流评价指标，可对物流供应商进行督促，从而使物流的连续性信息得以存在，这样为物流优化模型提供了必要的物流信息数据，使企业的物流可以向进一步优化方向发展。

3. 电子物流给物流企业带来优势

电子物流为物流企业提供了物流一体化信息处理系统，使物流企业能够提供更为优质和个性化的高端物流专业服务，从而在物流竞争中取得物流信息管理和处理方面的优势，有利于取得物流订单，利用物流信息提供的价值，提高物流效率，降低物流成本和企业管理成本。

4. 电子物流提高了物流服务的效益

开展电子物流可以改善供应、生产、库存、销售的管理和控制，减少成本和存货，减少货品短缺，与供应商、分销商和客户建立更快、更方便、更精确的电子化联络方式，实现信息共享和管理决策支持，更好地响应客户，为将来实现端到端的供应链管理做好准备。传统物流与电子物流的性能比较，如表 2－3 所示。

表 2－3　传统物流和电子物流的性能比较

传统物流	电子物流
仓库库存量信息不明	仓库库存量可追踪查询
高安全库存量与高库存保管费用	清楚掌握库存量，无须保持较高的安全库存量
紧急出货次数及运输成本高	确实掌握安全库存量，能用一般托运方式出货
库存不足导致机会损失增大	确实掌握补货情况，避免库存不足的情况发生
货物在途情况不明	货物在途状况追踪查询
因信息不足所产生运输周期管理上的困难	提供决策所需信息，能评估不同路线、不同运输者的表现
客户服务品质不佳	掌握运交货所在位置，能及时回复客户的查询
物流过程中有限的信息整合	自动化的整合、公用平台
高度依赖手工作业与相对高的人力成本	整合客户、供应商、物流业者、运输商的物流系统，降低人工作业查询需求
过长的查询回复时间	公用平台的信息整合可协助即时状况追踪查询
信息不准确，错误率高	将记录与查询流程自动化，提高信息的准确度

四、电子物流的发展瓶颈与趋势

(一) 电子物流的发展瓶颈

如上所述，电子物流有诸多好处，网上交易量有些止步不前。至此，电子物流的瓶颈问题被提了出来。有人认为网上交易的安全性、网络结算的风险性是阻碍其发展的瓶颈。但据统计，中国1000多家上市公司每天几百亿人民币的网上交易和结算已成功运作多年，这并不是阻碍其发展的根本原因。据消费者普遍反映，网上交易虽方便快捷，但交易之后并没有与电子商务相配套的有效的配送体系来对实物的转移提供低成本的适时适量的服务，且配送成本过高、速度过慢。这才是电子物流发展的瓶颈所在。

网络技术再发达，也只能对电子物流起到优化和简化的作用，而不能将其过程完整地包含在内。所以，将克里斯托弗曾预言的一句话——“21世纪的竞争不是产品的竞争，而是供应链的竞争”诠释在电子物流时代，即为21世纪的竞争已转成为企业配送体系的竞争，这需要我们将尖端科技与优质服务巧妙结合打造企业竞争力。沃尔玛前任CEO大卫·格拉斯曾一语道破天机：“配送设施是沃尔玛成功的关键之一，如果说我们有什么比别人干得更出色的话，那就是配送中心。”

(二) 打破电子物流瓶颈的几点建议

下面我们以配送中心为例，提出几点打破电子物流瓶颈的几点建议。

1. 发展自有配送中心

对于规模较大、经营范围广的企业，可发展独自的配送中心。一是因为大企业集团规模大、资金雄厚，自身能实现规模经济且内部运作可控性强，由此而节省成本；二是为了实现企业的差异化战略打算。差异化战略是指企业使自己的产品或服务区别于竞争对手的产品或服务，创造出与众不同的东西。在全球化高度发展的今天，先进的技术手段使得产品极容易被仿制，但良好的配送系统则不然。由于配送中心不仅仅是送货，而是一个一体化的运营网络，需要健全的体制和所有员工的配合，而且需要多种电子物流技术的支持，因此模仿起来非常困难。所以建立自有的配送中心可以减少企业风险，增强核心竞争力。

2. 由多个中小企业共建配送中心

由于各中小企业资金相对缺乏，自建配送中心成本过高难以负荷，且运作时物流设施的利用也不充分，所以多个企业共建配送中心，利用电子物流技术将分散在各企业的物流资源整合，提高设施使用率，可实现共同配送。共同配送在具体实施时，通过信息平台发布供求信息和接收客户订单以及协同资源配置和计划调度，由几个企业共同制订配送计划，共同对某一地区的用户进行配送，共同使用配送车辆，主要解决了长途运输车辆跑空车和运费上升的问题，既能减少企业的物流设施投资，又使物流布局合理化，充分利用现有资源，促进实现质量管理的制度化。

3. 由传统储运业建配送中心，发展第三方物流

传统储运业是以仓储、运输和装卸为主，与配送中心的仓储、运输、配送、信息服务等功能仅一步之遥。储运业近50年来积累的设施基本上可被现代物流采用，如果拥

有一定的运输能力，再建立相应的信息管理系统并完善相关设施便可形成配送中心。与新建相比，有较大的成本竞争优势。另外，传统储运业在多年的实践运作中已形成较成熟的运作体系，形成了自己独有的客户群体，只要按照电子物流的方向完善信息化、加强服务功能，就能在市场竞争中取得新的更好的定位。根据传统储运业较特殊的市场地位，建议其发展成为 3PL 企业，从事专业化的物流配送业务。按照供应链理论，如果企业将不是自己的核心业务交由其他从事该项业务的企业来做可以取得较低的成本，则企业应选择业务外包来优化供应链。物流业普遍落后的现状，第三方物流企业已成为各企业关注的焦点。如康柏和戴尔将物流外包给联邦快递也正基于此。

（三）如何发展电子物流

1. 必须提高全社会对电子物流的认识

要把电子物流与电子商务放在一起进行宣传，电子商务是商业领域内的一次革命，而电子物流则是物流领域内的一次革命。要改变过去那种重商流、轻物流的思想，把物流提升到竞争战略的地位，把发展社会电子化物流系统安排到日程上来。

2. 国家与企业共同参与，共建电子化物流系统

形成全社会的电子化物流系统，需要政府和企业共同出资，政府要在高速公路、铁路、航空、信息网络等方面投入大量资金，以保证交通流和信息流的通畅，形成一个覆盖全社会的交通网络和信息网络，为发展电子物流提供良好的社会环境。物流企业要投资于现代物流技术，要通过信息网络和物流网络，为客户提供快捷的服务，提高竞争力。要吸引更多的制造企业和商业企业上网，通过上网提高企业的竞争力和赢利水平，促进电子商务的发展，从而促进电子物流的发展。

3. 结合我国的实际情况，多方面吸取经验

我们可以吸取别国物流管理研究的成果，向电子物流发达的国家学习，鼓励理论界和实务界研究电子物流中的难题，少走弯路，尽量走捷径，加快我国电子物流的发展步伐。

4. 加强电子物流人才的培养

电子物流人才是一种复合型的高级人才，这种人才既懂电子商务，又懂物流；既懂技术，又懂管理。一方面，可以引进电子物流人才；另一方面，可以把有潜力的人才派出去学习。

5. 鼓励第三方物流发展，提高物流企业的专业化、社会化水平

从国外物流企业功能发展来看，物流业所提供的服务内容已远远超过传统的仓储、分拨和运送等物流服务，第三方物流企业发展迅速。由于不断缩减供应链成本的需要，美国的制造商和零售商们要求物流公司做得更多一些，物流企业提供的仓储、分拨设施、维修服务、电子跟踪和其他具有附加值的服务日益增加。

新加坡环球公司亚太地区总裁保罗·格雷厄姆称，物流服务商正在变为客户服务中心、加工和维修中心、信息处理中心和金融中心。第三方物流企业借助信息技术提供越来越多的物流服务，能够对市场变化作出迅速响应。鼓励第三方物流发展，提高物流企业的专业化、社会化水平，延伸服务领域，建立功能齐全、布局合理、层次鲜明的综合

物流体系已是全球物流业发展潮流，也是我国物流业发展的重要方向。

第五节　虚拟物流现状及未来发展趋势

一、虚拟物流的发展现状及面临的问题

（一）虚拟物流的内涵及其实现形式

虚拟物流（Virtual Logistics）是指以计算机网络技术进行物流运作与管理，实现企业间物流资源共享和优化配置的物流方式。即多个具有互补资源和技术的成员企业，为了实现资源共享、风险共担、优势互补等特点的战略目标，在保持自身独立性的条件下，建立较为稳定的合作伙伴关系。虚拟物流本质上是“即时制”在全球范围内的应用，是小批量、多频度物资配送过程。它能使企业在世界任何地方以最低的成本跨国生产产品，并获得所需物资，以赢得市场竞争速度和优势。虚拟物流组织的实质是供应链信息集成平台，它是以获取物流领域的规模化效益为目的，以先进的信息技术为基础，以共享供应链信息为纽带而构建的物流企业动态联盟。

目前，虚拟物流的实现形式就是构建虚拟物流组织。通过这种方式将物流企业、承运人、仓库运营商、产品供应商以及配送商等通过计算机网络技术集成到一起，提供“一站式”的物流服务，从而有效改善单个企业在物流市场竞争中的弱势地位。

虚拟物流管理模式的另一个好处就是可以在较短的时间内，通过外部资源的有效整合，实现对市场机遇的快速响应。但由于虚拟物流并没有改变各节点企业在市场中的独立法人属性，也没有消除其潜在的利益冲突。因此，虚拟物流也给各联盟企业带来了一些新的风险问题。

（二）虚拟物流的发展现状面临的主要问题

就目前虚拟物流的发展现状而言，其面临的主要问题有如下几点。

1. 缺乏健全的物流信息平台

虚拟物流的发展离不开物流信息化建设，随着我国物流行业的不断发展，物流的信息化水平也已经有了显著的提高，诸如“物流信息网”等形式的简单的物流信息平台已建成，但是其功能单一、信息安全和保密性差，与发展虚拟物流体系的要求还存在很大差距。

2. 缺乏潜在用户群的理解和接受

虚拟物流作为物流行业的发展前沿，其理论认识尚未统一。但就当前对虚拟物流普遍认识来说，虚拟物流参与方往往没有自己的仓库、车队等显性资源，有的只是信息、知识、方案等隐性资源。因此部分参与方由于没有显性资源而得不到需求方的理解和接受。此外，由于全国范围内已成功实施虚拟物流的具体案例也非常少，再加上业界对物流宣传力度不够，导致在今后一段时间内虚拟物流很难让用户群完全理解和接受。

3. 物流标准化建设尚不完善

发展虚拟物流体系的关键就在于整合现有的物流资源，这就要求具备完善的物流标

准化体系。当前我国物流行业低标准造成了社会资源浪费与物流相关的现有产业标准体系起步较低，缺乏系统性，问题突出表现在托盘、包装、信息技术等通用技术设备与标准上面。另外，产业间的标准难统一，制约了物流各相关产业间的统一性和协调性。

4. 从事物流虚拟管理或智慧性运筹管理的人才严重匮乏

显然，物流虚拟化需要更高层次的管理人才，要求他们除要具有基本的运输仓储行业知识、生产服务管理知识、电子通信网络知识以及运筹学、统计学等高级理论和知识外，特别要具有较强的协调能力和统一指挥调度能力。目前，这样的高级人才在我国还相当匮乏，这是迈向物流虚拟化的最大的也是最根本的困难。

二、虚拟物流的未来发展趋势

虚拟物流运营涉及面广、问题多，有些问题还需要长期的实践积累才能完善，要想实现新的飞跃，还需要经过更长期不懈的努力。当然，新生事物总是按照由少到多、由点到面的成长过程诞生的，虚拟物流的发展也是如此。其未来发展趋势有以下几个方面。

（一）虚拟物流基础支撑条件

这一方面主要包括物流管理技术和方法、物流相关法律法规、物流标准化、物流信息技术和方法及物流基础设施等。虚拟物流作为一个新兴事物出现，必须有相应法律制度和物流管理技术对其进行有效管理，而统一的物流标准有利于各个成员企业之间的协作。

（二）虚拟物流运作管理

从事物的发展规律来看，运作管理对促进虚拟物流的发展具有重要意义，尤其是虚拟物流企业组织构建与运作模式、物流网站建设、核心能力识别、风险管理、伙伴选择、利益分配、冲突协调、虚拟物流企业资源调度、成员关系管理和绩效评估等方面有待提高。

（三）虚拟物流信息化

虚拟物流就是在全球信息化的基础上产生的，作为虚拟物流企业，构建的基础与外部核心的信息化技术，贯穿虚拟物流企业的构建、运作、解体等全过程，因此，虚拟物流信息化是未来发展的一大趋势。

（四）虚拟物流供应链

虚拟物流供应链主要包括虚拟采购、虚拟运输、虚拟库存、虚拟配送、虚拟服务等，从供应链角度发展虚拟物流，对物流行业的发展的具大推动作用，将是虚拟物流的一大发展趋势。同时，从物流过程来看，配送、仓储等是物流的核心，因此，虚拟配送、虚拟仓库是未来虚拟物流发展的重中之重。

归纳可知，虚拟物流未来发展趋势的三维框架如图 2-3 所示。

虚拟物流的初步应用已经展现了其潜在的巨大经济效益和社会效益。伴随着市场一体化、专业化分工和经济全球化的发展以及物流基本支撑条件的日臻完善、虚拟物流理论的不断成熟、虚拟物流应用实践的不断探索和创新，相信虚拟物流必将成为未来物流

运作的主要模式，闪耀出夺目的光彩。

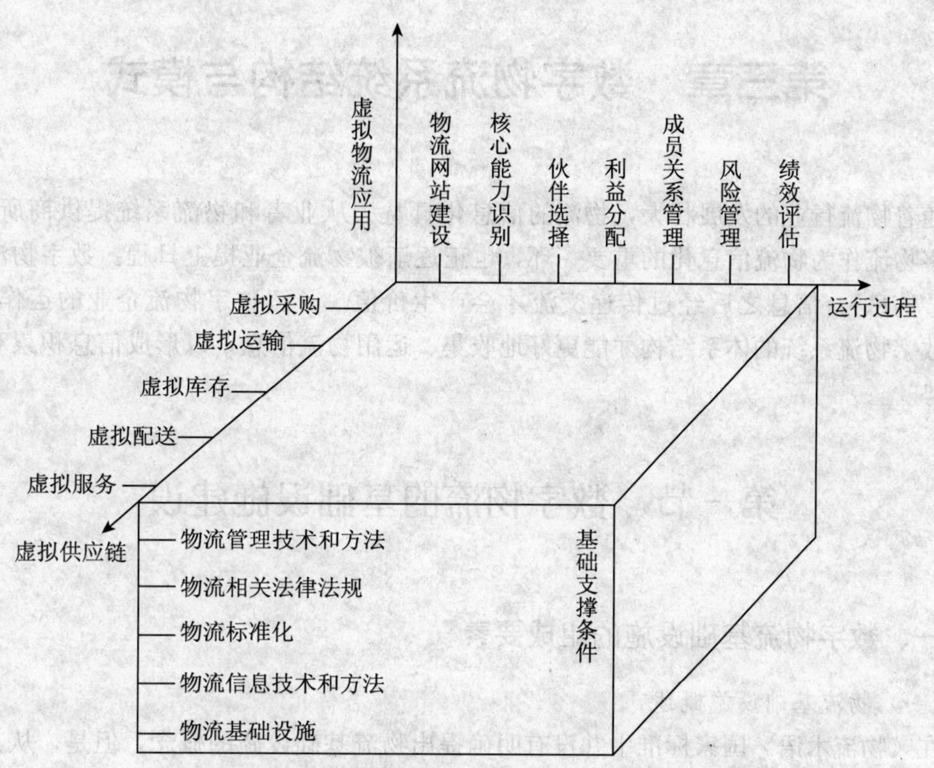

图 2－3　虚拟物流未来发展趋势的三维框架

第三章　数字物流系统结构与模式

随着物流行业的发展壮大，物流的信息化日益为从业者和物流系统提供商所重视。而数字物流作为物流信息化的重要一环，也正逐渐被物流企业提上日程。数字物流的重点是“信息”，信息之后经过传递交流才会产生价值。了解数字物流企业的运作模式，熟悉数字物流系统的体系结构才能更好地收集、运用物流信息，以形成信息积累和利用的优势。

第一节　数字物流的基础设施建设

一、数字物流基础设施的组成要素

（一）物流基础设施概述

在《物流术语》国家标准中并没有明确提出物流基础设施的概念，但是，从其对相关名词的归类中可以看出，物流设施至少包括物流中心、配送中心各类仓库（库房）、货场料棚、铁路集装箱场、公路集装箱中转站、集装箱货运站、集装箱码头等。这种归类思路和结构分析方法表明，物流基础设施应当是包括上述所列设施的集合体。

数字化仅为信息化实施的必要条件之一。实施信息化需要有 IT 技术的支撑，需要有网络平台作为其传播和发展的舞台，而通过数字化手段产生的大量信息正是其发挥作用的基础。数字化的实质就是将传统的纸质文档内容转变为数字文档的过程。可以说没有数字化就没有丰富多彩的网络信息。

（二）数字物流基础设施平台的基本构成要素

要实现数字物流，必须要有基础设施支撑，包括网络硬件、数字通信设备、软件系统、物流应用终端。

1. 网络硬件

包括网线、交换机、路由器、集线器和调制解调器等。

2. 数字通信设备

包括发射机、电缆、卫星系统、接收机、变换器等。

3. 软件系统

包括操作系统、数据库系统及各类应用系统等。

4. 物流应用终端

包括电子扫描仪、传感器、红外接收器、物流智能终端等。

二、数字物流基础设施的建设机制

(一) 提高既有资源的整合和设施的综合利用

积极尝试通过加强各种运输方式在运输组织上的合作、实施运输与仓储的一体化经营等方式，进行经营领域的合力拓展，使之能够提供更高水平运输组织服务和仓储服务，推进这些设施成为专门化的、不失其原有特征的物流基础设施。

现代物流的发展对交通运输、仓储等相关领域的要求实际上是如何提高效率、降低成本和改善服务。因此，并非所有既有运输设施均要成为物流中心或配送中心，各种既有设施仍然有其自己的发展空间。首先，要从各种既有设施自身的角度考虑对其规模、布局、功能等进行科学的整合，提高既有设施的使用效率；其次，考虑到不同领域物流基础设施在服务上的可替代性和竞争性，各种既有设施在进行功能转型发展时，要积极进行跨行业和企业的整合，促进设施的综合利用。

在目前关于物流基础设施用地存在较大争议的情况下，通过上述方式实现既有资源的整合和设施的综合利用，应成为政府部门制订规划和引导、组织物流基础设施建设实施的重要途径和基本原则。

(二) 加强新建设施在规划上的宏观协调和功能整合

由于各类运输场站与工业、商贸流通的仓储设施在服务对象上具有相当大范围的统一性和对象同一性，因此，只要充分考虑满足现代条件下经济运作的基本特点和服务需要，专门化的物流设施与交通运输、仓储等专业化设施完全可以在规划上进行综合考虑和协调，对物流服务需求的满足完全可以通过运输场站、仓储设施的合理布局和功能设置而实现。从这种理念出发，虽然推进现代物流的发展，需要积极制订政府规划，规划中也必须确立物流基础设施发展的重点与空间布局，但是，物流基础设施规划应是在综合考虑相关专业化设施规划的基础上确立的，实际上是进行相关规划的宏观协调和相关功能在规划层面的整合。

鉴于上述原因，在交通运输及仓储等行业即将进行“十二五”规划的背景下，作为推进现代物流发展和物流基础设施建设的重要手段，应从整体战略的高度进行相关方面的协调，理顺规划的关系，使物流规划、不同运输方式的场站建设规划、工业及商贸流通业的仓储设施规划能够有机衔接和配合。在衔接和配合中，物流规划是资源整合和提高整体设施效率的指导，其他规划是基础，是按照构建支持物流组织与发展的环境而进行的规划。特别是要在以交通运输场站、仓储设施的规划占地为控制目标的基础上，实现物流功能，防止重复建设和更多地占用土地。

(三) 推进物流基础设施的合理空间布局与功能完善

要真正做到按照“全面、协调和可持续”的发展观推进相关设施的合理布局和功能完善，需要在以物流基础设施规划为指导的前提下进行相关事实上的宏观协调，改变过去传统的各自实施规划的做法。这种协调的基本思路应当体现在以下几个方面。

运输场站在布局上与物流基础设施规划重合时，应使两者在布局上实现合并建设，并按照物流基础设施规划确立的功能和规模进行运输设施的建设，或依托运输设施进行满足物流组织要求的功能拓展建设，避免功能性的重复建设，政府部门要从物流基础设施整体发展的角度对重复建设具有新的认识，以便加快既有的以及规划的运输设施的整合，使运输基础设施因物流的运作组织而得以更好地发挥相关功能，推进综合运输的发展和社会整体运输效率的提升。

对于城市生活功能区和工业生产产业、企业集中区域，在进行仓储用地审批和建设时，必须通过土地置换方式，导向企业利用规划的物流基础设施建设范围内的相关设施或在规划区域内进行建设，推进仓储设施的社会化服务。

在城市新的工业开发和商贸功能区域，不再分散进行各种运输方式的场站建设和立足于企业自身用的仓储设施的建设，而是通过集中进行规划的物流基础设施的建设，使规划的相关运输、仓储功能得到集中体现。

为发挥物流基础设施的组织功能和提高运作效率，要推进运输组织与服务的创新，通过依托专门化物流基础设施、专业化的运输场站，发展各种运输方式多式联运、集装箱运输、城市配送等，并努力降低社会综合运输成本，提高运输的可靠性和效率，提高各种运输方式对物流基础设施的支持能力。

首先，要重视基础设施的铁路运输功能的建设和形成铁路与公路运输的有机衔接，形成公路—铁路两种运输方式在干线运输和区域运输、城市配送上的分工与配合；其次，要依托港口和机场，形成与不同物流需求相适应的运输组织与服务模式；最后，要加快公路的快运、零担、集装箱运输的发展，为物流基础设施在区域中的物流组织功能提供效率与服务模式选择。

（四）提高各种运输服务方式对物流基础设施的支持能力

（五）提高物流基础设施的经营与网络化服务能力

要考虑发挥好物流园区、物流中心和配送中心，以及运输场站、仓储设施等在区域性及城市物流组织上的功能，按照物流基础设施发展层次和功能分工，孤立进行设施的开发和建设，其功能和作用将很难得到发挥。因此，需要通过建设模式、运营模式和服务功能创新等途径，提高单个基础设施的经营发展能力。同时，更需要积极探索基础设施之间的发展合作，通过在设施之间开展运输的网络化经营，在供应链基础上的合作和分工，提高基础设施的网络化服务能力，构建现代物流发展需要的高效率基础设施体系。

（六）提高物流基础设施的信息化水平

要推进物流基础设施发展，达到提高既有资源的整合和设施的综合利用、加强新建设施在规划上的公关协调、实现物流基础设施的合理布局与功能完善、提高各种运输服务方式对物流基础设施的支持能力、提高物流基础设施的经营与网络化服务能力的目的，必须积极按照现代物流的发展特点和要求，提高作为物流组织节点的基础设施的信息化水平。提高物流基础设施的信息化水平，可以通过依托大型的、对物流发展具有重要影响力的物流园区、物流中心，开发和建设公共物流信息平台。需要注意的是，公共物流信息平台的建设应当成为物流及相关领域或环节实现信息化的手段，是为了推进这些领域的信息化进程，而非信息化的目的。

第二节　数字物流的系统结构

一、数字物流系统架构概述

（一）数字物流系统各构成要素及功能

关于数字物流系统架构的思想，国内相关的研究已经不少，这些研究较为一致的观点认为，数字物流系统应该是一个基于互联网的电子市场（E-Marketing）信息管理系统。在虚拟电子市场中，主要产品是物流服务、客户（电子商务的交易双方）与物流代理商以多对多的方式进行物流服务的交易活动。物流代理商作为系统中供应链的重要一环，根据物流一体化的原则，借助数字物流系统对客户、运输企业、配送中心、仓储企业等进行统一的调配管理。

关于数字物流系统架构的论述很多，其中较有代表性的是吕广超、关忠良提出的数字物流体系结构，在此模型中，两位学者将系统架构又细分为数字物流管理平台、仓库管理系统、运输管理系统、配送管理系统、跟踪管理系统五个子系统。各子系统的功能如下。

1. 数字物流管理平台

实现内部、联盟伙伴及客户间的物流业务数字化。借助计算机网络技术实现数据实时流通，实现物流流程优化与智能化管理，提高企业的运营管理能力和效率。

2. 仓库管理系统

对传统仓储企业进行货物管理与处理的流程进行数字化改造，借助 RFID 等技术对入库、存货、出库、运输、账单结算、统计查询等功能模块进行数字化管理，实现仓储作业流程的电子化。提供仓储可视化浏览、远程货物管理等增值服务。

3. 运输管理系统

此子系统主要由议价、估价、调度、跟踪、委托、单证管理、财务管理、作业优化等功能模块组成。系统与流行的自动识别技术如 RFID、GPS/GIS 系统可以进行无缝连接，在充分利用条码的系统内可以实现全自动接单、配载、装运、跟踪等。

4. 配送管理系统

此子系统除了实现基本的仓储管理功能外，还包括自动补货、拣货、订单计划、订单提取、库存控制、配送调度安排、线路优化和跟踪等功能模块。系统同样可与自动识别技术连接，以实现配送中心的现代化物流管理和物流配送。

5. 跟踪管理系统

此子系统主要采用 GPS/GIS 等技术，供运输企业查看监督及管理调度。借助 GPS 系统，运输企业可以对集装箱及车辆实行全程监控。

（二）数字物流系统的特征

一个完善可行的数字物流系统应该包含以下几方面特点。

1. 实时化

数据采集与物流过程同时发生，物流基础数据能够及时、准确、同步地传递到整个物流业务过程。

2. 信息化

用计算机、条码设备、识别技术等来采集、传递、加工、存储和处理物流信息，消除冗余加工过程，实现高度的物流信息共享，保证物流信息的准确性。

3. 集成化

通过计算机网络，借助于各层次管理信息系统的统一接口，将物流管理的各个环节结合为一个统一的系统，实现物流过程的一体化管理，从而可以为企业级成本核算、成本控制提供信息支持，为高层次的管理系统提供易于集成的完整的物流信息，便于决策层不仅了解结果，也能跟踪过程，实现信息的可追溯性，并能够利用数据分析结果作出实时的决策。

4. 友好性

即完善友好开放型的系统，使系统具备科学的流程和良好的人机交互界面。

在物流系统集成过程中，如果将各个子系统之间进行直接连接，子系统间共用数据缺乏明确的维护责任，数据的标准性、统一性难以保证，子系统之间接口过于复杂。相比之下，建立一个统一的数字物流体系来对各个子系统的物流信息资源进行整合是个很好的办法。数字物流体系通过提供一个共用数字平台，担负数字体系中共用信息的中转功能，将各子系统的数据按照一定规则抽取后，进行标准化处理并加以存储，各个物流子系统可以通过与共用数字平台的接口获得符合自身需求的信息。

二、数字物流系统架构的结构模型

目前，物流企业已经可以利用各个层面的基于计算机网络的管理信息系统、条码、无线识别系统（Radio Frequency Identification，RFID）及全球定位系统（Global Positioning System，GPS）等方式来收集信息并配合应用系统的处理，将随实体物流而产生的信息流部分事件信息进行管理，并提供给数字物流平台进行信息处理。

建立统一的数字物流体系，要将各种先进的信息技术融合在一起，根据它们不同的特点运用在整个体系的不同的环节，从而构成一个统一、综合的大的物流运作的数字体系，为物流系统的运作服务。数字物流体系的功能主要包括以下几个方面。

（1）基础数据采集功能。基础数据的采集应根据一定的标准，从相应的分系统中提取。

（2）整合社会信息资源功能。对整个社会中的物流信息进行组织、管理，并产生更易理解、更具价值的信息。

（3）网络空间管理功能。在网络空间信息系统的基础上，将信息根据空间管理的要求加以组织、管理和输出。

（4）客户服务功能。协调企业和客户之间的关系，帮助战略合作企业之间进行高效的信息沟通。

（5）满足企业个性化需求功能。

（6）实现企业辅助决策支持、物流作业管理和企业内部管理的功能。

（7）政府宏观战略管理功能。提供对于政府主管部门的技术支持，辅助政府进行宏观决策。

依据以上的功能分析，数字物流体系结构如图 3－1 所示。

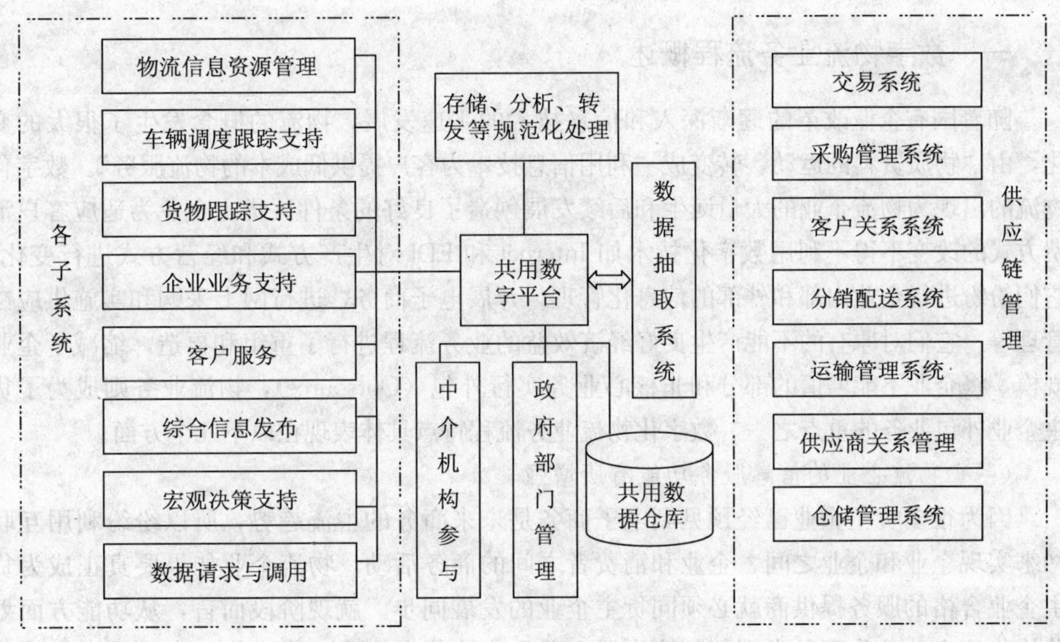

图 3－1　数字物流体系结构

数字物流体系中的共用数字平台是整个体系的中心。它通过数据抽取系统连接供应链管理的各个子系统，对企业内部系统的数据进行抽取后存入共用数字平台的共用数据仓库；同时，根据不同的需求对共用数字平台数据仓库中的共用信息进行抽取为企业物流运作服务。共用数字平台的作用是从各个子系统中提取共享信息，并对多来源、多渠道相互不一致的数据进行数据融合处理；完成对实时数据和历史数据的组织，以保证数据间的正确性、可理解性，并避免数据冗余；根据服务请求及查询权限，对客户系统提供信息服务，对自身存放的数据直接加以组织输出，对其他子系统存放的细节数据由共用数字平台提供查询通道。

从图 3－1 可以看出，共用数字平台顶层系统包括以下几个子系统：数据抽取系统以及物流信息资源管理、车辆调度跟踪支持、货物跟踪支持、企业业务支持、客户服务、综合信息发布、宏观决策支持、数据请求与调用等子系统。在数字物流体系中，共用数字平台的建立和使用需要政府部门的参与和管理，同时要有中介机构，如（金融机构等）的参与，才能使整个体系协调、顺畅地运行。

综合地看，汲取现代信息通信技术的优势的数字物流，意义在于：首先，它强调了信息技术和物流技术在现代物流管理中的重要地位；其次，它整体描述在物流管理系统中信息的流动过程；最后，它突出了信息流在现代物流运作过程中的重要作用。

第三节　数字物流的业务流程

一、数字物流业务流程概述

随着国有企业改革的逐渐深入和信息技术的飞速发展，物流的概念发生了很大的变化，由“物质资料的运动”转变成“利用信息技术为客户提供低成本的物流服务”。数字化物流的出现为物流企业的大量诞生和后续发展创造了良好的条件。货主企业为适应客户消费方式的改变不得不利用数字化技术如 Internet 和 EDI 对生产方式和经营方式进行变化，它们纷纷进行企业内部和外部的信息化管理，开展电子商务，进行网上采购和实施供应链管理等。它们对原有的不能产生良好经济效益的业务流程进行了重组和再造，缩减了企业规模，将企业不能增值的部分和非核心业务实行外包（Outsource），物流业务则成为了货主企业外包业务的重点之一。数字化物流业务流程特点具体表现在以下几个方面。

（一）物流企业的信息服务功能有所增强

因为很多货主企业已经预见到电子商务是未来商务的主流趋势，所以纷纷利用互联网来实现企业和企业之间、企业和消费者之间的商务活动。物流企业如果要真正成为货主企业合格的服务提供商就必须同货主企业的发展同步。就现阶段而言，从功能方面划分将物流企业分为两种类型：物流作业企业和物流信息企业。物流作业企业从事的业务主要是原有的物流业务，对外提供运输、储存、配送、包装、装卸搬运、流通加工等，它们的主要特点是：一般从事具体的物流业务，对信息手段的利用能力低，很少从事中介代理服务，和其他物流企业的联盟较少。物流信息企业是通过 Internet 或 EDI，利用信息网络、电子商务等手段向社会、企业及个人提供新闻、行业动态、企业目录、供求检索等信息服务等，它们的主要特点是：对信息手段的利用能力较高，固定资产投资较少，所从事的物流业务一般以信息中介的角色通过整合社会的物流企业资源来完成。以发展的眼光来看，物流作业企业增强信息处理能力和物流信息企业增强物流业务的实际运作能力，整合物流资源的能力是物流企业的重要发展途径。

（二）物流企业逐渐增多，服务内容逐渐完善

我国的物流企业一般从四个途径演化而来，一是传统仓储、运输企业经过改造转型而来，它们占据较大的市场份额，比如中远国际货运公司、中国对外贸易运输（集团）总公司（简称“中外运”）、中国储运总公司等；二是新创办的国有或国有控股的新型物流企业，如中海物流公司；三是外资和港资物流企业，如主要为马士基船运公司及其货主企业提供物流服务的丹麦有利物流公司，主要为日本在华的企业服务的深圳日本近铁物流公司；四是民营物流企业，如广州的宝供物流集团。从提供的服务范围和功能来看，我国的第三方物流企业仍以运输、仓储等基本物流业务为主，加工、配送、定制服

务等增值服务功能开始发展完善。就目前我国物流企业的服务市场还是主要为外资企业，其次是民营企业和少数改制后的国有企业。如中海物流的客户主要有 IBM、联想、三星、美能达、诺基亚等企业；宝供物流公司服务的对象是宝洁、联想、雀巢、飞利浦、沃尔玛等。

（三）数字化物流促使物流业务流程的优化和完善

内联网能够提供强大的服务功能，比如内部 FTP 文件传输、电子邮件、企业内部的信息共享、讨论组和 BBS 等。它也能够提供强大的管理功能，比如运用 ERP 软件可以实现企业前台（网站服务）和企业后台（职能管理）的无缝连接。但是，并不是每一个建立内联网的物流企业都能够充分享受这些强大功能。其主要原因是没有利用先进的信息网络技术对原有的流程进行优化和完善。其实，数字化技术只是一种手段，它能否提高企业的效率关键还是看企业是否把它放到了合适的位置。如果将它放入原有的业务流程之中，目的只是为了实现原有手工操作的自动化，那么原有的业务流程将成为企业发展的桎梏。所以，对业务流程的优化和完善是物流企业发展的当务之急，而数字物流可以改变传统、落后、低效的物流业务模式，根据客户需求和市场竞争，进行业务流程的优化和完善。

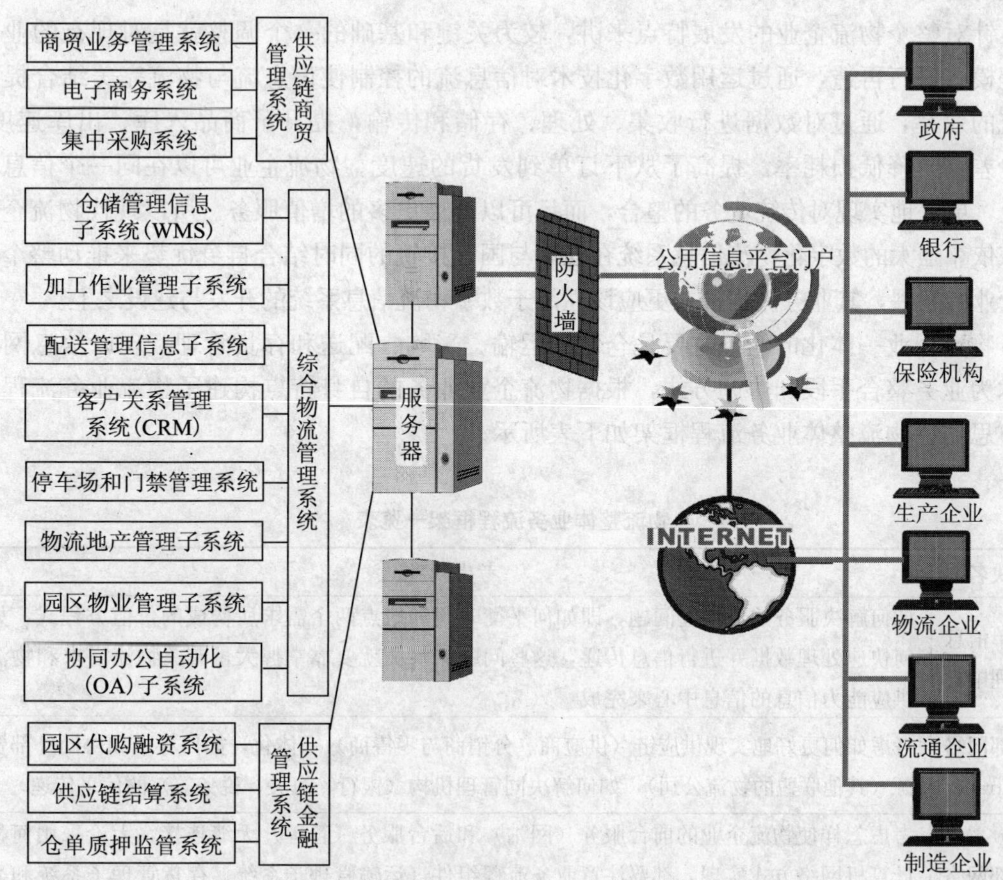

图 3-2　打造“物流园区供应链物流一体化数字公共信息管理平台”后的园区业务模型和流程

某物流园经过信息化三个阶段发展，服务对象由园区流通企业扩大到政府、银行、保险机构、生产企业、物流企业、流通企业、制造企业等，服务从单一的物流服务扩大到电子交易、供应链金融、供应链商贸、物流信息服务多个方面。图3-2是打造“物流园区供应链物流一体化数字公共信息管理平台”后的园区业务模型和流程。从中可以看出数字物流信息平台对业务模式和业务流程的优化和对提升服务范围、服务水平以及方便客户的作用。

二、数字物流业务流程分析

管理熵和管理耗散结构理论认为，企业的发展在这两个理论的矛盾运动中总是呈现出“有序—无序—有序”的状态，管理熵理论描述了组织结构中管理效率递减的规律，即任何一种管理的流程、制度、政策和方法在相对封闭的组织执行过程中，总是能量递减直至不能发挥作用而需要新的模式去代替的一种管理规律。就物流企业而言，在经过一段时间的发展之后，逐渐呈现出效率递减的状态，这是管理熵理论作用的结果，为改变这种效率递减的状态就必须运用管理耗散结构理论对物流企业进行自我调整，使物流企业的运行从无序向有序变化。

针对整个物流企业的发展特点来讲，较为关键和基础的一个调整就是对现有的业务流程模式进行再造，通过运用数字化技术对信息流的控制使信息流与物流完美结合提高物流的效率，通过对数据进行收集、处理、存储和传输，提升了商品入库、出库速度，减少差错，降低损耗率，提高了从下订单到发货的速度。物流企业可以在同一个信息平台上，更好地实现对传统业务的整合，而且可以开展更多的增值服务。所以现代物流企业应该依靠强大的数字化物流信息系统在强调与国际接轨的同时结合自身优势来推动整个物流产业的发展，其业务流程模式更应该立足于数字物流信息系统的开发与建设之上。

物流企业一体化的业务主要是仓储、运输、采购、配送和存货管理。现以信息网络技术为业务整合手段和协调方式，根据物流企业业务的自身特点构建了物流业务流程的整体思路。物流整体业务流程框架如下表所示。

物流整体业务流程框架一览表

模块名称	考虑问题
订单信息处理中心	如何解决服务的可得性问题，即如何平衡时间和地点两个需求所构成的价值方程式，如何快速处理数据并进行信息传递，这些问题的解决就要靠掌握大量有关物流需求和物流供应能力信息的信息中心来完成
外部网络（Extranet）	考虑如何更好地实现供应链（供应商、分销商与零售商）一体化，如何寻求和协同外部资源（其他联盟的物流公司），如何解决同管理机构（银行、海关、税务等）的信息传递
内部网络（Intranet）	考虑怎样使物流企业的前台服务（网站）和后台服务（管理）无缝连接，无论采用何种计算机网络方式实现，都要注意业务流程组件（运输管理子系统、存货管理子系统和采购管理子系统等）和业务支持组件（客户关系管理子系统、财务管理子系统和经营管理子系统等）之间的协调运行和相对独立的问题

上述三个模块为一级模块，“订单信息处理中心”的入点是“客户的物流服务需求”，出点是“需求满足情况”。这个中心是两个网络的前台，因为出点的结论必须在整合内外部资源的基础上得到，即必须得到“内部网络”和“外部网络”的支持；从物流企业可利用的内部资源而言，客户关系管理子系统是内部网络运作的基础和前提。业务作业子系统（仓储、运输、装卸、流通加工、质量管理等）和业务支持子系统（财务）的良好运转是提高客户满意度的保障。

外部网络（Extranet）主要从外部的资源而言，涉及供应链中的各大厂商，物流公司的行业联盟和同物流行业管理机构的信息沟通；所以，基于时间变化，并且建立在供应链物流管理（Supply Chain Management）、客户关系管理（Customer Relationship Management）和联盟管理（Alliance Management）之上的物流信息系统成为支撑现代综合一体化物流全过程管理最重要的基础。

数字物流整体业务流程的平面剖析如图 3-3 所示。

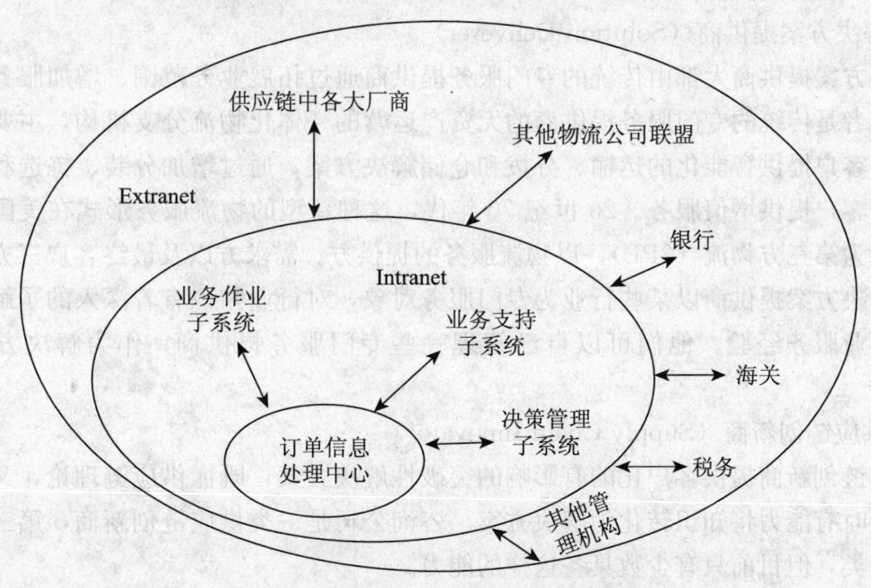

图 3-3 数字物流业务流程平面剖析

当物流业务通过信息化网络技术手段完成业务流程模式的改变之后，另一个相当重要的工作就是通过评价体系中各个相关指标的度量与评定来分析业务流程运行的效益与效率，发现流程中有待改进的地方，发掘业务流程的发展潜力和预测企业整体的走势，以达到控制和激励的双重目的。众所周知，控制评价的方式一般从两个方面来进行：财务方面的控制评价和非财务方面的控制评价。

第四节　数字物流运作模式

一、数字物流运作概述

按照服务的特点、从物流供应链中的作用等角度可以将物流运作模式分为第一方物流、第二方物流、第三方物流、第四方物流以及刚刚兴起的第“N”方物流。

（一）数字物流服务提供商

1. 专门服务提供商（Focused Service Provider）

专门服务提供商提供标准的运输或仓储服务给各个行业的用户，通常以资产为基础。那些没有感到市场压力或没有准备好整合或改变供应链结构的企业可以使用专门服务提供商，以解决功能性问题。

2. 解决方案提供商（Solution Deliverer）

解决方案提供商大都由传统的专门服务提供商通过拓展业务范围、增加服务内容而形成，或者是传统的专门服务提供商的无资产运营的一体化物流分支机构，主要通过技术手段为客户提供智能化的运输、分拨和仓储解决方案，通过增加分装、拣选和贴标签等功能为客户提供增值服务。20 世纪 70 年代，这种新型的物流服务形式在美国逐步形成，被称为第三方物流（3PL），以物流服务的提供方、需求方以及最终客户三方共赢为特征。解决方案提供商以某些行业为专门服务对象，对行业知识有着深入的了解，拥有丰富的行业服务经验。他们可以自己管理一些专门服务提供商，作为解决方案的一部分。

3. 供应链创新商（Supply Chain Innovator）

供应链创新商提供客户化的有影响的突破性解决方案，既懂供应链理论，又有行业知识，同时有能力将知识转化为解决方案。咨询公司是一类供应链创新商，第三方物流是另外一类，但目前只有少数具备这样的能力。

第四方物流（4PL）提供商是供应链的集成者（Integrator），通过整合和管理自身的以及其他服务提供商补充的资源、能力和技术，提供全面的供应链解决方案。4PL 提供的是全面的解决方案，远远超出 3PL 的外包领域，涉及预测与需求计划、库存管理、成套服务、采购与订单管理和客户服务管理等。4PL 成功的关键是向客户提供最佳服务。4PL 借助 3PL、技术服务提供商、业务流程管理商的能力来制定解决方案，提供客户更大的跨功能整合和更广泛的运行自主。4PL 具有区别于其他服务商的两大特点：一是 4PL 提供的是全面的供应链解决方案；二是 4PL 是通过影响整个供应链的能力提供价值。

（二）数字物流运作模式特点

数字物流作为物流信息化的重要环节，其运作模式有以下特点。

1. 整合现有物流资源

我国传统的运输部门、企业和商储公司作为物流行业的主力占据着我国物流的主要

社会资源，它们有优越的仓库、站场设施，有自己的运输搬运设施、铁路专用线和自己的客户网，但从全国范围来看，这些物流资源利用率不高，浪费严重。因此，从实际情况入手整合现有物流资源，建立数字化的第三方物流企业，一方面可以充分利用社会既有物流资源优势实现资源共享，另一方面避免了组织机构的臃肿庞大。

2. 以提高物流环节的服务附加值为目标的基础物流服务模式

目前，我国不同企业对物流服务内容的侧重点有所不同。企业对增值性高、综合的数字化物流服务如物流系统设计、物流总代理等的需求还很少。因此，我国的物流企业在推进第三方物流服务时，要充分考虑到企业的现实需求，从基本的服务功能入手，从简单的服务开始，在不断巩固自身提供常规服务的能力的前提下扩展延伸服务。一开始就定位在高级形态的第三方物流运作上并不现实。

数字化物流供应商从区域客户的需求出发，根据企业的实际情况，首先从提供基础物流服务开始，展示他们有能力把这些服务做得最好，随后才开始提供高附加值的服务。从而逐步实现物流环节的系统化和标准化，为客户提供全方位的物流服务。

3. 电子商务与第三方物流的有机整合模式

电子商务作为21世纪主要商业运作模式，为第三方物流提供了广阔的发展空间，同时，第三方物流的发展又为电子商务的实现提供了现实保障，与电子商务整合，将成为第三方物流主要运作模式之一。

从实际运作状况来看，第三方物流与电子商务的整合主要有以下两种方式：其一，第三方物流作为电子商务组成要素，承担物流作业，完成B to B或B to C中的物流环节；其二，第三方物流通过建设自己的电子商务，为商家与客户之间提供交换信息、进行交易、全程追踪的信息平台，从而实现电子商务与物流的紧密配合。

4. 综合物流代理模式

中国目前物流企业在数量上，供给数量大于实际能力；在质量上有所欠缺，满足不了需求的质量；物流网络资源丰富，但利用和管理水平低，缺乏有效的物流管理者。发展综合物流代理业务具体是指：不进行大的固定资产投资，低成本经营，将部分或全部物流作业委托他人处理，注重自己的销售队伍与管理网络，实行特许代理，将协作单位纳入自己的经营轨道，公司经营的核心能力就是综合物流代理业务的销售、采购、协调管理和组织的设计与经营，并且注重业务流程的创新和组织机构的创新，使公司经营不断产生新的增长点。

简单地说，综合物流代理企业实际上就是有效的物流管理者。采用这种模式的第三方物流企业应该具有很强的实力，拥有发达的网络体系，这样的企业在向物流转型时能做到综合物流代理，通过物流电子商务门户为客户提供全方位的服务。

二、数字物流运作模式的创新

（一）云计算

1. 云计算概述

云计算是以应用为目的，通过互联网将必要的大量硬件和软件按照一定的结构体系连接起来，并随应用需求的变化不断调整结构体系建立的一个内耗最小、功效最大的虚拟资源服务中心。

云计算是一个技术方法，本身不是一种单一的技术，是网格计算、WEB2.0、虚拟化、SaaS等多种技术的集成。更确切地说，云计算是一种创新的信息化服务商业模式。数字物流是传统物流基于互联网方面的延伸与扩展，其整体结构庞大复杂，需要云计算这样的技术方法和运营方式作为基石，减少内耗和资源消耗，充分发挥平台优势，创造更多价值。

物联网将进一步推动云计算的发展，物联网的关键难点在于物理设备的定位管理和信息的处理，这属于云计算要解决的问题。前面介绍的数字物流基础硬件设施，也包括了物联网里的设备，比如把RFID标签或感应器嵌入和装备到铁路、桥梁、公路、集装箱、码头装卸设备、卡车、货物等各种装备或物体中，并且被普遍连接、动态监控、实时跟踪、共享信息、随心而变、透明管理。

2. 云计算分类

云计算的种类丰富，有公共云与私有云之分，还有计算云、存储云、安全云、应用云、应用环境云，等等。而不同的云计算，针对不同的服务对象各自有截然不同的层次划分。其对应的运营模式也各有不同。

（1）AWS。Amazon. com电子商务网站投入了大量资源来研究大规模分布式的电子商务网站。既然在电子商务领域能够应用，数字物流这样拥有更多计算资源的环境中更是适用。能无限拓展的软件结构可以带来量化的计算和存储能力，几乎所有的中小企业在屋里架构自己IT系统时，可以将自己的IT完全托管到AWS上。借助AWS服务能够一开始就以很低的成本运营业务，这毫无疑问是云计算带来的革新。

（2）GAE。Google做云计算的初衷与Amazon一样。同样是一家互联网公司，同样是运营着数量庞大的服务器集群，它所运营的服务器数量早已经超过其他对手若干数量级了。另外，庞大的用电量也使得Google不得不建设自己的发电厂，以确保众多服务器的运转。从技术上来看，Google的云计算，实则是对其软件编程模型的运营，利用Google一系列编程接口及其提供的大量互联网服务功能，你可以使用Python语言很容易编写出功能强大的Web应用来。

（3）微软的云＋端。自从微软宣布S＋S（软件＋服务）战略以来，其客户端在微软的宣传中始终占据着极为重要的位置。而其推出的云＋端，正是与S＋S遥遥相望、一一对应。

微软的云＋端和过去面向消费领域市场的软件不同。是其在面向企业级的方向上作出的努力。细看云＋端模式，可以深刻体会到微软对Web到来潮流的认可。云计算的大趋势终于还是会影响到这样的企业。

（4）IBM蓝云。IBM的蓝云是所有云计算中最为特殊的一家。IBM服务于企业客户，经过数十年经验的积累，对一些传统的行业有超过互联网企业更多的认知，它们知道如何帮助银行、电信、能源、交通等行业客户解决实际问题，并清楚地了解这些行业对企业计算的需求是什么。这些行业都是物流紧密相关的行业，加强与这些行业的业务

合作，能促进数字物流的发展。

从长期来看，未来的 IBM 运营方式与 Google 会越来越接近，但明显与之不同的是它所具备的企业特性，从而建立起更有商业价值的云计算中心。仅以 IBM 自己为例，通过在内部将几个数据中心进行整合就为 IBM 一年节省了数百万美元的成本，这种模式应用到行业中所带来的价值将更为可观。

3. 云计算发展的意义

（1）云计算将导致人们的思维方式发生重大改变。人们将学会站在整体的角度来处理问题，用和谐平衡的思想来处理系统里局部之间的关系。

（2）云计算将导致软件行业的最终消亡。随着云计算应用的发展，软件开发会如人们现在用提供的 Word 等工具编辑文字一样，用户将自己编制所需要的软件程序，为用户专业编程的软件行业会逐步消亡。

（3）云计算将促使全球资源迅速集中。各种资源通过技术手段按照市场规则将被分类集中，这种集中使得资源的使用效率达到最大化，同时资源的分配在有效监控下做到了尽可能地公平。

4. 云计算与数字物流运作——打造物流信息化的美妙云端

急速发展的互联网在极大地拓展了个人计算机用途的同时，似乎也在逐渐取代其作为“个人计算应用核心”的位置。有观点认为，下一个 10 年里，包括软件、硬件、服务等在内的计算资源，将由大众化、个人化、多点化的分布式应用不断走向互联网聚合——计算将由“端”走向“云”；未来用户获取计算资源会像用电那样简单方便、价格低廉，只要插上插头，数据、服务、应用就全都从“云”层里“飘”过来。

当然，用户这边的插头插上“电”以后仍然需要“电器”来实现各种应用，就好比我们烹饪饭食时“不止”是用电一样，没有电饭锅和微波炉这些终端，那就什么美味佳肴也做不了。

“云端”共存、“云端”互动才是未来计算架构的发展趋势，也是下一个 10 年互联网时代的发展趋势。

我们各个物流信息平台商对于我们服务的对象——客户来说，我们都是一片片云彩；但在中国物流信息化的广袤云彩里，我们还都是端；今天我们签署共建协议，目的是为了共同编制中国物流信息化的更精彩的云。

“云端”互动、“云端”共存发展的一个重要特征就是软件和互联网产业参与者的业务模式会由“软件”走向“软件＋服务”（SaaS），这种模式将为用户带来更高效、更敏捷、更安全的计算环境。

中国物流信息化也会走上 SaaS 化，这是由中国物流业的现状决定的，特点是数量多、规模小，浙江交通物流电子枢纽的“1＋3N”模式就为我们很多物流软件的广泛应用（SaaS 化）打下了一个很好的基础，也为这种模式的探索提供了更广阔的舞台。

5. “云物流”平台运作模式

“云物流”的概念是星辰急便受淘宝启发创建的一种全新的物流商业模式。淘宝成功的原因在于它只做平台，不做终端，既不买货、不送货，也不用组织货源，而是让成百上千个卖家来上货，最大限度地整合社会资源。星辰急便担当类似线下淘宝的物流配送服务平台，将电子商务的卖家、买家和服务商连接到一起，促成他们安全、高效、低成本地进行交易。

随着云计算概念在当前 IT 业内大行其道，“云物流”就是以云计算方式运作的物流业模式。对海量的运单信息，建立一个云计算平台，小快递公司只需要一个客户端就可访问“云物流”平台，获得客户，并通过这个平台取货、送货。

在电子商务的应用环境下，作为一种全新的商业模式，“云物流”有着显著的特点。

（1）社会化。快递公司、派送点、代送点等终端成千上万，这个平台能充分利用这些社会资源。

（2）节约化。每个公司都建立一个小型云计算平台非常浪费，集中建设能享受规模效应。

（3）标准化。这是物流行业最大的问题。现在的情况是，1000 个物流公司就有 1000 个标准，而通过统一的平台，其运单查询流程、服务产品（国内、同城、省内）、收费价格、售后服务（晚点、丢失赔偿）以及保险等都能做到标准、透明。发货公司通过这个平台，能方便地找到物流公司，物流公司通过这个平台，能方便地找到订单与运单。

（二）SaaS

SaaS（Software-as-a-Service）的意思是软件即服务，SaaS 的中文名称为软营或软件运营。SaaS 是基于互联网提供软件服务的软件应用模式。SaaS 提供商为企业搭建数字化所需要的所有网络基础设施及软件、硬件运作平台，并负责所有前期的实施、后期的维护等一系列服务，企业无须购买软硬件、建设机房、招聘 IT 人员，即可通过互联网使用信息系统。就像打开自来水水龙头就能用水一样，企业根据实际需要，向 SaaS 提供商租赁软件服务。

SaaS 服务模式以 SaaS 服务提供商购买 IT 基础设施和部署 IT 环境，企业购买软件服务为主要特征。SaaS 服务提供商负责系统的开发、部署、IT 基础设施建设，企业只需要购买办公电脑和交付租赁软件服务的费用，在 SaaS 服务提供商完成 IT 环境的部署之后，企业就可以使用该系统。系统的维护和升级问题由 SaaS 服务提供商全程负责。服务提供商通过有效的技术措施，可以保证每家企业数据的安全性和保密性。

1. SaaS 数字物流模式的优点

作为数字物流的一种运作模式，SaaS 具有如下优点。

（1）节约 IT 应用成本。将 IT 外包给 SaaS 服务商，企业不需要昂贵的、用以支持信息系统的应用服务器、数据库服务器以及相关的设备，只需要简单的客户端设备即可利用虚拟专用网（VPN）、城域网或 Internet 与 SaaS 进行交互式的数据操作。SaaS 可以使物流企业减少大量的资金占用，缓减了物流企业资金缺乏的压力，使物流企业能集中有限的财力用到其他业务上去。

（2）减轻了企业的压力并提高物流效率。SaaS 服务为物流企业创建了一个轻松的 IT 使用环境，使中小物流企业不再受信息化实施带来的许多技术方面的困扰和负担，它

将实施信息化的技术问题交给SaaS的专家，SaaS服务商负责诸如信息系统规划、硬件和数据库选择、管理人员培训等系统部署和操作过程中复杂技术问题的处理，这样就可以将物流企业从繁杂的IT技术问题中解脱出来，使它们集中精力最大限度地发挥自己的核心竞争能力。

(3) 适应市场快速变化并保持信息技术的先进性。SaaS系统架构是遵循可配置、可扩展、可定制等特性的开放架构，用户在SaaS服务平台上可以根据物流企业当时的业务需求从服务提供商那里订购相应的软件服务来重新配置系统；也可以根据个性化的需要，定制个性化的功能，具有很强的伸缩性和扩展性，能够快速支持物流企业的发展变化。

(4) 降低企业风险。SaaS让服务提供商与客户之间的沟通更加透明，在保证价格和功能公开公正的同时，为潜在用户提供"先试后买"的消费体验。通过试用，企业用户不仅可以了解到SaaS服务提供商的产品是否符合自己的实际需求，而且可以考察访问数据的速度、系统的易用性、系统的复杂性、服务的稳定性、服务提供商是如何对待用户的投诉和建议等用户关心的问题。此外，SaaS在实施之前让用户先试用，让用户提前评估使用后的效果，大大降低了物流企业风险。

2. 基于SaaS的网络化采购系统模式

在SaaS模式下，客户不再像传统模式那样花费大量投资用于硬件、软件、人员，而只需要支出一定的租赁服务费用，通过互联网便可以享受到相应的硬件、软件和维护服务，享有软件使用权和不断升级，这是网络应用最具效益的营运模式。

但目前国内大多数采购系统从本质上说都是针对单个的企业通过网络提供服务，并不是基于SaaS模式的以租赁方式面向多个企业的系统，而且企业搭建信息化平台的费用很高。

借鉴SaaS模式的思想，可以创新一种基于SaaS模式的网络化采购的资源共享模式，以及基于该模式设计了为中小企业提供包括软件外包、技术支持、在线培训等一系列SaaS服务。该平台包括采购资源共享信息系统、供应商资源信息系统、合同和任务管理系统、邮件系统、CA认证系统。

在目前国内250多万家制造业企业中，中小企业占90%以上，这些中小企业虽然经营状况良好，但自身信息化技术能力比较弱，信息化水平较低。在物资采购、产品生产和加工、管理和经营模式上，这些中小企业都有着极大的相似性，但又相互独立、各自为战，因此存在着相互协作、共同获利的合作空间，也存在着为这些中小企业中提供SaaS服务及SaaS增值服务的可能性。

采购价格和采购成本的高低直接影响着企业产品的成本，并以杠杆效应影响着企业的整体效益和竞争力。SaaS采购系统便是为各中小制造企业采购业务提供合作支持的一种商业模式。基于SaaS模式的网络架构如图3-4所示。

SaaS采购服务可分为两大类型。

(1) SaaS提供采购管理平台。包括软件系统和硬件平台，企业租用采购管理平台建立其自己的采购管理系统，由企业自己负责采购管理业务。这种服务类型只提供了一个应用系统外包的服务功能，SaaS负责为企业定制采购管理平台，并负责采购管理平台的投资、建设、系统平台的日常维护和管理，SaaS同时提供专业的业务咨询、技术培训等服务；客户租用SaaS采购管理平台，支付租金，自行负责所有的采购业务。

（2）SaaS提供整个采购业务服务。企业只需告诉SaaS需要什么、需要多少、何时需要、最高价格、质量要求等，由SaaS组合各企业的同类采购需求，进行集体采购，为合作的企业获取更低的采购成本和物资采购价格。两种SaaS服务类型所对应的商业模式是不同的。该种服务类型提供了增值服务，提供了业务外包的服务功能。SaaS负责采购增值服务平台的投资、建设、系统平台的日常维护和管理，并负责采购增值业务，SaaS同时提供专业的业务咨询、技术培训等服务；客户向SaaS发出采购需求和采购申请，SaaS负责汇总采购需求，集中组织采购招标，分发采购物资，完成采购任务，最后企业向SaaS支付业务服务费。

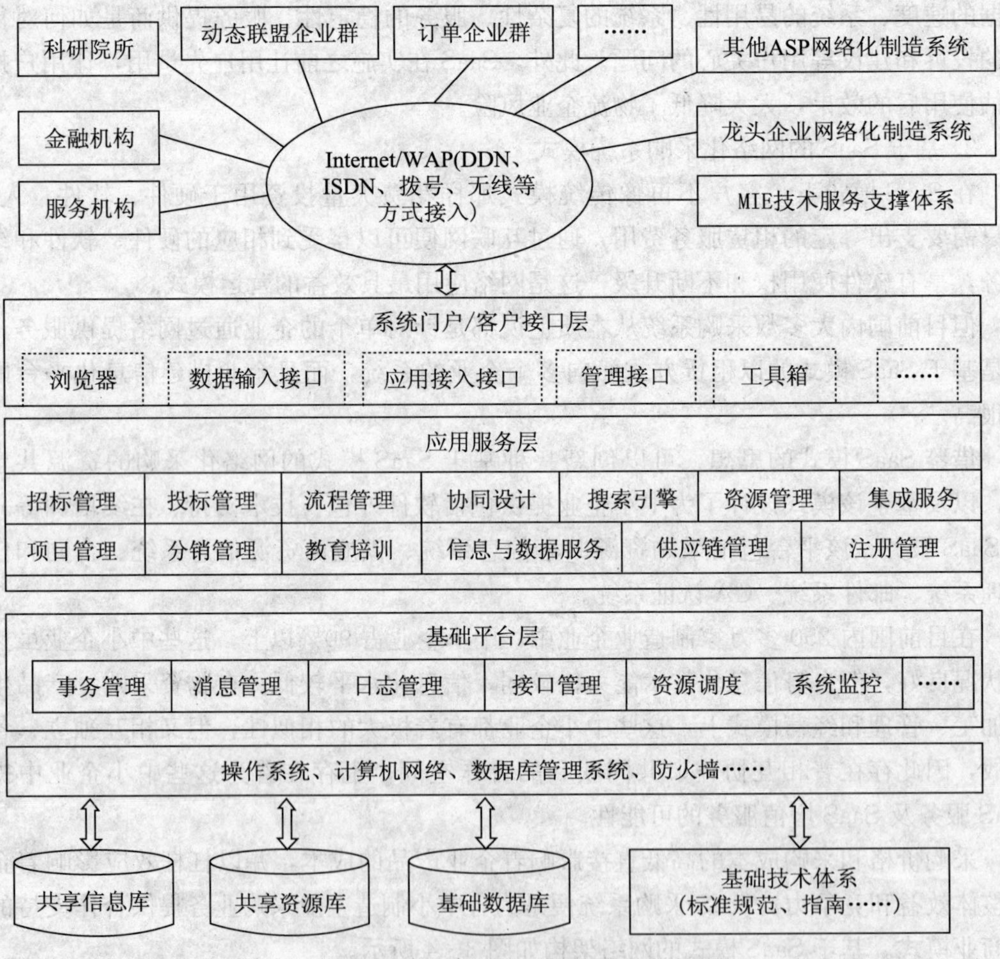

图3-4　基于SaaS模式的网络架构

第四章　电子物流系统结构与模式

第三章从数字物流的基础设施和信息网络平台建设、系统结构构成要素和模型以及数字物流的业务流程及运作模式四大方面介绍了数字物流的系统结构与模式。本章将从电子物流服务结构的概述开始，讲述其服务模式与传统物流的区别，剖析电子物流市场的参与者和组织者。最后，讲述电子物流产业链是怎么样形成的、是什么样的构成，电子物流产业链的形成将带来哪些的价值。

第一节　电子物流服务结构

电子物流因电子商务的兴起而出现，电子商务的物流服务模式有自营物流、物流联盟和第三方物流。电子物流的系统结构是怎样，它采取怎样的服务模式，这与传统服务模式相比具有怎样的优势。本节将一一介绍。

一、电子物流系统结构概述

（一）电子物流系统

电子物流系统是一套基于供应链物流集成的信息系统，实施电子物流系统实际上是一项基于供应链管理的信息化工程。不但要涉及企业内部，还要延伸至上下游相关的企业，甚至是最终的消费者。电子物流系统结构如图 4－1 所示。

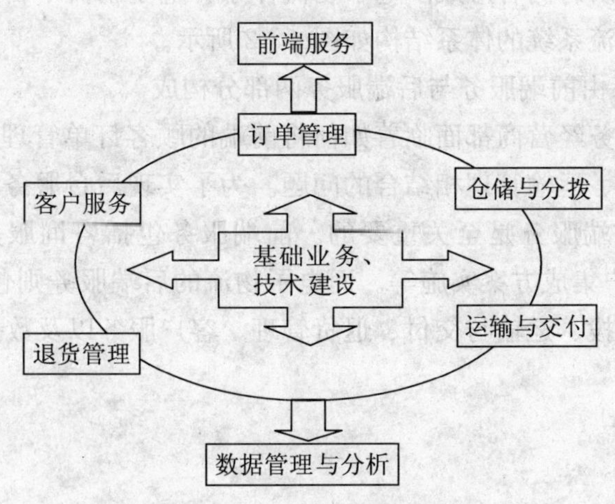

图 4－1　电子物流系统结构

1. 建设电子物流系统需考虑的问题

建设一个成功的电子物流系统，企业需要全方位地考察自己的物流管理，并且认真分析如下关键问题。

（1）组织结构。什么样的组织结构才能够最大限度地支持整个物流过程。

（2）生产制造。如何使制造与客户需求保持最大的同步。

（3）信息技术。建设什么样的信息系统来满足物流的管理和控制要求。

（4）供应链管理。如何协调与供应商关系，改善管理并避免不必要的成本。

（5）渠道设计。如何与外部的贸易合作伙伴建立顺畅的物流体系。

（6）用户服务。如何建立销售渠道的关键性物流服务标准。

2. 电子物流项目实施过程涉及的环节

很多案例证明，一个成功的电子物流项目，无论它的大小如何，所处的行业如何，企业的类型如何，实施过程通常都包括了如下的步骤或环节：商务沟通阶段—业务咨询阶段—应用服务阶段—组织改造阶段—IT 基础设施整合阶段。

（1）商务沟通阶段。商务沟通阶段主要是计划的管理与沟通。计划小组要与服务提供商、企业内各部门，以及物流链相关的企业或消费者加强沟通、考察和关系的管理。

（2）业务咨询阶段。业务咨询阶段主要任务是处理和评估企业内的当前业务流程，确定改进方向和计划，评估风险和收益。

（3）应用服务阶段。应用服务阶段主要任务是为确定、设计、整合满足物流链上各单位或部门需要的软件系统。

（4）组织改造阶段。组织改造阶段主要任务是评估现有的组织能力，拟订沟通与训练计划，设计人力管理计划，改造管理方案和评估标准的确定。

（5）IT 基础设施整合阶段。IT 基础设施整合阶段主要任务是评估物流链上各个单元的 IT 基础设施，进行差异化分析，提供 IT 基础设施整合的计划、流程和实施计划。

（二）电子物流体系

电子物流涵盖的所有内容形成了电子物流体系，电子物流平台是实现电子物流功能的信息系统。电子物流系统的体系结构如图 4-2 所示。

1. 电子物流体系由前端服务与后端服务两部分构成

目前许多电子商务经营商都面临着如何将前端的顾客订单管理、客户管理与后端的库存管理、仓储管理、运输管理相结合的问题。为了实现后台服务以及与其平行的服务功能，电子物流的前端服务是至关重要的。前端服务包括咨询服务（确认客户需求）、网站设计/管理、客户集成方案实施等。而电子物流的后端服务则包括六类主要的业务：订单管理、仓储与分拨、运输与交付、退货管理、客户服务以及数据管理与分析。

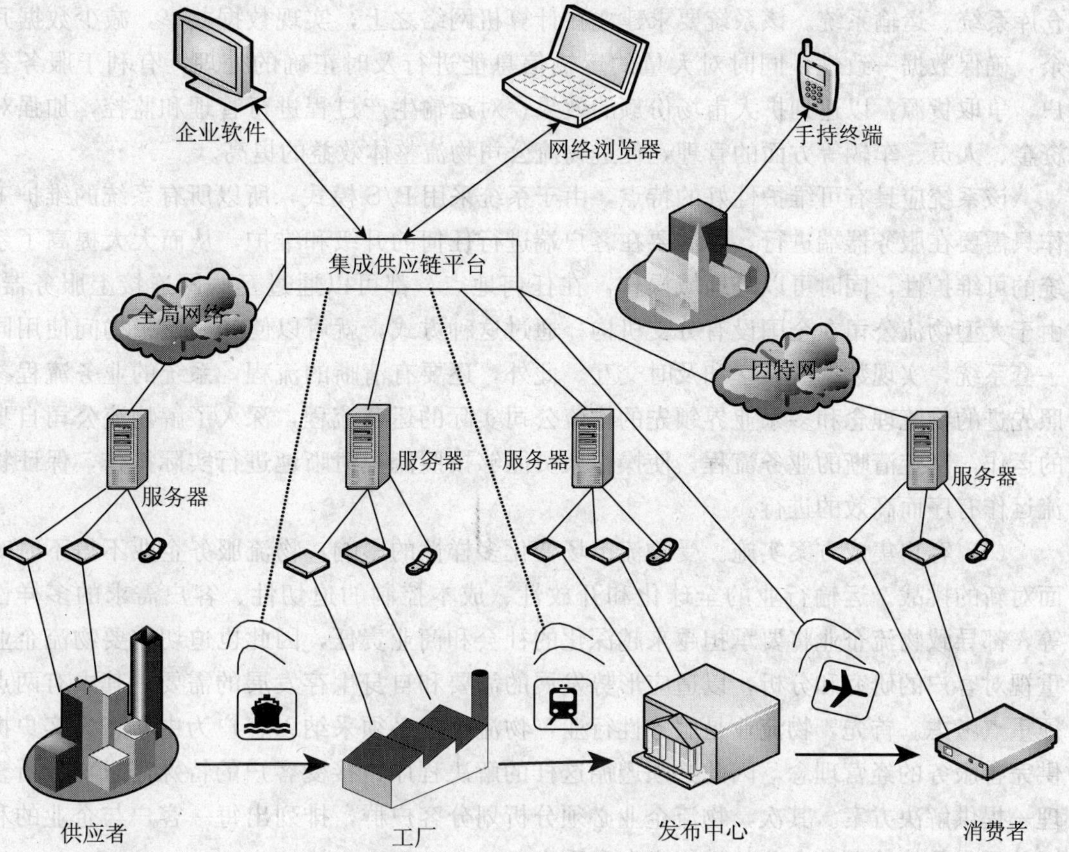

图 4-2　电子物流系统

2. 前端服务

(1) 物流咨询服务。由于顾客的需求、自身情况和经验各不相同，所以，物流咨询服务每次要为顾客提供不同的服务，因此需要从业人员有很高的专业素质，具有知识性的特点。服务中利用了各种现代化的信息技术，咨询人员还要具有亲切的形象和优良的沟通能力。咨询人员必须首先了解客户的独特需求、其行业的特殊情况以及客户的工作能力，做好调查研究的工作，才能进一步提供服务。

物流咨询项目的开展，依赖客户与咨询人员的相互作用。在项目开始前要与客户企业的相关人员接触交流，以理解客户的需求；咨询服务的质量也与客户配合的好坏有着密不可分的关系。而一项服务质量的好坏，可以从可靠性、响应性、保证性、移情性、有形性五个方面来评价。提高咨询服务质量是一项综合性的工作，应该分别制定中、长期和短期的策略。提高咨询服务质量的中、长期策略是：第一，物流咨询公司应建立合理的人力资源开发计划来保证服务质量。第二，物流咨询公司应建立自己的知识数据库、软件工具库。提高咨询服务质量的短期策略分为三步：明确客户的需求、与客户有效沟通、帮助客户完成实施过程。

(2) 网站设计/管理。整个物流管理信息系统必须包括基本信息系统、订单系统、仓库系统、运输系统。该系统要求建立在计算机网络之上，实现数据共享，减少数据冗余，确保数据一致性；同时对大量的运输信息能进行及时正确的处理，有利于服务客户，争取货源，以达到扩大市场份额的效果；对运输生产过程进行管理和监控，加强对资金、人员、车辆等方面的管理，促进物流公司物流整体效益的提高。

该系统应具有可维护性好的特点，由于系统采用B/S模式，所以所有系统的维护工作只需要在服务器端进行，不需要在客户端进行任何的升级和维护，从而大大提高了系统的可维护性，同时可以跨地域操作，在任何地点，都可以通过互联网连接上服务器。由于大型物流公司在全国设有分支机构，通过这种方式，就可以使各分支机构间使用同一套系统，实现数据的共享和及时交互。此外，还要有清晰的流程，系统的业务流程参照先进的物流理念和多家业界领先的物流公司实际的运营流程，深入了解物流公司自身的运作，制定清晰的业务流程，使操作人员能够按照流程清晰地进行实际操作，保证物流运作有序而高效的进行。

（3）客户集成方案实施。受物流市场变化多样性的影响，物流服务企业不得不时时面对新的挑战。运输行业的全球化和开放性、成本控制的迫切性、客户需求的多样性等，都导致物流企业将要承担越来越深化的社会和商业责任，因此也迫切需要物流企业重视对客户的研究和分析，以适应形势发展的需要和自身生存发展的需要。其中有两点须重点考虑。首先，物流业是服务性行业，物流企业必须采纳以客户为中心、为客户提供完善服务的经营理念，因此必须遵循这样的解决程序：接受客户的特殊需求—分析整理—提供解决方案。其次，物流企业必须分析划分客户群，排列出每一客户与企业的利润关系，并按此调整企业的销售方向和重点。

客户关系管理体系（CRM）就是为保证服务企业与客户良性互动而设计的有效工具，是物流企业为客户提供增值服务而制作的程序链，是物流企业提高反应能力的先决条件。建立客户数据库是搞好客户关系管理体系的前提。建立客户数据库并进行系统分析是企业留住老客户、争取新客户的重要措施。对于潜在的新客户，通过研究分析数据库，可以清晰地勾画出它们的发展潜力，可能为企业带来效益，从而锁定目标客户、实施重点攻占。同时，对于实施了客户关系管理的企业来说，将客户关系管理体系和理念灌输给员工非常关键。

实施客户关系管理最重要的目的是取得竞争优势。建立综合、系统的客户数据库，保持和提高同客户的合作关系，是取得竞争优势的关键因素。调查结果还显示，建立客户关系管理体系可以促使企业更加合理分配、利用各种资源，并可通过弥补隔阂将失去的客户争回来。

3. 后端服务

（1）订单管理。订单管理包括接受订单、整理数据、订单确认、交易处理（包括信用卡结算及赊欠业务处理）等。在电子物流的订单管理业务活动中，需要通过复杂的软件应用来处理复杂的业务环节，为了得到较高的效率，订单管理业务需要做较多工作。

①确认订单来源。当电子物流服务提供商接收到一份订单时，电子物流系统会自动识别该订单的来源及下订单的方式，统计顾客是通过何种方式（电话、传真、电子邮件

等）完成订单。当一切工作结束后，系统还会自动根据库存清单检索订单上的货物目前是否有存货。

②支付处理。在顾客提交订单后，还需要输入有关支付信息，电子物流系统会自动处理信用卡业务及赊欠账务。如果客户填写的支付信息有误，系统将及时通知客户进行更改或者选择其他合适的支付方式。

③订单确认与处理。当顾客的支付信息被处理之后，电子物流系统会为顾客发送订单确认信息。在这一切工作就绪之后，电子物流系统会对客户的订单进行格式化，并发送到离客户最近的仓储中心。

④订单录入。订单录入含报价单、正式订单、订单审核等录入。

⑤订单查询。根据时间段、客户名称、业务员等相关条件查询。查询统计订单，如按品种汇总、按未发订单品种汇总等，按订单客户查询，如查询每个客户的订货、欠货情况等。

（2）仓储与分拨。仓储管理的内容包括三个部分：仓储系统的布局设计、库存最优控制、仓储作业操作。这是三个层面的问题，彼此相互联系。

仓储系统布局是顶层设计，也是供应链设计的核心。就是要把一个复杂纷乱的物流系统通过枢纽的布局设计造成为“干线运输＋区域配送”的模式，枢纽就是以仓库为基地的配送中心。在相应的信息系统设计中，表现为“联库管理”的模式，分为集中式、分布式和混合式三类，其中配送中心的选择和设计是整个系统布局的关键。这部分内容通常并不包含在仓储信息管理系统 WMS 之中，但是对于布局设计变化的适应性、通用性也会成为客户选择 WMS 的一个重要依据。

库存的最优控制部分就是确定仓库的商业模式，要根据上一层设计的要求确定本仓库的管理目标和管理模式，如果是供应链上的一个执行环节，是成本中心，多以服务质量、运营成本为控制目标，追求合理库存甚至零库存；如果是独立核算的利润中心，则是完全不同的目标和管理模式，除了服务质量、运行成本外，更关心利润的核算，因而计费系统和客户关系管理成为其中极其重要的组成部分，因为在计费系统中固化了市场营销的战略和策略。

仓储作业的操作层是基础的部分，也是所有仓储管理系统最具有共性的部分，正因为如此，仓储作业的操作信息化部分成为 WMS 与其他管理软件，如进销存、ERP 等相区别的标志。这部分内容不仅要根据上一层确定的控制目标和管理模式落实为操作流程，还要与众多的专用仓储设备、自动控制系统相衔接，所以是技术上最复杂的部分。国产 WMS 与国外先进的仓储软件相比，最大的差距可能也就在这里，市场价格也会相差数十倍、上百倍，也是这个原因。

目前，仓储管理和 WMS 发展变化的趋势是：一是随着物流资源的整合，在网络建设过程中，提出了在大型物流网络中，仓储管理的集中模式与分散模式的关系问题；二是以 RFID 为代表的新技术正在深刻地影响着仓储管理和 WMS，甚至孕育着一场“物流革命”；三是 JIT 配送将越来越成为 WMS 服务的主要市场需求；四是 BI 在 WMS 中的应用越来越多，商业智能就是利用数据挖掘技术开发积累的数据信息，使之变成可以利用的知识。

（3）运输与交付。运输系统作为一个物流子系统，在整个物流大系统中发挥着重要的基础性作用。就运输组织而言，有三个因素是十分重要的，即成本、速度和一致性。企业在进行运输方式选择时，要对各种运输工具的运载能力、速度、频率、可靠性、可用性和成本等因素作综合考虑和合理筛选。虽然在运输市场上存在着不同的运输方式和众多的运输提供者，但是在运输方式选择时，企业还是要结合自身货物运输的实际情况，包括企业自身的经营特点和要求、货物特点、市场需求缓急程度等，进行慎之又慎的选择安排。一般来讲，运输方式的选择受运输物品的种类、运输量、运输距离、运输时间、运输成本五个方面因素影响，并且这些条件不是相互独立的，而是紧密相连的、互为决定的。

物流运输系统的目标是实现物品迅速、安全和低成本的运输，即运输的速度性、准确性、安全性和经济性。在现实中，若重视运输的速度性、准确性和安全性，则运输成本就会增大；反之，若运输成本降低，则其他运输目标就不可能全面实现。因此，在选择运输方式或运输工具时，应综合考虑运输的各种目标要求，采取定性分析与定量分析相结合的方法。

运输是物流中最重要的功能要素之一，物流合理化在很大程度上依赖于运输合理化。因此，推进运输合理化是强化运输管理的一个重要方面。运输合理化的影响因素很多，起决定性作用的有五个方面的因素，即运输距离、运输环节、运输工具、运输时间、运输费用。而不合理运输的表现为运输车辆的空驶、对流运输、迂回运输、重复运输、倒流运输、过远运输、运力或托运方式选择不当。合理化运输取决于主客观两个方面的因素，在现有的运输网络和平台条件下，通过合理调动、整合各种要素资源，同时采取一些运输合理化措施，如有效防止车辆空载，提高运输工具的实载率，推进中短距离运输的“公铁分流”，尽量发展“四就”直拨运输或直达运输，增加运输的科技含量，通过流通加工使运输合理化，发展社会化的运输体系，积极做好企业自身的物流计划，大力推广配送特别是共同配送。

（4）退货管理。越来越多的企业认识到退货管理的重要性，因而采取积极的措施节约资金、提高客户满意度。没有人喜欢产品退货，但这是供应链不可避免的“肿瘤”，正在引起企业的关注。企业已经认识到退货管理对客户关系、品牌忠诚度和净收益的重要性。退货管理很复杂，不仅包括需要快速地再储存和再销售的产品，还包括需要修理、整修的产品，这些产品往往有保修卡以及根据环保要求需要安全处理的产品。对于销售供应链，还要根据不同的产品成倍增加销售渠道。同样地，逆向物流也需要增加渠道，但是，由于所有的退货不能以同样的方式处理，而且退货占所有售出产品的20%，所以退货处理对大多数企业来说还是一个棘手问题。

（5）客户服务。对物流企业而言，客户服务是一个以成本有效性方式为供应链提供增值利益的过程。客户服务水平的高低，决定了具有相同生产研发能力的企业为顾客提供个性化服务的水平。但是，客户服务作为经营活动中的一项支柱性的活动，必须严格考评其为企业创造的效益（经济效益、社会效益）。

有研究表明，流失的客户减少5%，利润可以增加50%；由一般客户产生的利润，通常在供应商—客户关系开始的4～5年中每一年都会增加；即客户流失率减少一半，利润会翻倍。而国内现阶段的物流企业多是从事运输、仓储等初级第三方物流业务的企业，他们的主要业务就是为客户提供高质、满意的服务，而如何来提高客户服务水平，如何把握客户服务成本与经济效益之间交叉损益的平衡关系，如何判定自己企业现阶段的客户服务水平是否已经“合适”，这些问题成为必须思考的问题。另外，许多大型商贸流通企业为了支持自身的经营活动，纷纷组建自有的物流服务组织，让新的实体承担企业一般意义上的客户服务内容，这同样面临上述问题。

(6) 数据管理与分析。对于顾客提交的订单，电子物流系统有能力对相关数据进行分析，产生一些深度分析报告。这些经过分析的信息可以帮助制造商、经销商及时了解市场信息，以便随时调整目前的市场推广策略。这项服务同时也是电子物流服务提供商向客户提供的一项增值服务。

物流数据管理与分析是对物流配送整个过程中所产生的数据进行分析和挖掘，产生一些深度报告，作为电子商务企业选择专业物流配送企业的依据，也可以帮助电子商务企业及时调整市场推广策略和对客户的承诺，同时还可以帮助电子商务企业做出市场销售预测。

二、电子物流服务模式

随着电子商务在全球的迅速开展和现代物流日益向纵深方向发展，电子物流已悄然而至，正成为物流服务的新方式。那么电子物流的服务模式有哪些呢?

随现代企业物流和供应链管理的蓬勃发展，企业对物流服务和供应链管理服务的要求越来越高，也越来越急迫，如今绝大多数企业都已经意识到物流管理和供应链管理是企业提升竞争力的重要手段，也是企业有效控制成本的有力方法，特别是随着电子商务物流和电子供应链管理的不断发展，第三方、第四方物流的大量涌现，为企业实现现代化的物流管理，真正实现一体化的信息和业务奠定了基础。此外，全球物流以及逆向物流的发展，也为物流管理增添了更多新的内容。

(一) 第三方物流服务模式

从总体上来看，第三方物流是一种由货主企业与运输业者之间的中间组织在特定时间段内按照特定的价格向使用者提供个性化的系列物流服务，并且这种物流服务是建立在现代电子信息技术基础上的企业间的联盟关系。其所包含的要素有以下几个方面。

1. 第三方物流建立在现代电子信息技术基础上

信息技术的发展是第三方物流出现的必要条件，信息技术实现了数据的快速、准确传递，提高了库存管理、装卸搬运、采购、订货、配送、发送、订单处理的自动化水平，使订货、包装、保管、运输、流通加工实现一体化。企业可以更方便地使用信息技术与物流企业进行交流和协作，企业间的合作可以更方便地在短时间内迅速完成。同时，电脑软件的飞速发展，使混杂在其他业务中的物流活动的成本能被精确计算出来，还能有效管理物流渠道中的商流，这就使企业有可能把原来在内部完成的作业交由物流公司运作。常用于支持第三方物流的信息技术有：实现信息快速交换的 EDI 技术、实现资金快速支付的 EFT 技术、实现信息快速输入的条码技术和实现网上交易的电子商务技术。

2. 第三方物流是合同导向的一系列服务

第三方物流有别于传统的外协。外协只限于一项或一系列分散的物流功能，如运输公司提供运输服务、仓储公司提供仓储服务，第三方物流则根据合同条款规定的要求，而不是临时需求，提供多功能，甚至全方位的物流服务。一般来讲，第三方物流为委托客户企业提供的服务基本业务、附加值业务以及高级物流服务，第三方物流服务功能如表 4-1 所示。

表 4-1　　第三方物流服务功能

基本功能				附加值业务						高级的物流服务			
仓储	长途配送	市内配送	装卸	订单处理	货物验收	仓库再包装、加工	代理货物保险	送货代收款	货物回收、替换	库存分析报告	库存控制	分销中心的建立	供应链的设计与建立

3. 第三方物流是个性化物流服务

第三方物流服务的对象一般都较少，只有一家或数家，服务时间却较长，往往长达几年。这是因为需求方的业务流程各不一样，而物流、信息流是随价值流动的，因而要求第三方物流服务应按照顾客的业务流程来定制。

4. 企业之间是联盟关系

依靠现代电子信息技术的支撑，第三方物流与企业之间充分共享信息，这就要求双方能相互信任，才能达到比单独从事物流活动所能取得的更好的效果。而且，从物流服务提供者的收费原则来看，它们共担风险、共享收益。再者，企业之间所发生的关联并非一两次的市场交易，在交易维持一定时期之后，可以相互更换交易对象，在行为上，各自既非采用自身利益最大化行为，也非完全采取共同利益最大化行为，而是通过契约结成优势互补、风险共担、要素双向或多向流动的中间组织，因此，企业之间是物流联盟关系。

（二）第四方物流服务模式

在物流行业中，随着对提供全方位整合供应链管理服务的要求越来越高，再加上部分第三方物流企业的竞争实力越来越强大，服务管理的技能越来越多样化、高层次化，一种能够实施内外物流运作整合并提供综合业务解决方案和物流信息平台的专业供应链服务提供商——第四方物流（4PL）开始显现，从而也得到了人们高度的关注。

1. 第四方物流服务的基本内涵

第四方物流的内涵，按照约翰·加托纳的定义是："第四方物流供应商是一个供应链的集成商，它对公司内部和具有互补性的服务供应商所拥有的不同资源、能力和技术进行整合和管理，提供一整套供应链解决方案以及物流信息化服务。"

由此可以看出第四方物流有以下特点。

(1) 第四方物流既非委托企业全部物流和管理服务的外包，也非完全由企业自己管理和运作物流，而是一种中间状态，这一点与第三方物流的外包性质有所不同。

(2) 第四方物流组织往往是委托客户企业与服务供应组织之间，通过签订合资协议或长期合作协议而形成的组织机构。

(3) 第四方物流是委托客户企业与众多物流服务提供商或 IT 服务提供商之间唯一的中介。

(4) 第四方物流大多是在第三方充分发展的基础上产生的。第四方物流的管理能力应当是非常高的，不仅要具备某个或某几个业务管理方面的核心能力，更要拥有全面的综合管理能力和协调能力，其原因是它要将不同参与企业的资源进行有机整合，并根据每个企业的具体情况，进行合理安排和调度，从而形成第四方独特的服务技能和全方面、纵深化的经营诀窍，这显然不是一般企业所能具备的。

2. 第四方物流服务模式的特点

第四方物流在现实的运作过程中，表现出来的功能特点有以下几个方面。

(1) 第四方物流提供一整套完善的供应链解决方案。第四方物流集成了管理咨询和第三方物流服务商的能力。

(2) 体现再造、供应链过程协作和供应链过程再设计的功能。第四方物流最高层次的方案就是再造。

(3) 变革方面，通过新技术实现各个供应链职能的加强。变革的努力集中在改善某一具体的供应链职能，包括销售和运作计划、分销管理、采购策略和客户支持。

(4) 实施流程一体化、系统集成和运作交接。一个第四方物流服务商帮助客户实施新的业务方案，包括业务流程优化、客户公司和服务供应商之间的系统集成以及将业务运作转交给第四方物流的项目运作小组。

(5) 执行、承担多个供应链职能和流程的运作。第四方物流开始承接多个供应链职能和流程的运作责任，其工作范围远远超越了传统的第三方物流的运输管理和仓库管理的运作，包括制造、采购、库存管理、供应链信息技术、需求预测、网络管理、客户服务管理和行政管理。

(6) 第四方物流通过其对整个供应链产生影响的能力来增加价值。第四方充分利用了一批服务提供商的能力，包括第三方、信息技术供应商、合同物流供应商、呼叫中心、电信增值服务商等，再加上客户的能力和第四方自身的能力。

3. 供应链管理服务商服务模式

供应链服务商不光提供平台，也提供解决方案，最典型的就是第四方物流（4PL）提供商，如图 4－3 所示。

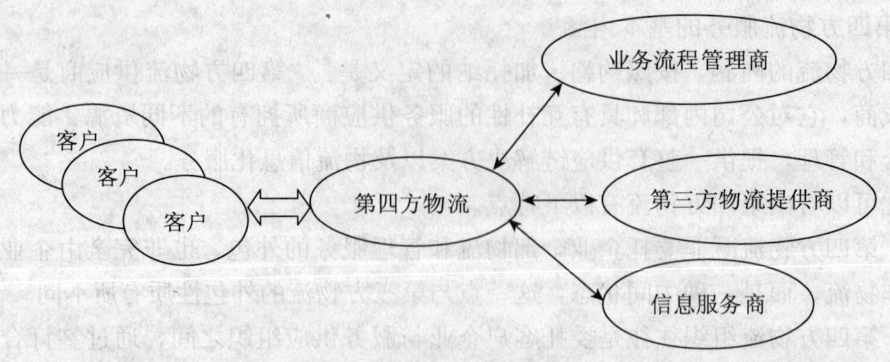

图 4－3　第四方物流提供商

4PL 提供商是供应链的集成者，通过整合和管理自身以及其他服务提供商补充的资源、能力和技术，提供全面的供应链解决方案。4PL 提供的是全面的解决方案，远远超出 3PL 的外包领域，涉及预测与需求计划、库存管理、成套服务、采购与订单管理和客户服务管理等。4PL 成功的关键是向客户提供最佳服务。4PL 借助 3PL、信息技术服务提供商、业务流程管理商（咨询公司）的能力来制定解决方案，提供客户更大的跨功能整合和更广泛的运行自主。4PL 具有区别于其他服务商的两大特点：一是 4PL 提供的是全面的供应链解决方案；二是 4PL 是通过影响整个供应链的能力提供价值。

（三）电子商务下的新型物流服务中介

由于电子物流与传统物流有很大的区别，电子物流服务商也区别于传统物流服务商。尤其是在服务的核心流程上，区别更大，如表 4－2 所示。

表 4－2　　电子物流与传统物流在核心流程上的区别

核心流程服务商	客户关系管理	服务创新	基础设施管理
传统物流	内部优化	以服务为中心	自营为主
电子物流	外部协同	以客户为中心	外包为主

从最基本角度讲，物流服务企业有三个流程：①要有客户关系管理，要去发现客户，吸引客户来，为客户服务，这是最重要的；②要吸引客户，必须要有自己一套吸引客户的服务，要有服务创新；③要有基础设施的支持，要对基础设施实行管理，这种基础设施是广义的，包括仓储、运输等实体的基础设施，也包括呼叫中心等信息的基础设施。

电子商务下的新型物流服务中介包括以下部分。

1. 信息中间商

信息中间商主要是提供专门的信息基础设施。物流服务商要和客户之间实现供应链一体化，又没有办法自己来做这么大的信息平台，因此通过信息中间商来进行这样的服务。比如美国的 CAPSTAN 公司，通过建立一个公共信息平台，把采购商、供应商、物

流服务商、承运人、海关、金融服务等机构都连在一起。通过这个平台，大家来交换数据，完成国际物流服务。数据交换的方式很多，可以用传统的EDI方式，也可以用在网上作FTP文件传输，或者是采用XML连接。这种服务商就是专门提供这样的信息平台，通过会员制来提供服务。由于全球供应链最难的或者说信息最容易脱节的地方，就是跨越国境，因而这一服务有一定的市场需求，当然这种服务平台对宽带技术以及网上平台技术的要求也比较高。

2. 运输网上交易

随着电子商务的兴起，各类网上交易不断涌现。其中，物流特别是运输，网上交易十分活跃。运输网上交易大致上分成两类，如表4-3所示。不同的交易采取不同的战略，为货主和承运人提供不同的利益。

表4-3　　运输网上交易类型

类　型	子类型	示　例
第三方	传统型	RYDER、TNT、MENLO
	合并型	transplace. com
	支持型	3plex. com
运输贸易	行业中立型	logistics. com
	新兴伙伴型	SCHNEIDER AND COMMERX
	专门行业型	shipchem. com
	专门设备型	transportal. com

（四）物流服务的网络营销

物流企业在电子商务环境下提供物流服务，同样可以充分利用网络资源，扩大市场、扩大经营规模、提高自身核心竞争力，从而达到提高经济效益的目的。因此，很多物流企业纷纷建立网站开展网络营销。

1. 物流网站的设计思路

（1）明确网站建设的目的。物流企业建立网站首先要明确企业上网的目的，了解自己准备面向哪些客户。这是关键的问题，它将影响网站向访问者提供什么内容和内容的深度、广度以及提供的方式等。

（2）重塑企业的业务模式。网络意味着新的商业运作模式，需要重塑公司现有的运作模式。当然，这并不是说要改变公司的业务。例如，对世界开展电子商务最成功的两家公司思科网络公司和戴尔计算机公司来说，思科公司仍然是一家网络设备提供商，戴尔计算机公司仍是计算机硬件提供商。企业需要对自己的业务进行剖析，确定自己的目标，找出自己站点的目标客户，找出哪一部分适合网上操作，哪一部分不适合网上操作，哪些部分功能不够需要扩展。

（3）创造以客户为中心的营销环境。企业网站建设应该以顾客为中心而不是以企业自身为中心。在企业网站建设中，处处尊重客户、培养人气是网站设计的第一要旨。

（4）为访问者提供有价值的服务。网络经济不是单纯的信息经济，也不是单纯的服务经济，而是两者合一。没有信息技术支持的服务经济不是网络经济，不具备服务特征的信息经济也不是网络经济。在网络经济中，价值主要从服务中获得。要使网站具有不可替代的价值，就要求对提供服务的内容和方式有所创新。

这一点应该成为企业网站建设者遵从的真谛。互联网技术为企业开展商务工作提供了得天独厚的条件，但是，如果一个企业的网站仅仅是其宣传手册的电子版而已，别无其他价值可言，那么用户可能不愿意理睬这样的站点。因为它并没有利用信息技术来为客户提供实质性的服务，对用户而言它是“不具价值”的站点。这也正是国内外许多企业网站运行效果不佳的根本原因。

要使网站成为站点，对于非消费品类生产企业或专业服务公司来说，要在站点上提供有价值的服务可能并不十分困难。这些企业本身就是专业服务公司，现在再将其业务架构移植到网上，与传统的电话网、语音系统和各地 POS 网等互为补充，可为客户提供优质的在线服务与信息咨询，这类网站也是“最具价值”的。

消费品类生产企业应以何种姿态面对最终消费者？如果将产品目录直接放到网站中，只是仅仅增加了一些电子广告而已，谈不上增值服务，也算不上“具有价值”。国外许多企业已经认识到了这点，竞相开辟了网络环境下新的服务项目，以增强其服务功能。例如，柯达的“全球风光图片库”、“摄影佳作解析”，耐克的“体育项目论坛”，立顿的“菜谱大全”、“美食指导”等，起到了增值服务的作用，对用户才是“具有价值”的。国外企业的这种做法，对于国内许多企业应该会有参考价值。

（5）结合企业文化策划网站内容。围绕企业的产品和服务设计网页内容在实际中是最常见的做法。有时在建立网站的过程中，如果能采取一些“软性的策略”，如重点介绍一些与产品有关的活动，在建立了一定的浏览者层面后，才引进公司产品或服务的数据等。即在网站上，不以产品为中心，而是重点发掘与产品或服务本身紧密联系的内容，可收到更好的效果。

总之，在互联网时代，物流企业将面对客户更多的个性化需求，其自身也将面临更多竞争对手的挑战，有效地开展网络营销，能更大范围地拓展物流企业的服务空间，提升其竞争能力。

2. 物流网站的主要功能

一般情况下，物流电子商务网站有以下功能。

（1）客户登录功能。物流电子商务网站首先应当具有客户登录功能。登录网站的基本方式有两种：一是任何一个客户可以点击企业的网站地址，进入网站进行一般浏览和输入信息，这种登录不能够打开业务系统页面，不能获取业务信息，这种方式适用于一般客户和新客户；二是为用户设立权限和密码认证，他们登录网站后输入用户名和密码，获得系统认可后可以直接进入企业业务系统的某些功能模块，获取有关的业务信息，这种登录只适用于那些认可的老客户和有业务关系的客户。

物流网站通常采用会员制。所谓会员制，就是那些已经列入网站的客户名册、具有

详细可靠的信息、已经进入网站客户管理范围，因而享有一定的权利和义务的客户集合。根据提供服务的多少，会员往往分为一定的等级，也要缴一定的年费。

(2) 客户信息调查和客户留言功能。客户信息查询和客户留言功能主要是为新客户和一般客户设置的。这些客户可以登录网站，但是不能够进入业务系统。如果他们想获取业务信息，可行的途径只有两条：一是填写客户信息表，说明自己的意向；二是只填写客户留言，说明自己的情况和意向，等待企业的答复。这两个功能是企业收集新客户和一般客户信息的重要途径，对于企业增加会员客户、了解市场信息、扩大客户市场都有重要意义。

(3) 客户呼叫和客户沟通能力。客户呼叫和客户沟通，除了包括登录网站、填写客户信息的单向文字操作功能外，还包括电话、传真、E-mail 等双向交互语音和文字操作功能。由于电话、传真的普遍使用，所以这种功能更具有普遍性和实用性。

客户呼叫，包括客户呼叫企业和企业呼叫客户两个方向，从呼叫形式上包括电话、传真、E-mail 和信件等基本形式。客户沟通，也叫信息交互，包括信息往来和当面交谈两种形式。信息往来，可以通过信件、传真、E-mail、客户留言和答复等形式进行，这些形式的信息交互在时间上不连续，可以相互错开，交互双方不需要同时在场。当面交谈则可以通过电话、聊天室等形式进行，在时间上是连续性的，交互双方同时在场。

在有些比较高级的客户沟通功能中，还包括会员俱乐部的功能。即为所有会员客户设立了一个专门页面，让他们自由发表意见，相互交流经验和意见，甚至还提供一些在线娱乐方式，让会员客户在其中进行游玩。

(4) 宣传广告功能。网站的广告宣传功能，主要是为宣传企业、宣传产品以扩大影响、扩大吸引力，招徕一般客户、开发新客户而设置的。有人称，网上经济是一种“注意力经济”，谁的网站最引人注目，谁就赢了。

三、电子物流与传统物流服务的区别

传统物流主要提供运输、仓储等服务，而电子物流与传统物流服务的一个极大不同点就是电子物流采用网络信息增值服务模式。

所谓网络信息增值服务模式就是以先进、可靠的信息技术为手段，建立“全面、权威、实用、互动、安全”的门户网站体系，满足用户对综合信息的需求，实现对多种信息资源的统一组织、管理整合和开发利用。随着我国上网用户和新的应用需求的不断增加，特别是第二代互联网（IPv6 网）的发展，为推动构建面向用户的专业信息化信息价值增值服务模式提供了充足的发展空间。

(一) 网络信息增值服务模式的发展特征

网络信息增值服务模式发展特征主要表现在以下四个方面。

1. 智能化

智能化信息服务就是利用人工智能技术，根据用户提供的信息资源的起始地址，通过链接在网上搜寻，提供用户需求的主页，或根据用户提供的关键字搜索引擎，收集与字相关的页面提供给用户，实现信息内容智能化跟踪。未来的信息价值增值服务模式应以网络技术的使用和网络信息资源整合与智能化服务平台的融合为基础，促进信息交流和知识共享，推动经济社会的发展进程。如第二代互联网上的联合拟真环境、资源共享、实时大容量计算和高清晰录像等的应用都会越来越多地考虑智能方面的因素。

2. 个性化

个性化就是提供面向个人的特殊的信息检索服务。其特色主要体现在以下几个方面。

(1) 将搜索引擎与智能代理技术结合起来建立新的个性化的检索模式。

(2) 对于用户一贯查询的信息就可以直接从用户的信息库中提取，避免了重复查询。

(3) 密切关注个体需求，提高信息与用户需求相关系统，彼此间通过统一的传输协议进行沟通，交换信息，从而使更多的信息得以挖掘，以弥补智能代理信息搜索范围有限的缺陷。

(4) 对用户的反馈意见进行实时跟踪，获取用户对结果的评价，据此提高检索质量，提高界面的人性化。

(5) 引入用户反馈机制来完善检索机制，可以提高信息检索的命中率。

3. 多功能

多功能的信息价值增值服务模式拥有强大的应用编程界面（API），以便让应用可以将它们所需要的资源和服务告知网络，这种面向应用的网络能将目前的集中式功能（如文件系统）转向更加分散的模式，以提供端到端的功能以及集中统一的控制，以此提高应用使用和信息传输的效率。并且还可以把搜索引擎与智能代理技术结合起来，既充分利用了智能搜索代理的特点，又为开发新一代多功能、高质量的信息个性化检索服务系统提供了新的模式。这样，就可以更加紧密地连接网络，可以更加方便地使用与智能化信息网络相连的资源，让网络自动地提供任何应用可能需要的资源和服务，让用户随时以任何方式访问他们所需要的应用和信息。

4. 安全性

安全性是网络信息增值服务模式发展的必然要求。有位网络安全专家说过，网络安全大致有三个方面的内容。

(1) 防止恶意的外来者闯进自己的地址。

(2) 不让自己的信息被不相干的人轻易打开。

(3) 信息不要在传输中遗失、出错。

有关专家还强调，因为第二代互联网（IPv6 网）将不再由一个国家垄断，即使出现最恶劣状况，一个国家和外界的联系也不会被敌对国家强行切断，这也是安全中极为重要的一方面。因此，提高信息增值服务模式的安全性，防范信息网络风险，将是网络发展的重点之一。

(二) 网络信息增值服务模式的缺陷

虽说网络信息增值服务模式有如此多的优点，但仍存在许多缺陷。基于对互联网信息增值服务模式及发展特征的分析，互联网信息增值服务模式具有许多优势，但是还存在着一些亟待解决的问题。

首先，网络安全内容缺失，存在着信息外泄、计算机病毒、垃圾邮件、系统漏洞、网络窃密等风险，易受网络黑客攻击，使信息增值服务模式的发展和应用面临着一定的风险和挑战。其原因是第一代互联网刚建立时，由于基础协议没有任何安全内容，所有的安全措施（如安装杀毒软件、防火墙，采取物理地址过滤、加密技术等措施）都是后来的补救行动。

其次，网络信息增值服务模式存在信息需求集中的客户缺乏导向，较难兼顾搜索的准确度与相关度的质量、信息搜索范围有限等问题，这些有可能对未来的网络信息增值服务和网络信息经济的发展造成阻碍。

再次，行业垂直网站因为数量过多也暴露出信息重复率高、受众面过窄、缺乏服务广度、规模小的问题。网络信息服务保障体系不够完善由于网络信息服务涉及社会的各个方面，是个复杂的综合体，需要国家法律、政策的有力保障。而国家相关政策法规（如信息、安全、知识产权、电子商务等）或尚在研究之中，或是还不够完善。

最后，信息技术的应用和监管有待进一步加强。现在有的行业存在着只重视网络建设和系统建设，而轻视信息技术的应用和监管现象，有效的管理机制还有待进一步加强。

第二节　电子物流市场的组织者与参与者

随着电子商务的快速发展，电子物流市场也在不断的发展壮大中。电子物流市场的参与者越来越多元化，组织者像其他市场组织者一样，功能、地位越发重要。

一、电子物流市场的组织

（一）电子物流企业的组织形式

电子物流企业的组织形式主要有三种。

1. 基于核心竞争力基础上的物流业务外包

这是目前较为常见的一种组织形式，物流企业根据自身的竞争优势，从事自己最擅长的物流业务，将其他业务外包出去。

2. 共存

物流企业出于某种考虑不愿将自己不擅长的业务部门分包出去，这时可以通过共同出资组成一个各物流企业共同的职能部门，统一管理，如区域配送中心。

3. 策略联盟

通过建立一种联盟性质的物流共同体，整合资源。这样的物流组织是为了抓住稍纵即逝的物流市场需求机遇而快速组合起来的临时性从事物流服务的物流组织网络，是迅速聚集一系列核心能力以利用物流市场需求机会的独立企业的暂时动态联盟，其不是一个企业，而是一个由具有法人资格的独立物流组织组成的物流组织群体。

组成电子物流组织的每一个独立物流组织都拥有各自的核心能力资源，为了一个共同的物流市场需求机遇，这些独立的物流组织联合起来贡献各自的核心能力和资源，相互协作，以谋求实现共同的市场目标，力争电子物流组织整体价值最大化。然而，影响这些目标达成的关键要素之一，就是构建结构合理、切实可行的电子物流组织。

（二）电子物流组织结构模式

1. 星型模式（Star-Like Mode）

这类电子物流组织一般由占主导地位的物流组织（盟主）和一些相对固定的伙伴组成。盟主负责制定动态联盟的运行规则，并负责协调各个伙伴之间的关系，负责在伙伴之间出现冲突时做出合理仲裁。

2. 平行模式（Parallel Mode）

即电子物流组织中不存在盟主，所有的参与者在平等的基础上相互合作，参与者在保持自身独立的同时，为电子物流组织贡献出自己独特的"核心能力"。平行模式比较适用于出于长远考虑的伙伴间战略合作，但绝对意义上的平行模式在实际中很难找到。

3. 联邦模式（Federation Mode）

所有的参与者在平等的基础上相互合作，参与者在保持自身独立的同时，为电子物流组织贡献自己独特的"核心能力"。为了对电子物流组织的资源和技术力量进行统一的计算和管理，从而实现电子物流组织内资源的优化调度。在电子物流组织内部建立一个共同的、类似协调委员会形式的协调机构。

联邦模式的组织机构一般可以分为两层，即核心层和松散层。核心层的合作伙伴结合比较紧密，具有主要的核心能力，合作关系比较长久；松散层的合作伙伴，在核心伙伴能力不足以完成某一项目的情况下，电子物流组织可以在不同的阶段吸收其中不同的伙伴，来完成一定的任务。

这种模式组织灵活，有利于不同伙伴之间的指挥和协调，是一种较理想的电子物流组织形式。

4. 综合型组织结构模式

上述三种组织模式仅适用于规模比较小、相对比较简单的电子物流运作形式，但是，对于复杂的、规模较大的电子物流实际运作情况，单纯运用上述某一种电子物流企业的组织模式，已不能满足电子物流组织的实际需要。因此，本书重点提出了一种结合三种模式特点的综合型的体系结构，如图 4－4 所示。

其构建步骤如下。

（1）按核心能力划分的原则组建核心能力团队。

（2）根据项目或任务分解情况，由各个核心能力团队组建具备相应物流服务功能的电子供应链节点功能组或任务组。

（3）集成电子物流组织运行的信息基础平台。

（4）组建电子物流组织协调机构，负责整个组织内部资源管理和协调工作。

该组织结构模型体现了电子物流组织独特的组织要素：按核心能力划分的原则体现了核心能力要素；集成信息基础平台体现了信息要素；按项目或任务分解组成网络化的供应链节点功能组或任务组，体现了任务和网络两个组织要素。

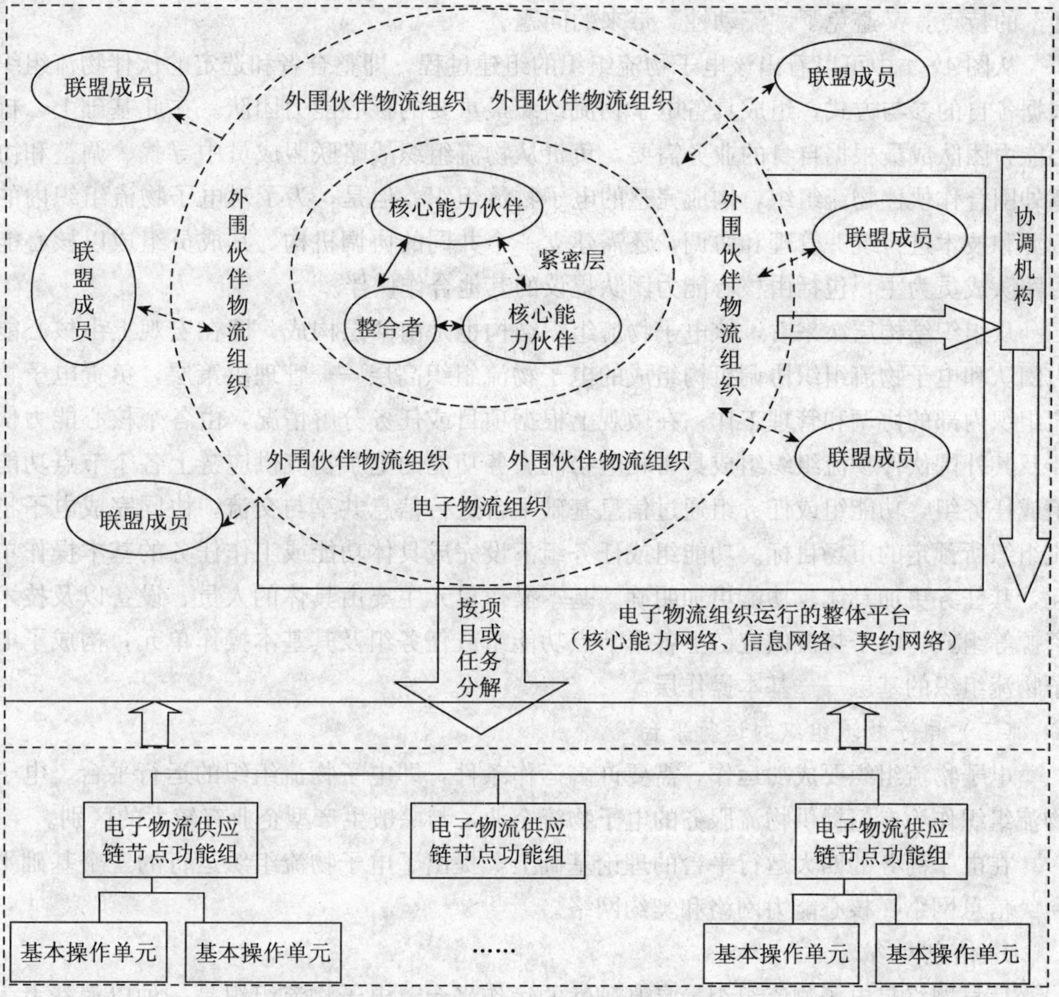

联盟成员
外围伙伴物流组织 外围伙伴物流组织
联盟成员
外围伙伴物流组织
核心能力伙伴
紧密层
整合者
核心能力伙伴
外围伙伴物流组织
联盟成员
协调机构
联盟成员
联盟成员
外围伙伴物流组织 外围伙伴物流组织
联盟成员
电子物流组织
按项目或任务分解
电子物流组织运行的整体平台
（核心能力网络、信息网络、契约网络）
电子物流供应链节点功能组
电子物流供应链节点功能组
电子物流供应链节点功能组
基本操作单元 基本操作单元 …… 基本操作单元 基本操作单元

图 4-4 综合型电子物流组织结构模式

综合型电子物流组织结构模式是一个层次多、规模大、结构复杂、因素众多、信息繁杂，但组织有序、功能综合的复杂体系。从成员组成层次来看，该电子物流组织采用的是两层成员组成体系，即由内部紧密层和外围松散层组成。内部紧密层组成成员是依据核心能力原则而确定的，它们构成电子物流组织的核心能力团队，其中各个核心能力伙伴在整个电子物流组织的过程中不宜变更，成员组成也不宜过多，依据市场目标和核心能力原则来确定。核心能力团队的组建模式可以采用星型模式或平行模式（图 4-4 中采用的是平行模式）；外围松散层，即物流组织战略联盟（这种战略联盟是以发达的信息基础平台为基础，基于合作机会的联盟，而非基于具体任务的联盟）是该电子物流组织外围伙伴物流组织的来源库，其由建立在信息网络平台上的广泛的物流组织战略联盟成员组成。物流组织战略联盟成员参与电子物流组织的形式主要有转包式、插入兼容式等。在该电子物流组织运行过程中，核心能力伙伴可以根据实际情况增删外围伙伴物流组织或重新选择其他联盟成员来代替。该组织体系既实现了电子物流组织结构高度"柔性”的特点，又避免了“流动性”带来的问题。

从图 4 - 4 中可以看出该电子物流组织的组建过程，即整合者和选定的伙伴物流组织根据各自的参与方式，组成具备电子物流组织最重要的核心能力团队。在此基础上，核心能力团队成员根据自身的业务需要，负责从物流组织战略联盟成员中寻找、调整和协调外围合作伙伴物流组织，构成完整的电子物流组织。但是，为了对电子物流组织内的资源和技术进行统一管理和协调，还需建立一个共同的协调机构，其成员组成以核心能力团队成员为主，包括由核心能力团队提议的其他合作伙伴。

从组织结构层次来看，该电子物流组织结构也是由两层构成，即在宏观上由核心能力团队和电子物流组织协调机构组成的电子物流组织高层——管理决策层，负责电子物流组织内部的协调和管理工作；在微观上根据项目或任务分解情况，由各个核心能力伙伴及其外围伙伴物流组织组成具备相应物流服务功能的电子物流供应链上各个节点功能组或任务组，功能组或任务组通过信息基础平台进行信息共享与交流，协同完成电子物流组织所预定的市场目标。功能组或任务组下设完成具体功能或工作任务的基本操作单元，其任务更加具体、功能更加明确。基本操作单元主要由具体的人员、设备以及技术资源等组成。电子物流供应链上各个节点功能组或任务组及其基本操作单元，构成了电子物流组织的基层——基本操作层。

（三）电子物流组织的运行平台

电子物流组织要成功运作，需要许多运作条件，即电子物流组织的运行平台。电子物流组织作为专门提供物流服务的电子物流企业，与一般生产型企业有较大的区别。

在电子商务的四大运行平台的理论基础上，提出了电子物流组织运行的三个基础平台：信息网络、核心能力网络和契约网络。

1. 信息网络

信息网络是电子物流组织最具基础性的运作平台。电子物流组织是一种以消费者为中心的组织形式，其本身是一种策应系统，无论是物流服务消费者还是电子物流组织之间都离不开信息网络的支撑。除此之外，就电子物流组织本身而言，它是通过大量的双边规制把伙伴物流组织联系在一起的。其工作或活动的联系地域范围很大，甚至在全球范围内展开，以整合所有能形成核心能力互补的最优秀的核心企业，其中的工作协调活动是大量的，而且协调信息需要高效快速传递，否则分散化的工作关系无法有效协调。因此，标准统一的信息网络平台是低成本、高效率地实现广泛地域分布上物流组织虚拟合作和协调的运行平台之一。

信息网络平台主要由基础信息中心、电子物流管理系统、电子物流运作系统三部分组成。基础信息中心包括基础数据库、专业数据库、联盟成员数据库、外部信息数据库、交易信息发布平台，是整个信息平台的基础部分；物流管理系统包括电子物流组织控制子系统、核心能力识别子系统、伙伴选择子系统、电子物流组织协调管理子系统、电子物流业务管理子系统、风险预控与管理子系统、绩效评估与利益清算子系统；物流运作系统是物流组织的基本作业管理系统，包括物流作业子系统、物流业务动态追踪子系统、数字认证子系统、银行电子支付子系统、保险子系统、财务子系统、税务子系统、海关子系统、卫生检疫子系统和物流信息中心子系统。

2. 核心能力网络

组建电子物流组织的目的就是通过发达的信息网络平台，来合理利用社会资源以便快速完成物流作业，加快物资周转速度，提供相对低成本、高质量的物流服务，而核心能力资源则是其中首先需要考虑的极其重要的资源。可以说，电子物流组织以核心能力为基础，将运作方式合作化。因此，电子物流组织必须在组织内部和伙伴物流组织之间，建立以核心能力为基础的增强性或互补性网络，把具备不同核心能力的物流组织联系在一起。在此网络中，各个核心能力伙伴为电子物流组织市场目标和共同利益的实现贡献各自的核心能力资源。

图 4-4 中电子物流组织结构模式的核心能力网络创建，通常有如下步骤：首先，建立“核心能力”资料库；在该资料库中，收集各种能和本物流组织形成核心能力互补的、水平相当的优秀物流组织，对这些物流组织建立信息档案，包括核心能力种类及其水平、文化历史、信誉状况、合作历史等。其次，与上述优秀物流组织建立长期的基于合作机会的战略联盟关系，增强交流，加深认识，逐步形成默契。最后，一旦捕捉到物流市场需求机遇需要，组建电子物流组织时，可以从战略联盟成员中选择出核心能力伙伴，并通过信息网络将契约网络内的物流组织联结起来，形成核心能力网络。

3. 契约网络

电子物流组织由若干核心能力互补的核心能力伙伴及其外围伙伴物流组织构成，管理工作难度大，伙伴间利益复杂。因此，电子物流组织的成功运作不仅需要信息网络平台，而且需要在双边谈判的基础上形成契约网络，用以约束伙伴物流组织之间的行为和解决相互之间风险分担、利益分配等问题，确保合作的顺利进行。如图 4-5 所示的电子物流组织结构，其契约网络的建立，首先，对具有核心能力互补关系的核心能力伙伴组织的确认，并在双边谈判的基础上形成契约关系，构成一级契约网络。其次，在此一级契约网络下，再由其中核心能力伙伴与其外围伙伴物流组织签订动态合同，向下发展成二级契约网络，如图 4-5 所示。

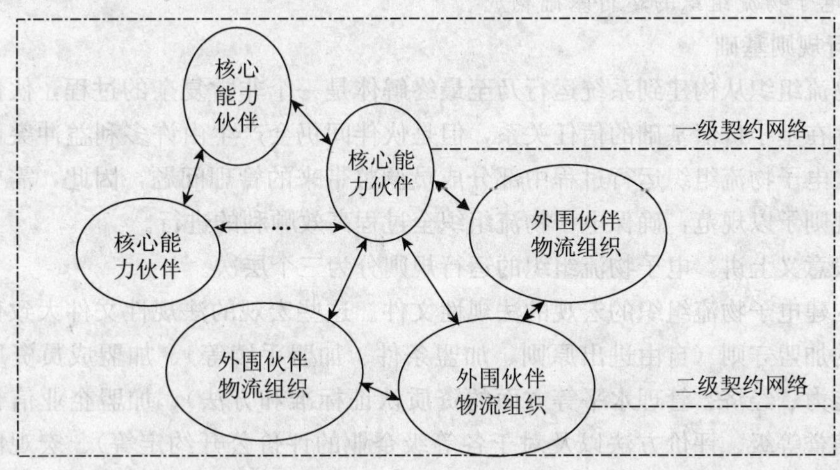

图 4-5　综合型电子物流组织结构模式的契约网络

电子物流组织是一个多利益群体组织，各伙伴物流组织的企业目标不可能完全一致，参与电子物流组织的投入程度和最终目的不尽相同，避免不了部分伙伴物流组织为追求自身利益最大化而损害整体利益的现象。因此，契约网络的维护需要建立在一定的运行规则基础上，这种运行规则包括加盟办法、运作程序、仲裁办法、标准规范、通行惯例、动态合同和协议等，用以保证电子物流组织的高效构建、运作和公平解体，而不能仅仅依靠彼此之间的诚信，虽然相互诚信是电子物流组织成功运作的极其重要的影响因素。

4. 三种网络平台之间的关系

上述三种网络平台互为基础、相互支撑，共同构成了电子物流组织运作的整体平台。其中，信息网络是核心能力网络、契约网络的基础，若没有信息网络的支撑，即使形成了核心能力网络、契约网络，核心能力也无法互补利用，契约过程也无法沟通和协调；核心能力网络促成了信息网络和契约网络，信息网络和契约网络因为核心能力网络的存在而具有实际运用价值；契约网络是核心能力网络、信息网络正常运转的保证。在三个网络平台中，信息网络和契约网络更具基础性平台作用，而核心能力网络则是更具应用性操作平台作用。其三者之间的关系如图 4－6 所示，箭头线表示支撑关系。

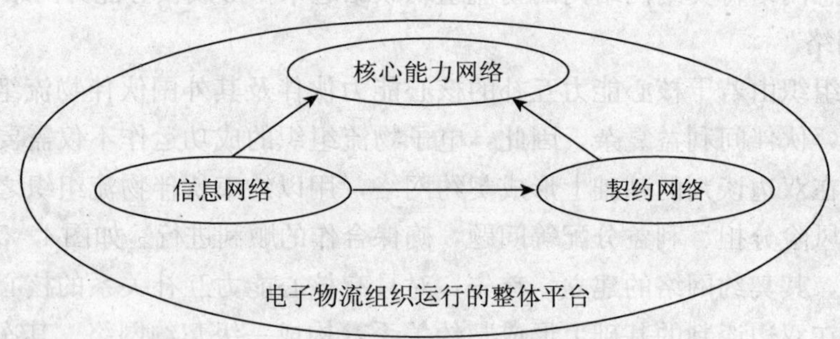

图 4－6　综合型电子物流组织结构模式运行的整体平台

（四）电子物流组织的运行基础构成

1. 运行规则基础

电子物流组织从构建到系统运行乃至最终解体是一个非常复杂的过程，伙伴物流组织间虽然存在基于价值基础的信任关系，但是伙伴间仍会产生由许多利益冲突而带来的问题，加之电子物流组织运行过程中部分成员调整带来的管理问题，因此，需要制定全面的运行规则予以规范，确保电子物流组织全过程高效顺利的进行。

从一般意义上讲，电子物流组织的运行规则分为三个层次。

（1）构建电子物流组织的宏观的法规性文件。这些宏观的法规性文件大致包括电子物流组织的加盟守则（自由进出原则、加盟条件、加盟手续等）、加盟成员资质认证标准（核心能力、经济、管理水平等方面的资质认证标准和方法）、加盟企业信誉等级评价制度（信誉等级、评价方法以及对于各等级企业的评价公开约定等）、宏观协调法则（对电子物流组织加盟成员所拥有的资源进行均衡使用及平衡发展指导原则等）、矛盾纠

纷仲裁办法（对电子物流组织中出现的各种矛盾和问题进行有效的调解和处理的公约等）。

(2) 规定和明确电子物流组织各种业务应符合的标准规范和通行惯例等。所谓标准规范和通行惯例包括通信标准（规定软、硬件兼容标准）、利益分配和风险共同承担办法（利益分配和风险共同承担的依据以及确定办法）、核心能力保护守则（在核心能力保护方面应遵守的规则）、商业秘密实效性的保护守则（各伙伴组织对于电子物流组织的商业秘密，以及其他合作伙伴应有的保守秘密的义务和责任）。

(3) 与具体项目或任务相关的动态合同和协议文本等。这里面涉及的动态合同及协议要尽可能详尽和全面。

2. 信息基础

电子物流组织只有建立在先进的信息技术和设施基础之上，才能对物流市场需求作出及时响应，其快速、简约的运作才能高效进行。缺乏先进的信息技术支撑，电子物流组织伙伴之间无法协调配合，只能各自独立作业，从而成为“实体组织”。信息基础要求电子物流组织伙伴之间使用的软、硬件要达到通信标准，同时需要采用数据转换办法，以便于伙伴物流组织之间不同信息系统的相互兼容及非共享信息的安全，达到保护各自核心能力和商业秘密的目的；信息基础还需要处理好信息传输的安全性和完整性；其整体构建基于 Internet 及 Intranet 技术。

3. 学习与创新效应

园区企业群彼此接近，会受到竞争的隐形压力，这迫使企业不断进行技术创新和组织管理创新。一家企业的知识创新很容易外溢到园区内其他企业，因为企业通过实地参观访问和经常性面对面交流，能够很快学到新的知识和技术。对于难以编码化和远距离传递的知识，园区这种地理接近更重要。

二、电子物流市场的参与者

（一）电子物流包含的商业模式

下面五种商业模式都归为电子物流（E-Logistics）范畴。

1. 做市商（Market Maker）

是物流外包市场平台的建立者，通过国际物流信息交换平台（National Transportation Exchange）使国际物流流程简化，也就是将物流外包服务进行商品化的市场运作者。

2. 供应链解决方案提供商（Supply Chain Solution Provider）

供应链解决方案提供商也就是第三方物流企业（3PL）。

3. 电子物流服务提供商（E-Logistics Provider）

新型的业态，即将电子零售商的后台流程进行外包的服务提供者。

4. 虚拟物流服务提供商（Virtual Logistics Provider）

即第四方物流企业，它并不实际持有物流设备或运输车辆，而是通过水平的准时化网络将现有的仓库、运输力量等物流资源进行整合和组织．使电子物流得以完成。实施电子物流战略实际上就是虚拟物流服务商的商业模式，也是电子物流服务真正的供应商。

第四方物流运作的核心是准时的网络化组织，这样的组织形式有以下三个要素：①商品包装，运输流程中的标签数字化；②供应链中商品流通全过程的数字化；③GPS以及射频的使用将使运输工具成为网络中的一台终端设备。

这样一来，运输组织化的概念就发生了飞跃，从地理性的组织真正成为网络的组织。其运作的业务流程（运输部门）如下所示。

（1）第四方物流通过网络从货主那里获得定货信息。

（2）准时地在网络中寻找最近的运输工具，同时查询到该车辆的所属企业，并向该企业发出运输指令。

（3）接收到指令的企业迅速派出该车辆到货主的仓库装货。

（4）任务完成后，在网络中将该车辆的状态从任务状态转为空车状态。

以上可以看出，电子物流提供商并不拥有仓库、商品、运输工具及人员等资源，它只是由于拥有能将货主、仓库及运输力量进行联网的网络及信息系统而形成一种新的组织形态。它的基础功能为：从货主处得到订单的窗口功能；与实际物流服务提供商建立的互动功能；运输车辆及物流过程的控制功能；货物信息的发布功能。

据不完全统计，我国从事与物流运输、仓储及货代相关的企业数量超过100万家，其中公司主营业务收入不足500万元、员工人数不到50人、信息化水平以及设备保有率相对较低的民营中小企业占到了95%以上。通过E-Logistics网络，将这些中小企业进行组织和整合，为虚拟物流提供商（第四方物流）的发展提供极其广阔的空间。

5. 配送服务商（Delivery Provider）

直接从事面向客户进行运输、仓储及分拣配送服务的物流业务服务提供商。物流服务中最终与消费者结合的部分通常被称为“最后一千米”，这个部分将通过对物流配送中心的运作来达到高效。

（二）电子物流市场参与者

不同的商业模式，电子物流市场的参与者可能稍有不同。但从目前的电子物流服务市场来看，主要有四类市场参与者，他们分别是传统的物流服务供应商、软件供应商、集成商及物流服务方案供应商。从表面看来，这些市场参与者分别从事特定的服务，但是在电子物流服务市场领域，大多数市场参与者向客户提供的是一种综合性的物流服务。目前还没有任何一个电子物流服务供应商能够提供全部的电子物流服务，大部分厂商是通过利用自身的力量或者寻找业务合作伙伴来向客户提供端到端的电子物流服务解决方案。

1. 传统的物流服务供应商

传统物流是相对于以信息化、集成化等为特征的现代物流而言，主要是指那些主要从事运输、仓储、配送等流通领域工作的企业。传统物流一般指产品出厂后的包装、运输、装卸、仓储，而现代物流提出了物流系统化或总体物流、综合物流管理的概念，并付诸实施。可以这样讲，现代物流包含了产品从“生”到“死”的整个物理性的流通全

过程。

传统物流服务供应商主要提供的服务有以下几个方面。

(1) 传统物流只是提供简单的位移。但也必不可少，狭义上讲，物流的物体的流动，必须有担负着物体移动的角色。随着电子物流发展要求，传统物流服务提供商提供的服务更加多样化、弹性化。

(2) 传统物流是被动服务，现代物流是主动服务。传统物流服务供应商依照物流方案提供商的要求，提供相应的运输、仓储、包装等显得较为被动的服务。

(3) 传统物流实行人工控制。但为适应电子物流的发展，传统物流服务供应商渐渐开始采用现代物流信息监控管理。

(4) 传统物流服务提供商服务标准转变。传统物流服务提供商逐渐从无统一服务标准转变为电子物流要求实施的标准化服务 。

(5) 传统物流服务提供商服务类型少。传统物流服务提供商侧重点到点或线到线服务，多个传统物流服务提供商完成物流整体方案设计中构建的全球服务网络。

(6) 传统物流服务管理环节单一。传统物流服务提供商一般是单一环节的管理，随着现代物流的电子化趋势的发展，开始注重物流整体系统的优化。

由上层支配，统一管理，做好自己本分的工作，是传统物流服务供应商在电子物流市场中主要扮演的角色。

2. 软件供应商

软件供应商即提供电子物流市场需要的软件的企业，他们根据电子物流市场的需要，开发适用的软件系统或平台，让电子物流市场更加畅通、透明。这里涉及的软件不仅仅是系统优化、路径最优等物流软件，还涉及许多关于信息系统需要各类应用软件。

3. 集成商

系统集成商简称集成商，即指能为客户提供系统集成产品与服务的专业机构，通常为法人企业或企业联合。据最新定义，系统集成是指一个组织机构内的设备、信息的集成，并通过完整的系统来实现对应用的支持。系统集成包括设备系统集成和应用系统集成。因此系统集成商也分为设备系统集成商和应用系统集成商，其中设备集成商又称硬件系统集成、弱电集成商。系统集成商需要由建设部、信息产业部、公安部颁发的专业资质，对于不同的项目，应需要其中一项或多项专业资质。另外，系统集成商必须掌握集成领域的主要厂商的技术、产品与应用方案，因此也需要获得厂商的技术工程师认证和集成商资格认证。系统集成商通常由厂商供货或厂商的分销商供货。

随着现代物流向着电子化、集成化方向发展，集成商成为不可或缺的一部分。集成商将成为为广大的企业和用户提供专业的解决方案和产品的主要平台。

4. 物流服务方案供应商

根据物流服务供应商的服务范围和方式，可以把物流服务供应商具体区分为以下三种主要类型。

(1) 专门物流服务供应商（Focused Service Provider）。专门物流服务供应商通常以资产为基础，为客户企业解决功能性问题，如提供标准运输、仓储等。在国际货物交付中的物流服务供应商，如国际货运代理、船舶代理、无船承运人、实际承运人、报关行、仓储企业等均为专门物流服务供应商。专门物流服务供应商主要从传统物流服务供应商发展而来。

(2) 物流解决方案供应商 (Solution Deliver)。物流解决方案供应商，比专门物流服务供应商在物流服务的内容和方式上有比较大的拓展和提升。物流解决方案供应商一般具有丰富的行业物流服务经验，既可以有效地利用自身的运输、仓储设施或先进的信息管理能力为其他企业提供某一环节、某一区域或者提供一揽子物流管理服务，也可以通过管理若干专门物流服务供应商实现客户服务，为客户企业提供标准服务和定制的物流管理与供应链解决方案。在我国通常称其为第三方物流服务供应商，例如，UPS，FedEx，TNT 等。

(3) 供应链创新商 (Supply Chain Innovator)。供应链创新商是供应链的集成者，通过整合和管理自身的以及其他物流服务供应商补充的资源、能力和技术，影响整个供应链，进而为客户企业提供全面的突破性供应链解决方案。供应链创新商是既懂供应链理论，又有行业知识，具备将知识转化为解决方案能力的物流服务供应商，通常被称为第四方物流服务供应商。供应链创新商的服务领域远远超出解决方案供应商，涉及预测与需求计划、库存管理、成套服务、采购与订单管理以及客户服务管理等，它借助解决方案供应商、信息技术服务供应商和业务流程管理商的能力来制定解决方案。

物流服务供应商的层次及水平的不同，提供的物流管理服务内容也不尽相同。许多物流服务供应商企业可以为物流需求企业提供一体化的物流服务，服务内容广泛可以涵盖整个商务活动过程；而另一些企业则只能提供功能性服务。概括而言，物流管理活动内容主要包括客户服务、需求预测、运输管理、仓储管理、共同配送、车辆管理、订单履行、产品回收、承运人选择、物流信息系统、费率谈判、产品组配、订单处理、库存补充、客户备件等服务。

近年来，物流服务供应商越来越重视物流规划、管理与咨询层面的服务功能，以满足企业经济效益、服务以及竞争力提升的三大使命。当然，许多大型物流公司扮演的角色可能不止一个，比如供应链提供商不仅仅是物流服务方案的供应商，可能他们自身也做传统的物流服务，如运输、仓储等。

第三节　电子物流产业链

现代物流联系着生产、流通、消费企业，涉及方方面面的行业，物流管理也采取先进的供应链管理思想。电子物流的产生使得供应链更加透明化、弹性化。电子物流主要涉及的产业有哪些？与供应链差异之处在哪？它由什么来构成？将给现代物流带来怎样的冲击、哪些增值服务？本节将一一陈述，并举例说明。

一、电子物流产业链概述

在阐述电子物流产业链之前，先看看价值链、供应链和产业链三者之间的联系。

(一)三链的区别与联系

1. 三个概念的定义

所谓价值链（Value Chain)，是指企业在一个特定产业内的各种活动的组合，它反映企业所从事的各个活动的方式、经营战略、推行战略的途径以及企业各项活动本身的根本经济效益。

所谓供应链（Supply Chain)，是指在生产和流通过程中，涉及将产品或服务提供给最终用户活动的上游与下游企业，所形成的网络结构。

所谓产业链（Industry Chain)，是指经济布局和组织中，不同地区、不同产业之间或相关行业之间构成的具有链条绞合能力的经济组织关系。

2. 三个概念内涵的区别

由定义可见，价值链主要是相对于一个企业而言的，是针对企业经营状况开展的价值分析，其目的是弄清楚企业的价值生成机制，剖析企业的价值链条的构成并尽可能加以优化，从而促进企业竞争优势的形成。企业不同其价值生成机制也不同，在这些企业的价值链条构成中各有其价值生成的重要节点，有的在生产上，有的在研发上，有的则在营销或管理上。如果企业某一节点上的价值创造能力在同行中遥遥领先，我们可以说这个企业在这方面具有了核心竞争能力。

供应链往往是相对多个企业而言的，除非是大型的企业集团，否则很难构建其自身的供应链，即便如此，有时也难免向集团外部延伸。因此，供应链可以说是企业之间的链条连接。供应链来自物流范畴，对物流链的管理及供应链管理一般来讲指的是跨企业的物流管理。但是，随着现代电子商务的发展，许多企业在完成其自身流程的变革后实现同其他企业的连接已不仅仅局限在物流管理层面上，这使得供应链管理的内涵增加了商流的内容。供应链管理的发展是计算机网络技术发展推动的，同时也是企业实施战略联盟和虚拟经营的结果。企业实施供应链管理的目的，一方面是为了降低成本，另一方面是提高反应速度，其本质目的是为了构筑企业的核心能力。

产业链是相对于不同企业的概念，甚至是相对于不同地区和国家的概念。从某种程度上说，产业链是企业社会分工的有序结合。因此，产业链的含义范围大于供应链。产业链理论在宏观经济管理和区域经济发展中发挥着重要的作用，其对于经济板块联系的加强以及产业复合体的形成有着重要的推进作用。也就是说，产业链条的构筑已经成为地方乃至国家在经济发展规划中的重要议题。

3. 三个概念的联系

价值链理论的应用有助于人们了解企业的价值生成机制，其既是一个分析竞争优势的工具，同时也是建立和增强竞争优势的系统方法。但是，价值链并不是孤立地存在于一个企业内部，而是可以进行外向延伸或连接。如果几个企业之间形成了供应链连接并实现了同步流程管理，那么我们可以认为这些企业的价值链已经实现了一体化连接，只

不过这时价值链已经不再是价值链条，而是变成了价值网络。因此，可以说企业辨清自身的价值链是实施供应链管理的前提。

产业链虽然是宏观经济管理的理论，但在运作上，企业却是其构筑的载体，也就是说，产业链条的构筑依赖于企业之间在经营上的有序连接，所不同的是，供应链连接可能是多向的，也可能发生在有限的产业范围内，而产业链条往往则是垂直的和广范围的或者说是多环节的。同样可以认为，供应链的连接往往是产业链生成的基础，而产业链条正是多重供应链条的复合体。

（二）电子物流产业链

价值链、供应链和产业链之间存在着紧密的联系，认清三者的区别和联系具有重要的指导意义。供应链的连接往往是产业链生成的基础，而产业链条正是多重供应链条的复合体。

产业链可以简单理解为与某产业相关的上下游、周边其他的产业群体。电子物流产业是一个跨部门、跨行业、跨地区的基础性、综合性和服务性产业。电子物流产业是一种复合型产业形态，是依托于“物”的流动过程建立起来并为“物”的流动过程服务的、以整体优化理念为指导的、系统化的概念产业。电子物流产业是一个动态的产业，是为“物”的移动过程提供服务的产业，它的实体边界随时间变化，并且具有复合性和延伸性。

电子物流产业链是由与电子物流相关的产业组成的，电子物流涉及传统物流产业、软件产业、集成企业和以提供物流方案的物流咨询企业。

1. 传统物流产业

传统物流企业主要指以运输、仓储、配送等传统物流业务为主的物流企业。传统物流产业也是复杂的动态产业，它包括以下四个方面。

（1）汽车制造业。货运汽车的相关企业直接制约或促使着物流运输的发展。而运输服务做电子物流的基础服务的重要成分，直接影响着电子物流的成本、效益及发展。

（2）物流地产。物流地产如大中型城市筹建的物流中心、货运市场。这些地产的建设、租金也是物流成本特别是固定成本的主要部分，如何把这部分资产流动起来，是电子物流要解决的问题。而电子物流的发展指引大中型城市筹建的物流中心、货运市场等物流地产的发展方向。它给物流地产指明了先进的现代化的发展之路，不仅促使物流地产的潜在价值的挖掘，也相对地解决了电子物流的后顾之忧。

（3）物流技术。物流是物品的流动，必须使用必要的物流技术才能实现，虽说物流的信息的应用使物流虚拟化了，但许多物流技术是必不可少的。

这些物流技术包括扫描装置、GPS装置、监控设备、消防设备、隔离装置、货运汽车所用的液压升降装置、仓库用升降平台等。物流技术是制约物流发展的一大因素，即使有好的供应链管理思想，想运用信息技术，实现物流成本的缩减，但物流技术成本居高不下，使用效率低，使得信息采集环节、换载环节浪费大量的时间，占据太多成本。故电子物流的发展亟须物流技术相应的快速的发展，而物流技术的发展需要，带起的不是一两家企业而是靠物流技术吃饭的一条链的研究技术的企业。

（4）物流设备。光有技术，而没有相对的设备来支持实现也是不行的，像叉车、托盘、货架、自动分拣装置等物流设备是物流的基础。

现代物流发展到电子物流也必然影响着物流设备的发展，是制约还是促进？就看厂家的生产的物流设备是不是电子物流市场所需要的了。电子物流市场像筛子一样，成就了也过滤掉了很多物流设备厂家，极大地促使了物流设备领域的创新发展。

而每一个产业都有一个庞大的产业链，如汽车产业，同样对于钢材、玻璃、相关技术、道路建设等有直接的关联；再如房地产，直接关系国民经济、钢材、建材、电力、道路等。

电子物流在改变着传统物流产业的构成，刷新着传统物流产业。传统物流相关产业必须适应现代物流电子化趋势的发展，否则终将被淘汰。当然，没有传统物流产业的支持，电子物流也无法蓬勃发展起来。

2. 电子物流产业不再仅仅是传统物流产业

电子物流产业链结构主要包括芯片与技术提供商、应用与软件提供商、系统集成商、网络提供商、系统集成商、运营及服务商六个环节，产业链各方责任如下。

（1）芯片与技术提供商。芯片与技术是电子物流产业发展的基础上游市场，主要包括 RFID 芯片设计、二维码码制等技术提供商。目前，国内电子物流这一领域技术水平比较国外发达国家还有很大差距，特别是在高端产品市场。

（2）应用设备提供商。应用设备产品主要集中在数据采集层面，包括电子标签、读写器模块、读写设备、读写器天线、智能卡等提供商。我国电子物流设备市场是较其他产业链环节发展较快领域，企业数量较多，但以中小企业为主。

（3）系统集成商。系统集成商是根据客户需求，将实现电子物流的硬件和软件集成为一个完整解决方案提供给客户的厂商。系统集成商的发展一方面反映了电子物流业务的应用推广程度，另一方面也是影响应用推广的重要因素。国内在电子物流应用集成方面企业多数规模不大，并且以专注于某一行业的集成商为主，还缺乏关注多行业的大型公司。

（4）软件与应用开发商。软件与应用开发商市场包括中间件厂商，在国内已经发展了相当数量的企业。由于电子物流应用的行业特性比较明显，因此，应用软件开发商也主要是针对特定行业的企业，提供专业性的软件产品及解决方案。

（5）网络提供商。电子物流网络提供商是指数据的传输承载网络服务商，以通信网为主，包括固定电话网和移动通信网。国内多家电信运营商都已经涉足了这一领域，另外，也有广电网络运营商的参与。

（6）运营及服务提供商。电子物流运营及服务提供商主要是为客户提供统一的终端设备鉴权、计费等服务，实现终端接入控制、终端管理、行业应用管理、业务运营管理、平台管理等服务。目前，我国电子物流运营及服务市场受制于应用的推广，还没有发展起来。未来，随着电子物流应用范围的不断扩大，运行状态、升级维护、故障定位、维护成本、运营成本、决策分析、数据保密等运营管理的需求将越来越多，对运营及服务提供商的要求也将非常高。

二、电子物流产业链的构成与理论阐释

（一）电子物流产业链的构成

1. 电子物流企业的价值链的构成

传统产业链价值模型大多由研发—生产—销售服务的一系列产业活动按一定顺序连成的增值网链结构。产业价值链模型能反映该产业链各个环节的增值情况。

从产业链的角度，电子物流产业是一个复合型产业，其上游与科研技术结合，下游向市场延伸。综合传统物流产业发展的情况，发现单一物流环节增值空间不大，而物流活动与其他产业活动环节相结合却可产生绩效，有较大的增值空间。

电子物流的价值在于它为产业链上下游运作所提供的服务增值，是以增强产业链上下游企业的核心竞争力而存在的隐性价值增值链，体现在与产业链其他企业的协作性上面。所以，电子物流一体化运作的程度的发展：从单个物流功能，到贯穿产业链上下游的一体化集成，才是真正影响电子物流产业增值情况的主要因素。

电子物流企业的价值链构成不同于传统的物流企业，具体表现为以下两点。

（1）电子物流企业的价值链的各个环节分布在组成电子物流产业的各企业中。电子物流是集成化、协同化较高的服务模式，价值链不再像传统物流那样集中在某一或某几个企业中，而是遍布于组成电子物流企业的各个企业中，大家只有配合好，才能使这价值链达到高的效益。

（2）电子物流企业的价值链直接构建在客户端。电子物流与客户的联系相比于传统物流更为贴切、紧密，更能感知客户的确切需求，满足客户的个性化需求已成为电子物流的一大价值来源。

2. 电子物流业增值运行机制

从产业链的宏观角度，通过与上下游价值活动的整合延伸，知识、科技、服务使产业链得到增值，使U型曲线向上移动。电子物流业U型曲线底端数量众多，增值幅度低的单一物流功能企业，因为市场竞争而淘汰退出市场，或通过整合现代信息技术和电子商务，注重知识产权、品牌、服务向U型曲线的左边或者右边迁移，提高其附加价值。宏观上使得竞争向有序方向发展，电子物流的价值得到提升，U型曲线的总附加价值增加。

随着电子物流企业在金字塔形价值模型中的升级，电子物流产业链U型曲线会向上提升。电子物流企业对自身技术、战略、管理的改善，有助于电子物流与科研和市场需求的结合；同时，随着电子物流产业链U型曲线向上提，带动电子物流企业在金字塔形价值模型中升级，物流信息技术、物流战略规划、物流服务和品牌建设可以拉动物流产业整体从低增值服务趋向高增值服务，更注重电子物流服务系统化、一体化、个性化，从而改善金字塔底层传统物流企业的增值模式。物流产业的进步都是以物流知识价值化、物流技术产业化、物流运作一体化为前提的。微观的发展促进宏观的发展，宏观的进步有助于微观的改善，进而形成物流产业的良性循环。

3. 电子物流产业链的构成

电子物流产业链复合了传统物流供应链、电子供应链、软件供应链、集成供应链等。涉及的产业很多，且大多是较为新型的产业。电子物流产业链形成自物流供应链，而又延伸了物流供应链，其中主要延伸领域就软件领域。

(二) 电子物流产业链形成的理论解释

下面分别从不同理论角度分析电子物流产业链的形成。

1. 从战略联盟理论看电子物流产业链的形成

战略联盟具有组织的松散性、行为的战略性、合作的平等性、合作关系的长期性、整体利益的互补性、管理的复杂性六大基本特征。除市场交易式、纵向一体化式产业链外，从战略联盟的概念可知其他类型产业链中的企业之间都是一种战略联盟关系，因此可用战略联盟理论来解释电子物流产业链形成的机理。

企业之间通过组建电子物流产业链来建立联盟关系，有以下三个目的：一是达到战略目标；二是在增加收益的同时减少风险；三是充分利用双方的宝贵资源。如果一个联盟达不到这三项目的，那么它就是不成功的、无效率的。

战略联盟还可为合作双方提供下列其他机制中所不具有的显著优势。

(1) 协同性，整合联盟中分散的企业资源使之凝聚成一股力量。

(2) 提高运作速度，尤其是当大企业与小企业联合时更是如此。

(3) 分担风险，使企业能够把握伴有较大风险的机遇。

(4) 加强合作者之间的技术交流，使它们在各自独立的市场上保持竞争优势。

(5) 通过联盟可获得重要的市场情报，顺利地进入新市场，与新客户搞好关系，这些都有助于销售的增长。

(6) 组成联盟可给双方带来工程技术信息和市场营销信息，使它们对于新技术变革能够做出更快速的调整和适应。

2. 从战略选择理论看电子物流产业链的形成

战略选择理论认为，企业建立合作伙伴关系是为了提高自己的竞争能力或市场营销能力。这一理论说明企业组成产业链、建立合作伙伴关系，能提高市场响应速度，提高市场营销能力，提高竞争能力。企业可以通过建立合作伙伴关系提高其产品或服务的吸引力，提高企业的效率，降低成本。在物流电子化趋势下，各个企业可以选择软件商、集成商等企业作为合作伙伴，从而追求在市场上的持久竞争力，这种选择并不是出于某种资源的需求或者对交易成本的考虑。

3. 从资源依赖理论看电子物流产业链的形成

资源依赖理论的核心，在于企业处在开放的系统中，它必须通过与外界进行交换来获取资源。资源的采购需求造成了企业与其环境组织的依赖性，这些组织可能是供应商、竞争对手、顾客、政府机构以及环境中的其他相关的机构。为了能够管理这种依赖性，企业既要获得一些重要资源的控制力来减少对其他组织的依赖性，又要通过获得一些资源的控制权来增加其他组织对企业的依赖性。企业组建或加入电子物流产业链可以实现上述两个目标。因为电子物流产业链既能够积聚这条链上合作伙伴的智慧，又能够把合作伙伴不同寻常的市场威望结合起来而创造稀缺的、不可流动的资源。这样，它就能够通过独特的资源来形成持续的竞争优势。

4. 从企业资源理论看电子物流产业链的形成

企业资源理论认为企业是资源的集合体，企业由于资源禀赋的差异而呈现出异质性。企业的竞争优势来源于企业拥有和控制的有价值的、稀缺的、难以模仿并不可替代的异质性资源。各个企业的资源具有差异性且不能完全流动而导致企业资源具有稀缺性，是企业能够获得利润与竞争优势的主要原因。利用稀缺的资源，企业可以生产出比其他企业成本低、质量高的产品，从而获得竞争优势。资源理论中资源的概念不仅仅限于企业有形资源，还包括企业的各种无形资源。它包括财务资源、物化资源、技术资源、商誉资源、人力资源和组织资源等。

企业资源理论对电子物流产业链的形成有以下几方面的借鉴作用。

(1) 虽然电子物流产业链形成的动因是多方面的，但谋求在资源上的互补显然是重要的理由之一。

(2) 电子网络产业链竞争优势来源于其产业链的资源，拥有其他产业链所没有的优质资源是产业链形成竞争优势的重要前提。

(3) 电子物流产业链能否成功除与外部的环境有关外，主要与产业链内部的资源配置是否合理有关。不合理的资源配置会导致资源的浪费，从而使产业链丧失部分竞争优势。注意对企业内部资源的分析有利于产业链合作伙伴弄清楚各自的优势与劣势，从而在产业链的形成与管理过程中注意优势互补促进产业链成功，同时也可以避免一些不利因素的影响。

5. 从核心能力理论看电子物流产业链的形成

所谓核心能力是指某一组织内部一系列互补的技能和知识的结合，它具有使一项或多项业务达到该领域一流水平的能力。即核心能力是企业独有的，能为消费者带来特殊效用，使企业在某一市场上长期具有竞争优势的内在能力资源，是公司所具有的竞争优势和区别于竞争对手的知识体系。企业核心能力是企业内在的、极具隐蔽性的、他人无法模仿也不易直接计量的独特的资源，而竞争优势则是企业表现出来的、外在的、较易计量的特征。

核心能力理论对电子物流产业链的形成的借鉴作用有以下几个方面。

(1) 由于各个企业的核心能力是各不相同的，核心能力优势依照一定的“路径依赖”积累而形成，这就使相互之间不可能在短期内仿制对方核心能力。因而电子物流产业链可以通过建立合作伙伴关系，聚合彼此的核心优势，增强彼此在竞争中的竞争能力。

(2) 核心能力理论认为企业核心能力是一种动态的能力，它会随环境时间的变化而发生变化。作为建立在以核心能力为基础上的电子物流产业链，要依据外界环境、链内资源状况的变化来对产业链实行动态管理。

(3) 企业培育核心能力与组建电子物流产业链的目的都是为了获得竞争优势。核心能力是企业竞争优势的最终来源，在产业链竞争中要想获得竞争优势，就要以合作各方核心能力的培育为基础，同时在培育各方核心能力的同时，对合作伙伴的核心能力进行

整合，形成新的竞争力。

6. 基于风险的理论看电子物流产业链的形成

绩效风险是指在充分合作的情况下产业链无法达到预期目标，这种风险来自合作之外的因素，比如环境的变化、合作者能力的缺乏。随着电子网络产业链的不断扩大和全球经营环境的日益复杂化，产业链的内部和外部环境随时会发生许多意想不到的变化，未来事件和各成员企业对这些事件的反应的不确定性增大。所以，电子物流产业链常常由于各成员企业将来行为的不确定性引起内在的不稳定性。这种不稳定性导致产业链有时无法实现预期的目标。另外，电子物流产业链作为一个整体，网链的效率取决于链上效率最低的一环，如果产业链的成员企业没有足够的能力完成相应的功能，那么这个能力最薄弱的节点企业就限定了网链整体的最大通过能力和效率，成为整个产业链的“瓶颈”，使得整个电子物流产业链的运营只能跟着瓶颈的节拍前进，不得不放慢发展速度，造成大量资源的浪费。关系风险主要源于合作伙伴间的道德风险。70%的产业链没有达到预期的目标，失败的原因是由于机会主义的存在。绩效风险可以通过电子物流产业链得以分担，而关系风险却只有在产业链运行中才能防止和规避。在电子物流产业链运行中，要加强产业链企业间的沟通，合作各方的沟通联系越多，各企业背信弃义、置产业链整体利益于不顾的可能性就越少。加强合作伙伴间的信任机制建设，使合作伙伴间信任度的提高，可以改善合作伙伴之间行为的宽容程度，有效消除对合作伙伴机会主义行为的担忧，也有助于提高合作伙伴之间的沟通水平，及时发现和解决合作过程中出现的不协调；设立合理的利益分配机制、良好的收益分配机制可有效规避电子物流产业链中的关系风险。

7. 博弈论看电子物流产业链的形成

电子物流产业链的成员结成同盟是为了共同提高彼此的竞争力或分享市场份额，很显然这是一种非零和博弈。博弈论中多方合作对策的提出就是建立在处理利益分配问题的基础上的，当一个问题或一件事情需要多方合作来解决时，就有可能导致各方相互合作，以期望达到多赢及利益最大化，即帕雷托最优。电子物流产业链就是一种合作竞争组织，是企业为了实现共同利益最大化的有效选择。

8. 生态位理论看电子物流产业链的形成

世界上任何事物的存在与发展，必须选准自己的位置，否则，就会影响到其生存，严重的还会导致自身消亡。虽然竞争是客观存在的，但是，无论什么时候，竞争策略总要遵循一个原则：只要有可能，就应避开竞争对手的制约，避开双方无谓的争夺，这对任何一方都是有利的。对企业而言，要想在当前激烈的市场竞争中生存和发展，企业就必须在大量市场调研的基础上冷静而慎重地选择好自己的“生态位”，实施错位经营，各寻发展空间，从而避免同地域、同档次、同类型、同时间的恶性竞争。组建电子物流产业链，就是要找准自己的“生态位”，与其他企业实行优势互补，增强整体核心竞争力。

9. 企业进化理论看电子物流产业链的形成

企业组织追求自我发展欲望的无限性与环境资源的有限性之间的矛盾是促使企业进化的内在动力，这种动力来自企业中人的各种内在需求。而生存环境的改变则是促使企业进化的外部原因，当环境的改变需要企业有效的知识和行为方式时，企业进化的必要条件就出现了。环境的变化会导致某种创新，当这一创新被证明有效并为大多数企业模仿和接受时，企业就向前进化了。在企业进化过程中，环境对企业首先是引诱和刺激，然后再通过比较、选择、保留和同化等多种作用，促使企业完成进化的整个过程。而进化后的企业又会对环境产生巨大的能动性影响。在这里，环境不仅承担选择和评判的功能，还具有对企业进化的诱导作用。值得说明的是，其他企业也是一个企业生存环境的组成部分。在进化过程中，企业显示了主动学习、主动创新的精神，这些主动性本质上是人的主观能动性的突出体现。组建电子物流产业链是企业适应环境的一种本能反应，是企业的一种学习、创新精神。

三、电子物流产业链带来的价值

（一）电子物流产业链引导结构升级

电子物流产业链的产生自传统物流产业链，而它也引领许多结构升级。如位于河北省唐山市区东北部的开平，将崛起一个国际金属物流园区，以此整合唐山的钢铁物流资源。在依托钢铁、建材、陶瓷、石化等传统产业发展了若干年后，开平也和唐山一样，面临着结构调整的问题。以装备制造业为主攻方向，以高新技术和现代物流为两翼，开平区确立了产业结构升级的路径和目标。2009 年，这三大产业在区内所占的比重已经提高到近六成左右。不禁要问这里发展装备制造业有什么优势呢？据负责人介绍，开平有原材料、临港优势，而且配套产业完善。比如生产挖掘机，所有配件在不出 5 千米的范围内都能给配齐全。开平区的转型，正是唐山产业结构调整的一个方向。从负责人那里了解到的情况可见，开平区在调整结构中的一大特色就在于将产业链放在了重要位置。

看到唐山市虽然是产钢大市，但是与之配套的钢铁物流并不发达，开平区规划了金属物流园区——唐山中运国际金属物流有限公司华北（国际）金属物流园。唐山中运国际金属物流有限公司已与华南最大的钢铁交易中心广东欧普强强联合，借助其电子交易平台实现钢铁交易电子化、钢铁资源信息化、物流产业国际化，整合北方乃至全国的钢铁资源。而这个项目的建设不仅能提升河北省现代物流业发展水平，而且对加快钢铁行业资源优化重组具有积极的促进作用。

这不再是对钢材做简单的经销、配送，而是集钢铁网上交易、现货交易、信息、仓储、加工、配送、公共保税、出口监管、商务办公、餐饮、银行金融服务等于一体。

目前，国家大力推行能源环保政策，开平区也从中看到了向信息与生态产业转型的机遇。正在推进中的一项北湖节能环保产品物流园区项目，这也代表着今后开平区物流业的一个发展方向。按照产业链来规划物流园区，这正是开平区发展物流业的一大特色。据了解，类似这样的物流园区还涉及现代农业领域。区域性的物流中心将为唐山产业链经济提供强有力的“黏合剂”，成为产业链经济发展的重要保证。

（二）电子物流产业链带来的价值

那些从事阶段分工活动的实体，都只能在电子物流产业价值链的某些环节上拥有优势，而不可能拥有全部的优势。在某些价值增值环节上，某个企业拥有优势，在其余的环节上，其他企业可能拥有优势。为达到“双赢”的协同效应，彼此在各自的关键成功因素——价值链的优势环节上展开合作，可以求得整体收益的最大化。

从企业的个体角度出发，企业加盟电子物流产业链的目的不妨可以概括为价值创造最大化，经营风险最小化。为了实现这一目标，企业从两个方面进行管理：一是电子物流产业链创造的价值，包括降低生产成本和交易成本，提高收益；二是降低运作过程的风险或不确定性（外界风险）。

前面从不同角度研究和阐述了电子物流产业链的形成。尽管各学派的理论基础不同，考察的重点不同，然而它们考察的内容有很多是相互覆盖的。

如果将电子物流产业链看成一个追求效用最大化的主体，效用是电子物流产业链所追求的最根本因素，它的实现取决于价值与风险两个方面。价值的创造取决于成本与收益两个方面，交易费用理论、企业资源理论、资源依赖理论等观点从不同方面对此做了重点阐述。

1. 电子物流产业链的形成可以利用好社会关系降低外部风险

企业的战略行为受到它所嵌入的企业社会网络的影响，该网络包括与网络成员直接或间接的联系，甚至还包括组织内外部资源关系。社会关系理论把联盟看成是以信任为基础的关系契约，认为信任是积极而成功的前期联盟的产物。信任是指对伙伴有足够信心，以至于尽管存在伙伴利用企业对联盟所做出的承诺的风险，企业仍然向联盟中承诺有价值的知识和其他资源。

企业是社会的基本组织单元，企业的行动既是理性经济人的行为，同时还是社会人的行为。企业所深深嵌入的外部关系网络是影响企业行动决策所必不可少的关键性资源，它不仅关系企业内部现有的资源、信息的分布状况，而且还在很大程度上决定了企业未来可控资源集的大小和获利能力，进而关系未来的市场竞争格局的变化和企业生存能力的大小。利用好社会关系不仅可降低产业链的关系风险，同时也可以降低产业链的外部环境风险。

2. 电子物流产业链的形成利于实现利益相关者价值实现企业目标

利益相关者是指可以影响或者受企业影响的一系列个体，包括投资者、供应商、消费者、员工、竞争者、当地社团结成的一系列契约，这些契约是既有正式的文档合同也有非正式协议，利益相关者的价值在于有助于实现企业的目标。形成电子物流产业链的好处有以下几个方面。

（1）外界环境是由特定的利益集团或相关者关系所组成的，电子物流产业链与环境是互相依赖的，企业不但是经济人，而且还是社会人、道德人，企业不仅要注重竞争和效率性，而且更要具有人性和社会性。

（2）利益相关者关系是电子物流产业链竞争优势的新来源。电子物流产业链与企业盟友的牢固的关系是革新的先决条件，密集的关系网络为新市场和机会的开发提供必要的资源和信息，关系是好的声誉的源泉，并能增加品牌价值。

3. 电子物流产业链的形成利于企业早日被环境接受

制度理论认为，制度环境和社会规范会给企业形成压力，这种压力将使企业有动机按照那些社会规范去行动，以提高企业适应规范的能力，使企业早日被环境所接受。要做到这一点，一种好的方法就是加入各种合作伙伴关系中。例如，一个小公司会因为与大型的、声誉良好的公司建立合作伙伴关系而提升知名度和声誉，或获得某些特权。在实践中，一个小的公司可以宣称它是英特尔、惠普或者摩托罗拉这类公司的供应商和合作伙伴，从而获得别人对它的信任和行业中的一些资源。

故企业必须融入社会群体中，这样不仅可实现自身的社会价值，还可获得相应的社会资源，从而减少外界环境风险。电子物流产业链的形成是大家的强烈呼声。

4. 电子物流产业链的形成利于学习其他企业的知识与文化

企业的一些经验性知识存在于组织程度与文化之中，隐蔽性很强，其转移是一个复杂的学习过程，因此很难通过市场而获得。知识的隐含维度包括：可编码化、复杂化和可教性。知识的隐含性与可编码化和可教性成反比，与复杂化成正比。通过缔结合作伙伴创造一个便于知识分享、移动的宽松环境，采取人员交流、技术分享、访问参观合作伙伴的设施、增加合作各方的联系频率等办法，可以使经验性知识有效地移植到合作伙伴各方，进而扩充乃至更新企业的核心能力，真正达到企业间合作的目的。以组织学习为本质的企业合作动机并不是以资源互补为中心，而是以获取企业核心能力为重要内容；以学习为中心建立的产业链联盟不是被动地适应环境，而是主动地去创造环境，因而极具生命力；同时，围绕以知识的不断创新为基础的产业链联盟，能够适时地调整企业间的关系，促进不同价值观、知识和文化在企业中的融合，使之成为企业革新的重要推动力。

第五章　数字物流与电子物流的相关技术

计算机技术、网络技术、通信技术和信息技术的发展是数字物流的关键功能要素和支撑条件。数字物流的特征与发展基础就是这些技术的发展，这些技术使信息传递速度大大高于传统的方法，实现不同企业之间信息的实时传递。将物流各环节的信息数字化、网络化来完成物流全过程的协调、控制和管理，实现从网络前端到最终客户端的所有中间过程服务。

BC、POS、EDI、RFID/EPC、GPS、GIS、AGV、ITS、DPS/DAS 等各种电子化物流手段使物流信息的采集、跟踪、传递动态化、实时化、及时化，进而实现物流的操作过程电子化、自动化、智能化。

第一节　数字物流的相关技术

一、计算机网络技术

（一）计算机网络技术概念

计算机网络是现代通信技术与计算机技术结合的产物。所谓计算机网络，就是把分布在不同地理位置的计算机与专门的外部设备用通信线路连接起来，形成一个规模大、功能强的网络。从而使众多计算机可以方便地互相传递信息，共享硬件、软件和数据信息资源。

计算机网络的兴起，对于整个人类社会的影响都是深远的。目前的物流领域，各个层次、各个环节大多已经建立起了多种类型的信息管理系统。计算机网络数据传输的准确性、快捷性对于传统物流中的信息传输技术来说是一个极大的进步。

在计算机网络技术中，互联网与现代物流的关系尤其紧密，这是因为基于互联网的经济活动（如电子商务的兴起）催生了现代物流赖以流转的客户需求，需要得到现代物流的支撑。同时，互联网也给现代物流提供了发展的方向以及必要的技术支撑。借助互联网建立现代物流信息管理系统，不仅可以取得较好的时效与质量保证，同时在成本上也比铺设私用网络廉价许多。

（二）计算机网络的特点

从 20 世纪 80 年代末开始，计算机网络进入了新的发展阶段。它以光纤通信、多媒体技术、综合业务数字网、人工智能网的出现和发展作为标志。20 世纪 90 年代后，计算机网络将会向更高层次发展。未来计算机网络有以下特点。

（1）开发式的网络体系结构，使不同软硬件环境、不同网络协议的网络可以互联，达到真正的资源共享、数据通信和分布处理的目标。

(2) 高速度、高可靠、高安全，提供文本、声音、图像等多媒体技术的综合服务。

(3) 计算机网络的智能化，提高了网络的性能和综合多功能服务，更加合理地进行网络上的业务管理。

由于社会和科学技术的发展，对计算机网络的发展提出了更高的要求，也为其发展提供了更加有利的条件。

(三) 计算机网络的功能

目前，因特网上的环球信息网（WWW），作为一个成功的典型例子，已经为全社会提供各种经济信息、科技情报。综合业务数字网将电话、传真机、电视机和复印机等办公设备纳入计算机网络中，提供数字、语言、图形和图像等多种信息的声音。

二、数据库技术

数据库技术是一种计算机辅助管理数据的方法，它研究如何组织和存储数据，如何高效地获取和处理数据。

数据库就是利用计算机存储和管理数据所建立的数据集合，由一个互相关联的数据集合和一组用已访问这些数据的程序组成。数据库系统的目的是为了管理大量信息。对数据的管理以及涉及信息存储结构的定义，由涉及信息操作的机制提供。另外，数据库系统还必须提供所存储信息的安全保证，即使在系统崩溃或有人企图越权访问时也应保障信息的安全性。如果数据将被多用户共享，那么系统还必须设法避免可能产生的异常结果。数据库管理系统的基本目标是提供一个方便的、有效的存取和管理大量数据信息的环境。

目前大多数的信息系统都是使用数据库来存储数据的，因此，有关数据库的概念和操作方法也是物流信息系统的技术基础。物流信息系统要求存储具有灵活性和高效性，并能对大量数据进行快速访问。如何通过数据库设计来满足物流信息系统的要求就成了一个不可回避的问题。

(一) 数据库的概述

数据库（Date Base，DB）是以一定的组织方式存储在一起的相关的数据集合。这些数据没有有害或不必要的冗余，能为多个用户或应用程序服务，数据的存储独立于使用它的程序；能够用一种公用、可控的方法向数据库插入新数据、修改和检索原有数据。数据被结构化处理，为今后的应用服务。

1. 信息

信息是现实世界事物的存在方式或运动状态的反映，即信息是一种已经被加工为特定形式的数据。这种数据形式对接收者是有意义的。信息的主要特征是：信息传递需要物质载体，信息获取和传递要消耗能量；信息可以感知；信息可以存储、压缩、加工、传递、共享、扩散、再生和增值。

2. 数据

数据是将现实世界中的各种信息记录下来的符号，其意义是客观实体的属性值，是信息的载体和具体表现形式。同样的信息可用多种不同形式的数据来表示，信息不随其数据形式的变化而改变，数据有数字、文字、图形、图像、声音等多重表现形式。

数据和信息是紧密相关的。信息提供关于现实世界有关事物的知识，数据是载荷信息的物理符号，二者不可分离但又有一定的区别，在一些不很严格的场合下，二者有时当做同义词互换使用，如数据处理与信息处理、数据采集与信息采集等，但有时必须分清，不能把信息系统称为数据系统。

3. 数据处理

数据处理是指将数据转换成信息的过程，是对各种形式的数据进行收集、存储、加工和传播等活动的总称，要求高效率地管理浩瀚的数据并从中提取有价值的信息作为人类活动的依据，因此可以说，信息是一种被加工成特定形式的数据，这种数据形式对于数据接收者来说是有意义的。对数据加工的理解可以比较简单也可以相当复杂。简单加工包括组织、编码、分类、排序等；复杂加工可以复杂到使用统计学方法、数学模型等对数据进行深层次的加工。

（二）物流中的数据库应用技术

在物流管理信息系统中，其信息绝对数量多、分布广，许多信息具有传递性和要求一致性。在物流中心信息系统功能模块中，从采购进货管理、销售发货管理、库存储位管理、财务会计管理、运营业绩管理等子系统都包含着信息的上传下达，都要通过数据库和共享信息来完成物流系统的信息管理。因此，物流系统数据库在物流管理中起着举足轻重的作用。

1. 物流系统数据库的设计

物流系统数据库的设计包括以下几步：建立物流系统信息模型（概念设计）——→设计物流系统数据库的数据结构（逻辑设计）——→设计物流系统数据库的物理结构（物理设计）——→实现物流系统数据库。

2. 物流系统数据库的管理

物流系统数据库的管理包括安全管理、磁盘空间管理、数据库的维护、数据库系统的启动、完整性与一致性实现、运行监控及性能调整等内容。

（三）物流数据库的应用

数据库的应用是物流信息系统的核心技术，因为数据库是物流信息系统的根本所在，是用户最关心的资源。

物流数据库的应用基本程序可以概括为六个方面：数据收集、数据存储、数据传输、数据加工、信息解释、信息输出。

1. 数据收集

根据数据和信息的来源不同，可以把物流信息的收集工作分为原始信息和二次信息收集两种。

2. 数据存储

此功能就是保证已得到的物流信息能够不丢失、不走样、不外泄、整理得当、随时可用。

3. 数据传输

即数据通信，把信息从一个子系统传送到另一个子系统，或者从一个部门传送到另一个部门。

4. 数据加工

对已经收集到的物流信息进行某些处理，以使得到某些更加符合需要或更能反映本质的物流信息，或者使物流信息更适于各级管理人员使用，这就是数据的加工。

5. 信息解释

物流信息系统的服务对象是物流管理者，因此，它必须具备向物流管理者提供信息的手段或机制，否则它就不能实现其自身的价值。经过解释的物流信息，根据不同的需要，以不同形式的格式进行输出。

6. 信息输出

经过信息解释的信息输出，有的直接提供给人使用，有的是提供给计算机进一步处理。信息输出的手段是物流信息系统与物流管理者的接口或界面，它的情况应由双方的情况来定，即需要向使用者提供信息情况以及使用者自身的情况。

三、MIS 技术

(一) MIS 技术概述

管理信息系统（Management Information System，MIS)，是一个由人、计算机等组成的能进行信息的收集、传送、存储、维护和使用的系统，能够实测企业的各种运行情况，并利用过去的历史数据预测未来，从企业全局的角度出发辅助企业进行决策，利用信息控制企业的行为，帮助企业实现其规划目标。这里给出的定义强调了管理信息系统的功能和性质，也强调了管理信息系统中的计算机对企业管理而言只是一种工具。管理信息系统是信息系统的重要分支之一，经过 30 多年的发展，已经成为一个具有自身概念、理论、结构、体系和开发方法的覆盖多学科的新学科。

(二) 信息系统在物流中的作用

商流和物流是流通的组成部分，两者关系密切。在过去，这两者是合二为一的，但是在物流发展过程中，商流和物流逐渐产生了分离。

在现代物流中，物流主要是信息沟通的过程，物流的效率依赖于信息沟通的效率，商流、物流和信息流是分不开的，商流和物流都是在信息流的控制下运作的，它控制物品、资金流动的时间、方向、大小和速率。物流企业还可以通过信息为客户提供畅通、准确、及时的信息服务，从根本上保证了商流和物流的高质量和高效率。因此在整个物流中，信息系统起着神经系统的作用。

现代物流趋向于商流和信息流的一体化趋势，通过构建现代物流中心或信息处理中心这一全新的现代物流体系，使商流、物流和信息流在物流信息系统的支持下实现互动，从而能提供准确和及时的物流服务。物流信息系统可以同时完成对物流的确认、跟踪和控制，它不仅使企业自身决策快、反应快、灵活机动，对市场的应变能力强，而且增强了和客户的联系沟通，能最大可能的满足客户的需要，为客户创造更多的价值，因

而易锁定原有的客户，吸引潜在的客户，从而大大增强企业的竞争优势。具体地说，物流信息系统的引进和完善有效地为物流企业解决了单点管理和网络化业务之间的矛盾、成本和客户服务质量之间的矛盾、在有限的静态资源和动态市场之间的矛盾、现在和未来预测之间的矛盾。它通过直接切入物流企业的业务流程来实现对物流企业各市场要素进行合理组合与高效利用，降低经营成本，直接产生明显的经营效益。它有效地把各种零散数据变为商业智慧，赋予了物流企业新型的生产要素——信息，大大提高了物流企业的业务预测和管理能力，通过“点、线、面”的立体式综合管理，实现了物流企业内部一体化和外部供应链的统一管理，有效地帮助物流企业提高服务质量，提升物流企业的整体效益。

第二节　电子物流的相关技术

一、条码技术

（一）条码技术概述

条码（Barcode）是利用光电扫描阅读设备来实现数据输入计算机的一种代码。它是由一组按一定编码规则排列的条、空符号，用以表示一定的字符、数字及符号组成的标记。这些条和空组成的数据条码表达一定的信息，每一种物品，其编码是唯一的。

条码有一维码和二维码两种。一维条码有信息密度小、需占用较大面积等缺点。二维码的出现解决了这些问题。二维码可以携带大量的信息量，使用二维码时，可以脱离后台数据库，因为二维码包含了存储于后台数据库中的信息，可以直接通过阅读条码得到相应的信息，俗称之为“便携式数据文件”。

条识别是指如何将条码表示的数据转变为计算机可以自动采集的数据。通过条码识读装置实现其功能。识读装置由扫描器和译码器组成，扫描器只是把条码符号转换成数字脉冲信号，而译码器是把数字脉冲信号转换成条码符号所表示的信息。

（二）条码在物流中的应用

条码技术在商品零售业的应用（即商品条码）与在物流业的应用有着较大的不同。在零售业中，条码主要是用于对消费包装单元（POS 结算的贸易单元）的标识，采用的是贸易单元 EAN—13 码或 EAN—8 码。而在物流领域，条码是对运输货仓储包装（由消费包装单元组合而成）的标识，物流条码根据消费包装单元属性的不同可采用：EAN—128 条码、ITF—14 条码和 EAN—13 条码。

在供应链物流领域，条码技术就像一条纽带，把产品生命周期各阶段发生的信息连接在一起，可跟踪产品从生产到销售的全过程。具体应用如下几方面所述。

1. 仓库货物管理

条码技术应用与库存管理，避免手工书写票据和送到机房输入的步骤，大大提高了工作效率。同时解决了库房信息陈旧滞后的问题，提高了交货日期的准确性。另外，解决了票据信息不准确的问题，提高了客户服务质量、消除事务处理中的人工操作、减少无效劳动。

2. 生产线人员管理

每个班次开工时，工作小组每个成员都要用条码数据采集器扫描他们员工卡上的条码，把考勤数据和小组成员记录到数据采集器，然后输入到计算机系统。小组成员就能根据当天的产品生产数据和质量数据得到相应的报酬或相应的处罚。

3. 流水线的生产管理

在没有应用条码的时期，每个产品在上生产线前，必须手工记载生成这个产品所需的工序和零件，领料员按记载分配好物料后，才能开始生产。在每条生产线每个产品都有记录表单，每一个工序完成后，填上元件号和自己的工号。手工记载过程工作量大，很复杂，而且不能及时反映产品在生产线上的流动情况。采用条码技术后，订单号、零件种类、产品数量编号都可条码化，在产品零件和装配的生产线上及时打印并粘贴标签。产品下线时，由生产线质检人员检验合格后扫入产品条码、生产线条码，并按工序顺序扫入工人的条码，对于不合格的产品送维修，由维修确定故障的原因，整个过程不需要手工记录。

4. 仓储管理

条码出现以前，仓库管理作业流程存在着很多问题，如物料出、入库、物品存放地点等信息收集过程烦琐，信息传递滞后，导致库存量上升、发货日期无法保证，存货难以估计，决策依据不准，降低了系统可靠性。为了避免失误，一些企业增设验单人员，这就降低了劳动生产率，影响指令处理速度。

如果在已经安装了计算机网络系统的工厂，只需在数据输入前增加一些条码数据采集设备，就可以解决上述的一系列问题。

5. 进货管理

进货时需要核对产品品种和数量。这部分工作是由数据采集器完成的。首先将所有本次进货的单据、产品信息下载到数据采集器中，数据采集器将提示材料管理员输入购货单的号码，由采集器的应用系统判断这个条码是否正确。如果不正确，系统会立刻向材料管理员做出警示；如果正确，材料管理员再扫描所购材料单上的项目号，系统随后检查购货单上的项目是否与实际相符。接着，材料管理员扫描物料规格信息和标识号的条码。每个物料都有唯一的标识。

6. 入库管理

搬运工（或叉车司机）只需扫描准备入库的物料箱上的标签即可。入库可分为间接和直接两种：间接入库指物料堆放在任意空位上后，通过条码扫描记录地址；直接入库指将某一类货物存放在指定货架，并为其存放位置建立一个记录。

7. 库存货物管理

对于标签破损，参照同类货物或根据其所在位置，由计算机制作标签，进行补贴。在货物移位时，用识读器进行识读，自动收集数据，把采集数据自动传送至计算机货物管理系统中进行数据管理。按照规定的标准，通过条码识读器对仓库分类货物或零散货

物进行定期的盘存。在货物发放过程中，出现某些品名的货物零散领取的情况，可采用两种方式：一种是重新打包，系统生成新的二维码标签，作为一个包箱处理；另一种是系统设置零散物品库专门存储零散货物信息，记录货物的品名、数量、位置等信息，统一管理。

8. 货物信息控制、跟踪

库存自动预警：对各种货物库存量高于或低于限量进行自动预警。结合各种货物近期平均用量，自动生成需要在一定时间内需要采购的货物品名和数量等。管理人员可适时的进行采购或取消订货，有效地控制库存量。空间监控：监控货物的实际位置、存放时间、空间余地等参数，自动对不合理位置、超长存放时间、空间余地不足等规定的限量自动报警。货物信息跟踪：对整个供应链进行跟踪。例如，通过跟踪系列、批号和库存，掌握准确的可供应量信息；跟踪货物的出库、入库情况，掌握分发单位、生产单位的相关信息等。报损处理：自动对将要报损货物进行跟踪，管理人员可对报损货物进行登记，填写报损申请表，若报损申请批准后，系统对报损货物进行报损处理，建立报损明细。

9. 出库管理

采用条码识读器对出库货物包装上的条码标签进行识读，并将货物信息快速传递给计算机，计算机根据货物的编号、品名、规格、数量等自动生成出库明细。发现标签破损或丢失可以按照上述程序人工补贴。将出库货物经过核对，确认无误后，再进行出库登账处理，更新货物库存明细。

10. 系统管理

系统管理是为仓库货物管理系统正常、安全运行提供保障。其主要功能为：用户管理，对每一个用户定义不同的角色和权限，管理用户密码；权限管理，根据用户情况，定义系统的权限；日志管理，对系统用户的登录、退出等各种重要操作进行记录，防止非法用户使用；数据管理，定期备份数据，制定备份策略，实施数据恢复。

二、EDI 技术

（一）EDI 概述

EDI 是按照统一规定的一套通用标准，采用电子手段实现合作伙伴、中介机构及相关企业之间的商业信息和数据交换和自动处理活动的总称。EDI 所传递的商业信息和数据都采用标准化的方式进行传递，主要包括采购订单、发票清单、装运单据和订单监控信息等。EDI 可应用于数字物流体系中的供应链管理的交易系统和采购管理系统。EDI 系统模型图如下所示。

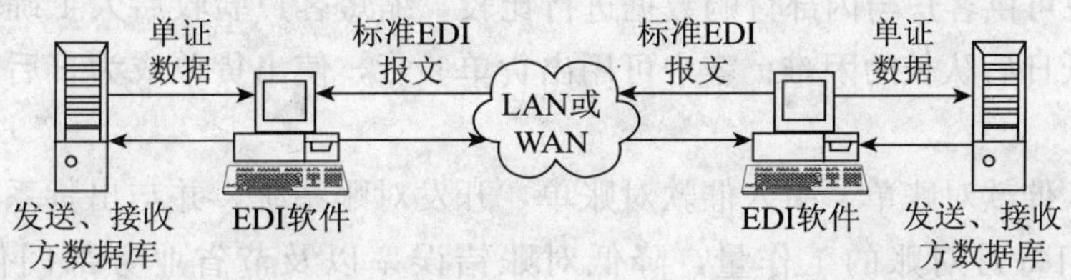

EDI 系统模型图

EDI强调在其系统上传输的报文遵守一定的标准，因此，在发送之前，系统需要使用翻译程序将报文翻译成标准格式的报文。EDI的工作流程如下。

(1) 发送方计算机应用系统生成原始的用户数据。

(2) 发送报文的数据映射与翻译。

(3) 发送标准的EDI报文。通信软件将已转换成标准EDI格式的文件，经计算机网络传送到EDI网络中心。

(4) 贸易伙伴获取标准的EDI文件。根据EDI网络软件的不同，EDI网络中心既可以通过计算机网络自动通知发送方的贸易伙伴，也可以被动地等待贸易伙伴通过计算机网络进行查询和下载。

(5) 接收文件的数据映射和翻译。

(6) 接收方应用系统处理翻译后的文件。EDI交换平台除提供用户之间的通信平台外，还可以根据业务需要，在提供格式转换和翻译软件的同时，提供密码管理、权限管理、通信管理、记账管理、数据存档、第三方认证等功能。

(二) EDI在物流中的应用

1. 制造商电子数据交换应用

制造商与其交易伙伴间的商业行为大致可分为接单、出货、催款及收款作业，期间往来的单据包括采购进货单、出货单、催款对账单及付款凭证等。

企业引入EDI是为数据传输时，可选择低成本的方式，引入采购进货单，接受客户传来的EDI订购单报文，将其转换成企业内部的订单形式。其优点表现为：不需要为配合不同供应商而使用不同的电子订货系统；不需重新输入订单数据，节省人力和时间，同时减少人为错误。

如果由于EDI的目的是改善作业，可以同客户合作，因此引入采购进货单、出货单、催款对账单及转账系统，并与企业内部的信息系统集成，逐步改善接单、出货、对账及收款作业。

(1) 引入采购进货单。采购进货单是这个交易流程的开始，接到EDI订单就不需要重新输入，从而节省订单输入人力，同时保证了数据的正确性；开发核查和自核查收到订单是否与客户的交易条件相符，从而节省核查订单的人力，同时降低核查的错误率；与库存系统、拣货系统集成，自动生成拣货单，加快拣货与出货速度，提高服务质量。

(2) 引入出货单。在出货前实现用EDI发送出货单，通知客户出货的货品及数量，客户事先打印验货单并安排仓位，从而加快验收速度，节省双方交货、收货的时间；EDI出货单也可供客户与内部订购数据进行比较，缩短客户验收后人工确认计算机数据的时间，降低日后队长的困难；客户可用出货单验货，使出货单成为日后双方催款对账的凭证。

(3) 引入催款对账单。引入催款对账单，开发对账系统，并与出货系统集成，从而减轻财务部门每月对账的工作量，降低对账错误率以及节省业务部门催款的人力和时间。

(4) 引入转账系统。实现了与客户的对账系统后，可考虑引入与银行的EDI转账系

统，由银行直接接受EDI汇款再转入制造商的账户内，这样可加快收款作业，提高资金运转的效率。转账系统与对账系统、会计系统集成后，除实现自动转账外，还可将后续的会计作业自动化，节省人力。

企业为改善作业流程而引入EDI时，必须有相关业务主管积极参与，才可能获得成果。例如，对制造商来说，退货处理非常麻烦，退货原因可能是因商品有瑕疵或商品下架。对有瑕疵的商品，退货只会增加处理成本；对下架商品，如果处理及时，还有机会再次销售。因此，引入EDI退货单并与客户重新建立拟定退货策略，对双方都有好处。

2. 批发商电子数据交换应用

批发商因其交易特性，其相关业务包括向客户提供产品以及向厂商采购商品。

（1）为数据传输引入EDI。批发商如果是为了数据传输而引入EDI，可选择低成本方式。可根据交易对象的性质，选择性地引入EDI采购进货单。

若是厂商，可引入EDI采购进货单的传送，接受传送过来的EDI采购进货单报文，将其转换成企业内部用的订单，虽然需要为配合不同客户而使用不同的电子订货系统，但不需要重新输入订单数据，节省人力和时间，同时减少人为错误。

（2）为改善作业流程引入EDI。若为改善作业流程而引入EDI，可逐步引入各项单证，并与企业内部信息系统集成，逐步改善接单、出货、催款的作业流程，以及订购、验收、对账、付款的作业流程。

对旨在改善订购、验收、出货、催款的作业流程的企业来说，可一次引入采购进货单、验收单、催款对账单及付款明细表，并与企业内部的订购、验收、对账及转账系统集成。其做法与零售商的做法类似。

对旨在改善接单、出货、催款流程的企业来说，可一次引入采购进货单、出货单及催款对账单，并与企业内部的接单、出货及催款系统集成。其做法与制造商的做法类似。

3. 运输商电子数据交换应用

运输商以其强大的运输工具和遍布各地的营业点而在流通业中扮演了重要的角色。

企业若为数据传输而引入EDI，可选择低成本方式。可先引入托运单，接受托运人出来的EDI托运单报文，将其转换成企业内部的托运单格式。其优点是：事先得知托运货物的详情，包括箱数、重量等，以便调配车辆；不需要重新输入托运单数据，节省人力和时间，减少人为错误。

（1）托运收货作业。事先得知托运货物的详情，调配车辆前往收货。托运人传来的EDI托运数据可与发送系统集成，自动生成发送明细单。

（2）送货回报作业。托运数据可与送货的回报作业集成，将送货结果及早回报给托运人，提高客户服务质量。此外，对已完成送货的交易，也可回报运费，供客户提早核对。

（3）对账作业。可用回报作业通知每笔托运交易的运费，同时运用EDI催款对账单向客户催款。

（4）收款作业。对托运量大且频繁的托运客户，可与其建立EDI转账作业，通过银行进行 EDI 转账。

三、POS 技术

（一）POS 技术概述

销售时点信息（Point of Sale）系统是指通过自动读取设备（如收银机）在销售商品时直接读取商品销售信息（如商品名、单价、销售数量、销售时间、销售店铺、购买顾客等），并通过通信网络和计算机系统传送至有关部门进行分析加工以提高经营效率的系统。POS 系统最早应用于零售业，以后逐渐扩展至其他如金融、旅馆等服务行业，利用 POS 系统的范围也从企业内部扩展到整个供应链。

（二）POS 技术应用

POS 系统对商品流转业务的管理主要体现在：通过核算员、收银员在流转的各个环节，将必要的票据输入到 POS 系统中去。所输入的数据主要有商品的数量及金额，另外还有一些指标。

对于商品流转的各个环节和与商场管理密切相关的这些人为活动，例如，商品部的哪些人具有采购权，哪些人可以和厂家谈判签订合同等，POS 系统不能进行控制和管理。

商品进、销、调、存各环节的主要终端操作人员包括：进货环节的商品库核算员、仓库核算员；销售环节的 POS 系统终端收银员；调拨环节的商品部核算员；仓储环节的商品部核算员、仓库核算员。

要想使 POS 系统发挥最大功效，对核算员的要求是熟悉商品流转业务有一定的计算机和财务知识，严格执行商场管理规程及操作规程，充分理解商品流转各环节的票据含义；对收银员的要求是责任心强，对收款机操作熟练迅捷，能够处理一些简单的销售业务问题。

四、RFID/EPC 技术

（一）RFID 技术概述

RFID（射频识别）是一种非接触式的自动识别技术，它通过射频信号自动识别目标对象并获取相关数据，识别工作无须人工干预。RFID 技术的基本工作为标签进入磁场后，接收解读器发出的射频信号，凭借感应电流所获得的能量发送出存储在芯片中的产品信息（Passive Tag，无源标签或被动标签），或者主动发送某一频率的信号（Active Tag，有源标签或主动标签）；解读器读取信息并解码后，送至中央信息系统进行有关数据处理。作为条码的无线版本，RFID 技术具有条码所不具备的防水、防磁、耐高温、使用寿命长、读取距离大、标签上数据可以加密、存储数据容量更大、存储信息更改自如等优点，其应用将给零售、物流等产业带来革命性的变化。

（二）RFID 技术在物流中的应用

1. 零售环节

RFID 可以改进零售商的库存管理，实现适时补货，有效跟踪运输与库存，提高效

率，减少出错。同时，RFID标签能对某些时效性强的商品有效期限进行监控；商店还能利用RFID系统在付款台实现自动扫描和计费，从而取代人工收款。

RFID标签在供应链终端的销售环节，特别是在超市中，免除了跟踪过程中的人工干预，并能够生成100%准确的业务数据，因而具有巨大的吸引力。

2. 存储环节

在仓库里，RFID最广泛的使用是存取货物与库存盘点，它能用来实现自动化的存货和取货等操作。在整个仓库管理中，将供应链计划系统制订的收货计划、取货计划、装运计划等与射频识别技术相结合，能够高效地完成各种业务操作，如指定堆放区域、上架取货和补货等。这样，增强了作业的准确性和快捷性，提高了服务质量，降低了成本，节省了劳动力和库存空间，同时减少了整个物流中由于商品误置、送错、偷窃、损害和库存、出货错误等造成的损耗。

RFID技术的另一个好处在于在库存盘点时降低人力。RFID的设计就是要让商品的登记自动化，盘点时不需要人工的检查或扫描条码，更加快速准确，并且减少了损耗。RFID解决方案可提供有关库存情况的准确信息，管理人员可由此快速识别并纠正低效率运作情况，从而实现快速供货，并最大限度地减少储存成本。

3. 运输环节

在运输管理中，在途运输的货物和车辆贴上RFID标签，运输线的一些检查点上安装上RFID接收转发装置。接收装置收到RFID标签信息后，连同接收地的位置信息上传至通信卫星，再由卫星传送给运输调度中心，送入数据库中。

4. 配送环节

在配送环节，采用射频技术能大大加快配送的速度和提高拣选与分发过程的效率与准确率，并能减少人工、降低配送成本。

如果到达中央配送中心的所有商品都贴有RFID标签，在进入中央配送中心时，托盘通过一个阅读器，读取托盘上所有货箱上的标签内容。系统将这些信息与发货记录进行核对，以检测出可能的错误，然后将RFID标签更新为最新的商品存放地点和状态。这样就确保了精确的库存控制，甚至可确切了解目前有多少货箱处于转运途中、转运的始发地和目的地，以及预期的到达时间等信息。

5. 生产环节

在生产制造环节应用RFID技术，可以完成自动化生产线运作，实现在整个生产线上对原材料、零部件、半成品和产成品的识别与跟踪，减少人工识别成本和出错率，提高效率和效益。特别是在采用JIT（Just-in-Time）准时制生产方式的流水线上，原材料与零部件必须准时送达到工位上。采用了RFID技术之后，就能通过识别电子标签来快速从品类繁多的库存中准确地找出工位所需的原材料和零部件。RFID技术还能帮助管理人员及时根据生产进度发出补货信息，实现流水线均衡、稳步生产，同时也加强了对质量的控制与追踪。

（三）EPC技术概述

产品电子码（EPC）是用来在供应链中唯一标识商品的编码。EPC存储在RFID标签上，这个标签同时具有一块硅芯片和一个天线。读取EPC标签时，它可以与一些动态数据连接，如此商品的原产地或生产日期等。这与全球贸易商品码（GTIN）和车辆鉴定码（VIN）十分相似，EPC就像是一把钥匙，用来解开EPC网络上相关产品信息这把锁。EPC网络是一项能够实现供应链中的商品快速自动识别以及信息共享的技术。EPC网络使供应链中商品信息真实可见，这会使组织机构更加高效地运转。EPC网络使用射频技术（RFID）实现供应链中贸易项信息的真实可见性。它由五个基本要素组成：产品电子代码（EPC）、识别系统（EPC标签和识读器）、对象名解析服务（ONS）、物理标记语言（PML）以及Savant软件。EPC本质上是一个编号，此编号用来确定供应链中某个特定的贸易项。EPC编号位于由一片硅芯片和一个天线组成的标签中，标签附着在商品上。使用射频技术，标签将数字发送到识读器，然后识读器将数字传到作为对象名解析服务（ONS）的一台计算机或本地应用系统中。ONS告诉计算机系统在网络中到哪里查找携带EPC的物理对象的信息，例如，该信息可以是商品的生产日期。物理标记语言（PML）是EPC网络中的通用语言，它用来定义物理对象的数据。Savant是一种软件技术，在EPC网络中扮演中枢神经的角色并负责信息的管理和流动，确保现有的网络不超负荷运作。

（四）应用EPC和RFID提高供应链的管理效率

先从制造商来看，生产厂和制造厂每一个产品生产出来以后，都被贴上一个唯一的EPC标签，对单品包装以后放在托盘上，产品出库的时候有固定扫描器读取下来。在这个过程中，实际上货物进入的配送中心，通过阅读器把所有单品的信息、托盘的信息全部记下来，对库存的管理进行记录，对整个配送中心里面，实际上对物品的进出实现有效的管理。

在供应链管理体系，从配送中心把货物运到零售店的时候，有读写器就可以把单品的信息再一次记录下来，这样零售店库存管理的信息得到及时的更新，这样数据的读写和跟踪、产品的跟踪都有准备，效率会更高。

在供应链管理的过程中，采用RFID的技术带来以下好处：首先，库存信息管理的状况得到有效改善；其次，改善资产跟踪以及资产的管理，改善响应的时间，以及响应服务的时间；最后，改善对运输容器，还有其他运输容器的追踪，减少人工成本，减少库存脱销的情况。任何事情只要有人干预就会产生错误，EPC通过射频识别之后避免人为的措施，实现自动采集和跟踪，从而提高信息透明度和效率。这里面有一个统计数据，在生产企业里面库存管理水平降低了5%～30%，运输成本降低了2%～30%，缩短了产品的供货周期。这个数据实际上也许比例不大，只有1%，但是1%如果发生在沃尔玛，销售额会很高，这个时候1%就会是一个很大的数据。对零售商业的好处，降低库存管理水平5%～10%，增加的销售额2%～10%。

五、GPS技术

（一）GPS技术概述

全球定位系统（Global Positioning System，GPS），是美国从20世纪70年代开始

研制，于1994年全面建成，具有海、陆、空全方位实时三维导航与定位能力的新一代卫星导航与定位系统。GPS是由空间星座、地面控制和用户设备三部分构成。GPS测量技术能够快速、高效、准确地提供点、线、面要素的精确三维坐标以及其他相关信息，具有全天候、高精度、自动化、高效益等显著特点，广泛应用于军事、民用交通（船舶、飞机、汽车等）导航、大地测量、摄影测量、野外考察探险、土地利用调查、精确农业以及日常生活（人员跟踪、休闲娱乐）等不同领域。

（二）GPS在物流中的应用

1. GPS物流跟踪系统在高价值货物运输上的应用

如何保证高价值货物运输的安全是很多物流公司头痛的问题。尽管很多客户为高价值的货物买了保险，然而高频率的事故赔偿令保险公司忧心忡忡。所以，没有一种好的风险防范和处理的手段，一直是客户、物流公司和保险公司业务合作发展的障碍之一。利用物流跟踪系统可顺利实现客户、物流公司和保险公司的合作，确保货物的安全。有了GPS跟踪系统后，对货车的跟踪就变得非常容易。因此，保险公司非常愿意为客户保险。

2. GPS物流跟踪系统在网络物流公司中的应用

对于经营全国范围网络投递服务的物流公司来说，如何保证货运单证准确，及时传递和分公司之间的结算单证，一直是困扰他们的难题，而GPS跟踪系统可以很好解决这一问题。

(1) 实现灵活、高效的车辆调度管理。GPS物流跟踪系统提供实时准确的车辆位置和状态信息、管理中心和驾驶员之间的双向通信信息、实时准确的货物在途信息，物流公司调度中心可以实现全国全程、实时的车辆配货调度，从而提高车辆周转率和满载率，无须扩大车辆投资即可扩大运输能力。

(2) 保证准确、及时的货运信息管理。所有的收、交货信息都可以通过物流跟踪系统及时地传递到总部，并立即进行统计。分公司之间的单证也可以通过本系统互相传递，及时清算；货物和车辆中转环节的每一个信息都自动传输、处理、校对，所有信息都责任到每一个具体操作者，不再需要多次人工长途电话或传真传递消息，取消容易出错的人工单证操作。

(3) 详细记录保证有据可查。每一票作业过程参数都被详细记录，实时传递到总部，有据可查、随时查询、随时统计和自动对账，使得财务统计结算及时、准确；GPS物流跟踪系统提供货物在途的准确信息以及各分公司和总部之间的实时信息，为优质、统一的客户服务提供了时间和内容上的保证；提货信息能够及时、自动发给收货人或者自动提醒物流公司客户服务人员通知收货人并登记，避免错误或遗漏。

六、GIS技术

（一）GIS技术概述

地理信息系统（Geographic Information System，GIS），是描述、存储、分析和输出空间信息的理论和方法的一门新兴的交叉学科；同时地理信息系统又是一个技术系

统，是以地理空间数据库为基础，采用地理模型分析方法，适时提供多种空间和动态的地理信息，为地理研究和地理决策服务的计算机计算系统。

地理信息系统有三个特点：一是具有采集、管理、分析和输出多种地理信息的能力，具有空间性和动态性；二是由计算机系统支持进行空间地理数据管理，并由计算机程序模拟常规的或专门的地理分析方法，作用于空间数据，产生有用信息，完成人类难以完成的任务；三是地理信息系统的外观，表现为计算机软硬件系统，其内涵却是由计算机程序和地理数据组织而成的地理空间信息模型。

（二）GIS 技术与物流信息的跟踪

1. 车辆监控与调度

车辆监控与调度系统是采用全球卫星定位系统技术、地理信息技术、无线数据通信技术和网络技术，对移动车辆进行实时监控和调度的智能管理系统。安装在移动目标上的定位仪可以实时确定移动目标的位置信息，并通过移动数据通信系统，将移动目标定位信息传送到指挥监控中心，显示在电子地图上，实现对移动目标的监控。同样通过无线数据通信系统也可将指挥中心的命令传送至移动目标，完成对移动目标的指挥调度。

移动目标监控系统从系统结构上主要包括移动端和监控端两个部分。移动端主要包括车载移动单元硬件部分以及固化在其内的控制软件和处理软件部分；监控端主要包括对移动端上传定位数据和状态数据的处理和系统管理部分。从功能上来看，移动目标监控系统主要实现定位跟踪、报警处理、调度指挥、双向通信、设备保障、系统管理等功能。

实时车辆监控与调度系统可以带来如下好处。

(1) 可直观进行车辆调度，由于车辆位置可在地图上直观显示，调度人员可就近调度车辆。

(2) 降低空载率，车辆空载行驶是造成物流成本居高不下的最主要原因，通过实施这种系统，可将车辆空载状态和当前位置实时发送回调度中心，调度人员根据当地货源情况安排车辆就近配载，避免了返程空载。

(3) 提高车辆行驶安全，由于 GPS 可计算速度，一旦车辆超速行驶，就会产生报警信息传至监控中心，司机就会有不良驾驶记录，促使司机按照规章行驶。

(4) 提高准点率和运输效率，系统可在电子地图上绘制固定线路，规定司机按照规定的路线行驶，不得为省高速公路收费而擅自改道低级别公路，保证按时抵达目的地。

(5) 提高货主满意度，传统可设计为 B/S 结构，为物流企业的客户实现开放监控权限，货主对货物的运输进度一目了然，满意度自然提高。

2. 运输管理系统

在物流活动中，运输始终处于核心地位。运输承担了物品在空间各个环节的位置转移任务，解决了供给者和需求者之间场所分离的问题，是物流创造“空间效应”的主要功能要素，具有以时间效用（速度）换取空间效用的特殊功能。没有运输，就没有物流，为了适应物流的需要，要求具有一个四通八达、畅行无阻的运输线路网系统作为支持。

将空间信息服务应用于物流运输，除了车辆调度外，主要是利用GIS强大的空间分析功能来辅助运输路径的规划设计，通过一系列物流配送优化算法模型，为物流配送管理者提供科学的决策依据。从完整管理的角度，完整的物流管理系统软件应集成车辆路线模型、最短路径模型、网络物流模型、分配集合模型和设施定位模型等。

车辆路线模型用于解决在一个起始点、多个终点的货物运输中，如何降低物流作业费用，并保证服务质量的问题，包括决定使用多少辆车、每辆车的行驶路线等。

网络物流模型用于解决寻求最有效的分配货物路径问题，也就是物流网点布局问题。如将货物从 N 个仓库运往 M 个商店，每个商店都有固定的需求量，因此需要确定由哪个仓库提货送给哪个商店，使得运输代价最小。

分配集合模型可以根据各个要素的相似点把同一层上的所有或部分要素分为几个组，用以解决确定服务范围和销售市场范围等问题。如某一公司要设立 X 个分销点，要求这些分销点覆盖某一地区，而且要是每个分销点的顾客量大致相等，此时利用分配集合模型便可解决服务范围确定的问题。

设施定位模型用于确定一个或多个设施的位置。在物流系统中，仓库和运输线路共同组成了物流网络，仓库处于网络的节点上，节点决定着线路。对于如何根据供求的实际需要并结合经济效益等原则，决定在既定区域内设立多少仓库、每个仓库的位置、每个仓库的规模，以及仓库之间的物流关系等问题，运用此模型均能很容易地加以解决。

3. 物流设施规划

据统计，目前我国物流设施的空置率高达60％，仓库利用率不足60％，名不副实、重复建设、资源浪费的现象十分严重，这在全球物流业是绝无仅有的。利用地理信息技术可以提高仓库等物流设施的布局规划，提高物流的运作水平。物流网络中的各个节点的选址是一个十分重要的决策问题，决定了整个物流系统的模式、结构和形状。早期的选址模型研究通常把运输成本作为重要的因素。从供应链最优的角度考虑，设施选址不仅要考虑运输成本，还要考虑库存战略决策，同时要考虑上游提供服务的供应商以及下游接受服务的客户，因此十分复杂。其中的供应商和客户位置定位、配送中心的位置、仓库的布局、运输的最佳路径规划都是科技信息的基本应用。

4. 物流专题制图

物流专题制图是指根据物流的相应指标（仓库容量、车辆数量、年产值等），对统计区域或物流从业单位以不同的符号和颜色在图上进行专题渲染，这样可非常直观地展示物流的分布、态势、对比等信息。

5. 物流系统仿真

现代物流是一个多因素、多目标的复杂系统，需要运用系统分析的方法对其进行分析研究，传统的经验分析和人工调度已不能使用复杂系统和现代管理的要求。过去一个企业有十几辆、几十辆车负责运输，车辆的调度完全依靠管理人员、调度人员的已有经验。今后，随着竞争加剧，对物流管理提出了更高的要求，不仅仅是满足车辆的调配，更需要合理选择运输路线、合理配载、返程货物搭载等。而且由于生产逐渐多样化、服务多样化，不再有一成不变的计划生产，需要管理人员动态调整计划，人工的管理必须用科学的控制管理方式替代。物流系统仿真真正是适应了物流系统的复杂化、物流目标的多样化的发展需要。

物流系统仿真可分为以下几类：物流过程的仿真，如运输、仓储、装卸、包装等；物流管理的仿真，如交通运输网络的布局规划、物流园区规划等；物流成本的仿真，即在物流系统模拟运行中动态记录其物流成本的消耗，最终准确统计各项物流作业的成本。

6. 公共物流信息平台

公共物流信息平台是运用现代的信息技术、计算机技术、通信技术，整合行业内外、区域的信息资源，系统化地采集、加工、传送、存储、交换企业内外的物流信息，从而达到对供应链的计划、协同、执行、监控的有效和同步管理。从本质来说，它是为不同政府部门、不同企业通过不同层次的信息服务。

公共物流信息平台可以支撑现代物流企业对信息的综合要求，发挥信息技术和电子商务在物流企业中的应用，促进信息流与物流的结合，整合物流资源，促进协同经营机制的建立，强化政府对市场的宏观管理与调控能力，支撑物流市场的规范化管理，通过多样化的网络学习服务。公共物流信息平台的建设是区域物流中心建设的关键过程，通过建立城市现代公共物流信息平台，提高社会物流运作效率，为企业竞争提供平等发展的机遇和空间，降低产品运营成本和提高市场竞争力，并为政府调控物流业提供信息通道和支持信息环境。

作为物流信息查询、交易的门户，公共物流信息平台综合了物流资源平台、物流交易平台、运输、仓储、车辆监控等一系列物流信息系统服务和其他辅助服务功能。空间信息除了可以提供上述的各种服务之外，还特别提供了基于空间算子的物流资源查询、检索功能，使得车主能够在第一时间找到最近的货物，货主能在最近的地方找到适合运输的车辆。

随着我国物流业的发展壮大，物流的配送量日益增多，对配送过程中车辆和货物的监控管理和合理调度就成为物流业货物运输管理系统中的一个重要问题。

七、ITS 技术

（一）ITS 技术概述

智能运输系统（ITS）是将先进的信息技术、计算机技术、数据通信技术、传感器技术、电子控制技术、自动控制理论、运筹学、人工智能等有效地综合运用于交通运输、服务控制和车辆制造，加强了车辆、道路、使用者三者之间的联系，从而形成一种定时、准确、高效的综合运输系统。智能运输系统主要是由交通控制中心系统、车载系统、外场设备系统以及远程访问系统组成的，并且各系统都包含有多个子系统，各子系统之间都能通过通信系统进行有关信息的传输。

（二）ITS 技术在现代物流中的应用

智能运输系统的服务领域为：先进的交通管理与智能系统、出行信息服务系统、商用车辆运营系统、电子收费系统、先进公共交通运营系统和郊区交通系统、应急管理系

统、自动车辆控制系统。智能运输系统就是利用高新技术对传统的运输系统进行改造而形成一种信息化、智能化、社会化的新型运输系统。它使交通基础设施能发挥最大的效能，从而获得巨大的社会、经济效益。主要表现在提高交通的安全水平，提高道路网的通行能力和提高汽车运输生产率和经济效益。我国今后将重点发展智能运输系统的以下几个方面：改造和完善城市的交通管理系统，发展公共交通系统，汽车安全和事故预防系统，快速货运系统，监控、通信收费，交通信息服务。

1. 道路管理信息系统

道路管理信息系统主要实时收集、分析并提供道路交通信息，包括数字道路地图数据、道路数据、动态道路交通数据、交通气象信息等实时信息。它使物流从起点起到终点的运动过程中得到实时帮助，使物流过程变得舒适、方便、高效。

2. 高级导航系统

高级导航系统是根据变化的交通状况为物流业提供到达目的地的最佳路线信息系统。本系统以地理信息系统（GIS）和全球定位系统（GPS）为基础，通过无线移动数据通信、车载导航系统和车辆跟踪信息系统等能够迅速、可靠地为驾驶员提供各种查询信息，灵活、方便地选择车辆道路交通网上任何起讫间的最佳行车路线和行程时间，并且在物流管理中心站对监控车辆进行实时跟踪、调度管理。货主也可以通过监控中心的信息结货物的动态情况进行跟踪、调度管理。

3. 车辆运营系统

车辆运营系统是现代物流系统中货运车辆运营管理的重要组成部分，该系统提供了支撑物流系统在运输环节对供应链进行全过程管理的基本功能。它包含了运营货运车队管理、货物运输管理、货运车辆电子通关、运营货运车辆运政管理、动态承重、车载安全监控、车辆车载安全保障、货运车辆维护、危险货物运输管理等多方面的功能。这些功能可以简化如注册情况、车辆技术性能、尺寸等检查的手续，优化提供货物配送、回程载货信息，提高集散作业的可靠性及效率，极大地提高运输生产效率，减少延误。由于运用了现代化的检测和监控管理手段，使货运车辆的运输得到最大限度的安全保障。

4. 紧急车辆运行增援系统

紧急车辆运行增援系统是处理货物运输中日常性突发事件的管理系统，货物在运输中发生突发事件的管理系统，货物在运输中发生突发性事故和灾害时，该系统传送事故和受灾情况，派遣紧急救援车辆，提供紧急修复车辆的路线引导，同时协调各事故救援单位的工作。

八、AGV 技术

自动导引小车（Automated Guided Vehicle，AGV），是指装备有电磁或光学自动导引装置，能够沿规定的导引路径行驶，具有小车编程与停车选择装置、安全保护以及各种移载功能的运输小车。它由若干辆沿导引路径行驶，独立运行的 AGV 组成，以电池为动力，装有非接触导向装置，独立寻址系统的无人驾驶自动运输车。AGV 的导引方式可分为两大类：一类是车外固定路径导引方式，在行驶的路径上设置导引用的信息媒介物，AGV 通过检测出它的信息而得到导引方式，如电磁导引、光学导引、磁带导引（又称磁性导引）等；另一类是自由路径（无固定路径）导引方式，AGV 上储存着布局上的尺寸坐标，通过识别车体当前方位，自主地决定路径而行驶的导引方式，这类导引方式也被称为车上软件——编程路径方式。AGV 在计算机的交通管制下有条不紊地运行，并通过物流系统软件而集成于整个工厂的生产监控与管理系统中。由车体、蓄电池、充电系统、驱动装置、转向装置、精确停车装置、车上控制器、通信装置、信息采样子系统、超声探障保护子系统、移载装置和车体方位计算子系统等组成。AGV 是现代物流系统的关键装备。

九、DPS/DAS 技术

摘取式电子标签拣货系统（Digital Picking System，DPS），是在拣货操作区中的所有货架上，为每一种货物安装一个电子标签，并与系统的其他设备连接成网络。控制电脑可根据货物位置和订单清单数据，发出出货指示并使货架上的电子标签亮灯，操作员根据电子标签所显示的数量及时、准确、轻松地完成以“件”或“箱”为单位的商品拣货作业。由于 DPS 在设计时合理安排了拣货人员的行走路线，所以降低了操作员无谓的走动。DPS 系统还实现了用电脑进行实时现场监控，具有紧急订单处理和缺货通知等各项功能。

播种式电子标签分拣系统（Digital Assorting System，DAS）是利用电子标签实现播种式分货出库的系统。DAS 中的储位代表每一客户（各个商店、生产线等），每一储位都设置电子标签。操作员先通过条码扫描把将要分拣货物的信息输入系统中，下订单客户的分货位置所在的电子标签就会亮灯、发出蜂鸣，同时显示出该位置所需分货的数量，分拣员可根据这些信息进行快速分拣作业。因为 DAS 系统是依据商品和部件的标识号来进行控制的，所以每个商品上的条码是支持 DAS 系统的基本条件。当然，在没有条码的情况下，也是可通过手工输入的办法来解决。

电子标签用于物流配送，能有效提高出库效率，并适应各种苛刻的作业要求，尤其在零散货品配送中有绝对优势，在连锁配送、药品流通场合以及冷冻品、服装服饰、音像制品物流中有广泛应用前景。而 DPS 和 DAS 是电子标签针对不同物流环境的灵活运用。一般来说，DPS 适合多品种、短交货期、高准确率、大业务量的情况；而 DAS 较适合品种集中、多客户的情况。无论 DPS 还是 DAS，都具有极高的效率。据统计，采用电子标签拣货系统可使拣货速度至少提高 1 倍，准确率提高 10 倍。

十、声控拣货技术

所谓的声控技术就是利用声学和电子学的原理即用声音传感器将声音信号转换成电信号，再推动触发器使电路导通工作。这主要是模拟人的听觉和理解系统实现的。一般的声控电脑设备在应用之前都要进行长时间“训练”。这个“训练”过程有点类似教婴儿听说。首先要把语音信息录入到声控电脑设备，如一句话或一个口令。电脑在“学习”这些话时，会把这些话拆成字或拼音中的声母和韵母去一点一点“模仿”和“记

忆”。虽然这个“训练”或“学习”过程很费时间，但是“学习”时间越长，声控设备用起来就越灵敏。

声控技术用于仓储系统中即所谓的语音拣选系统，是通过配送中心的仓储工人和总机的仓库管理系统之间提供一种对话功能。工人通过无线耳机接收由计算机发出的分拣命令，包括从哪个存货地分拣、分拣的数量、要运到仓库的哪个角落或者分区进行混合包装。

主机将分拣命令以语音的方式传送给工人，工人听到后按命令进行工作。出现状况时，工人会通过无线话筒把情况报告给主机，主机把语音信息转换成计算机数据。操作员头戴耳机和话筒装置，这个装置同时还装有一个小型的使用电池的电脑。操作员登录主机并且已经在主机中加载了该操作员的声音数据以后，操作员就可以听取主机发出的分拣地点指示，然后到达该地点。

这时，操作员会通过话筒读取该地点的数字标码。主机收到信息后会告诉操作员需要分拣的数量，分拣完成以后，操作员会再次通过话筒向主机确认分拣的数量，并报告任务完成。主机会指示他到达另一个分拣地点，再进行其他产品的分拣。

由声音指挥的配送工作可以更容易地停止一项命令的执行，直到分拣工人读取指定的数据。确认了正确位置以后才能得到继续执行。另外，使用声音系统，工人在执行工作任务时，双手可以从扫描仪设备中空闲出来，而无线分拣命令可以通过耳机得到传达。微型电脑可以帮助将工人的声音回答翻译成可用数据，再通过无线话筒传回到电脑主机中。这样工人可以将注意力都放在手头的工作上，而不必将精力分散去读屏幕或者纸面清单。语音识别系统不需要操作人员完成“看明细”、“等待终端指示”、“按开关”等动作，只要按照语音提示，就可以正常进行拣选作业。所以，语音技术不仅可以提高分拣的速度、降低成本，更加强了分拣的准确性。

第六章　数字物流信息平台的运作与应用模式

数字物流信息平台最大的特点就在于“数字”，依靠信息的各种技术实现系统之间、企业之间以及资金流、物流、信息流之间的无缝链接。数字物流信息平台的运作模式包括政府主导的运作模式、企业主导运作模式、协同运作模式。数字信息平台的建立实现了仓储、配送的高效管理，加速物品流动速率。本章主要介绍数字物流信息平台的概念、分类、特点，运作模式以及数字物流信息平台的应用。

第一节　数字物流信息平台概述

一、数字物流信息平台概念

物流信息平台，是指运用先进的信息技术和现代通信技术所构建的具有虚拟开放性的物流网络平台，是物流信息储存、流动、交换的基础，通过对共用数据的采集，为物流企业的信息系统提供基础支撑信息。满足企业信息系统对公用信息的需求，支撑企业信息系统各种功能的实现；同时，通过共享信息，支撑政府部门间行业管理与市场规范化管理方面协同工作机制的建立。它能够整合企业物流信息资源，优化行业物流运作，从而实现社会物流系统整体效益的最大化。

而数字物流信息平台就是数字物流信息系统的一部分，是指在一定经济区域范围内，连接物流客户、生产制造、商业批发等企业，运输、仓储、配送等物流企业和交通、质检、海关、税务、工商、海事、银行等物流相关部门等的社会化、开放式、基于互联网的公共信息系统。最大的特点在于“数字”，利用数字化的手段，尤其是利用互联网上的“比特运送”来完成物流全过程的信息协调、控制和管理，实现从网络前端到最终客户端的所有中间过程的物流信息服务。它能够实现系统之间、企业之间以及资金流、物流、信息流之间的无缝链接。同时，全面应用客户关系管理、商业智能、计算机电话集成、地理信息系统、全球定位系统、互联网、无线互联技术等先进的信息技术手段，以及配送优化调度、动态监控、智能交通、仓储优化配置等物流管理技术和物流模式，从而为企业建立敏捷的供应链系统提供强大的技术支持。

数字物流系统能推进企业的交易活动，并控制从供应链初级环节到末级环节上各种物流过程，与物流作业系统同步运行，提高流通效率。企业物流业务流程的公共环节在实际和地域上分布广，将各个环节联系在一起，实现一体化的管理是企业物流管理的核心问题。对企业物流业务实现全过程的物流管理，无论是直接负责或委托其他物流经营

者完成物流业务，都必须随时了解、掌握，并能控制实时状态和未来运作情况。因此，数字物流信息系统是集中控制管理成功的关键。

二、数字物流信息平台分类

(一) 按应用对象进行分类

供应链上不同的环节、部门所实现的物流功能都不尽相同。根据应用实体在供应链上发挥的作用和所处的地位，数字物流信息平台可以分为面向制造商的物流信息平台、面向流通商的物流信息平台，以及面向物流企业的物流信息平台。

1. 面向制造商的物流信息平台

制造企业在供应链中处于关键环节，是产品流通的源头。在其物流业务管理中，既包括组织原材料、物料和日常耗用品等的供应物流，也包括完成产成品销售供货的销售物流，同时，还包括生产过程中的包装、搬运和存储等生产物流。

制造业根据其销售情况确定生产计划后，就必须针对需要的原材料、物资制订采购计划配合生产进度，同时储备一定数量的产成品以供应销售。当企业的生产管理系统将生产计划、采购计划和销售计划设计出来转入物流系统后，物流系统将采购计划和销售计划分解，形成物流计划，然后再对物流计划进行执行、监督直至产品生产、销售完成，这样的过程循环往复、互相衔接。

2. 面向流通商的物流信息平台

零售商、中间商本身不生产商品，但它们为客户提供商品、为制造商提供销售渠道，是客户与制造商的中介环节。专业零售商为客户提供某一类型的商品，综合性的零售商如超市、百货店为人们提供不同种类的商品，这样的企业经营有商品种类繁多、生产地点分散和消费者群体极其分散的特点。面向零售商、中间商的物流信息平台是对不同商品物流配送的进、销、存进行管理的平台。

3. 面向物流企业的物流信息平台

在供应链中专门提供物流服务的物流企业发挥着重要的作用。这类企业包括船舶公司、货代公司、拖车公司、仓储公司、汽运公司、空运公司和专业的第三方物流企业等。这些企业提供的都是无形产品——物流服务，而前面所提到的制造商等提供的往往是有形商品。这些企业除提供仓储、运输等专业服务外，也提供一些相关的增值服务。

由于企业物流组织的商业模式不同，所以物流信息平台的使用范围也会有所差别。有的平台主要适用于做仓储业务管理，有的平台侧重于运输业务管理，有的平台则适合于货代业务管理，有的平台适合海运业务管理。

(二) 按平台开放程度分类

1. 封闭式平台系统

封闭式平台为组织内或组织间提供封闭式的信息服务。此种模式的主要代表有：电子口岸系统、物流原物监管系统、贸易集散地的交易系统。封闭式平台系统拥有特定的公共用户群体，为转移目标服务，不同的平台系统之间不存在市场竞争的情况。封闭式平台系统模式稳定，并有特定的目标服务群体。

2. 公共物流信息平台

公共物流信息平台属于门户类的物流信息平台，具有较高的开放性。同时，在服务范围上更趋向多样化，提高更大范围的信息交互。此种模式的主要代表有：锦程物流网、福州港口物流信息平台和南昌物流信息平台。公共物流信息门户有两种不同的价值趋向：一种是政府主导投资的公益性信息门户，不以赢利为目标；另一种是企业主导投资的营利性信息门户，存在明显的市场化竞争，其商业模式将持续变化，并向多样化方向发展。

（三）按应用服务范围分类

1. 区域物流信息平台

区域物流指以某一行政区、经济区或特定地域为基本活动范围并与外界发生各种联系的社会物流活动。区域物流属宏观物流范畴，是超出单一企业物流系统在更大范围运作的社会物流表现。区域物流表现为一定地域或跨区域范围的多个企业之间的合作、协作以及相互作用，共同组织大范围专项或综合物流活动的过程，区域物流可以实现社会物流资源和区域物流合理化。区域物流系统能力与水平是区域经济发展竞争力的表现，也是区域经济结构高度化的重要支撑产业之一。

区域物流信息平台主要是支持和解决基于省市物流园区（区域级物流基地、物流中心等）多企业供应链物流运作和社会资源整合。区域级物流基地、物流中心等规划主体一般为各级地方政府主管部门，而筹建运作采用的是企业机制，因此在投资渠道、服务功能等方面有所差别。区域物流信息平台具有同时包含有企业运作主体、企业运作机制，还承担物流业运作规范（物流信息标准化及推广）、政府市场监管和关联资源整合功能，如南京王家湾物流中心已经将有关功能纳入其信息平台的功能范围。第三方物流利用区域物流信息平台整合社会物流资源，可以减少信息平台建设的投资，并能在更广阔的范围运作物流业务。

2. 口岸物流信息平台

口岸物流信息平台是一个可供政府、执法机构与涉及国际物流领域各企业共享的信息环境。从总体上看，口岸物流信息平台可为政府机关对进出口货物通关提供管理功能，可为企业和公众提供各类信息服务和专业性服务功能，可为国际物流运作提供交易、支付、保险等功能。从具体业务上看，口岸物流信息平台是一个连接执法单位、作业单位、物流服务商、客户等参与者的数据交换中心，改变传统的部门间数据分割的模式，实现数据（信息）共享模式。主要内容包括电子政务、检验检疫信息查询发布系统、电子数据交换等系统。

基于网络的B to B港口航运电子商务网络是一个 EPC 系统，它利用高速的数据交换和通信技术将航运业的各个环节连接起来，把信息流程简化为点对点，使港口用户获得各方面的效益。如利用 EPC 系统中的集装箱单证子系统，船公司、船代、车队以及场站可以实现与码头间的通信，以获取集装箱作业信息，同时船代、车队、货主、货代和场站业务员可以收发空箱的发放和存放指令，客户可以跟踪其在港集装箱的盘存、提箱等信息。这种有效的连接优化了集装箱作业的流程。

EPC系统不仅包括集装箱单证子系统，还包括船舶单证、货物单证、海事信息等子系统，这些系统使得港口物流链条实现了信息共享，各个环节的人员都能简便地进行无纸化操作。如码头作业人员可根据客户提供的信息制订堆场位置和装船计划，而运输公司的司机也可通过EPC系统，知道货物是否已到达，并可预约提箱时间。网络代替马路，客户也不用一趟一趟地跑码头，减少中间环节，大大提高效率。

3. 行业物流信息平台

按照物流信息平台所服务的物资种类而划分的行业物流信息平台是以特定物资为内容，其服务对象包括了物流的各个环节。可从两个角度来理解"行业物流信息平台"。一是从物流业务所针对的物资种类角度，行业物流信息平台可分为煤炭行业公共物流信息平台、粮食行业公共物流信息平台、医药行业公共物流信息平台等；二是从物流业务所主要采用的运输方式角度，行业公共物流信息平台可分为道路运输行业公共物流信息平台、水路运输行业公共物流信息平台、铁路运输行业公共物流信息平台等。目前社会上运转的大多数公共物流信息平台是以提供一种运输方式的物流信息服务为主的，如主要服务于水路运输的锦程物流网，以公路运输服务为主的八挂来网、途鸽网，以铁路运输服务为主的WL89铁路物流等。

4. 物流园区物流信息平台

信息平台是在现代软件工程概念上建立的，实施最大限度地软件和系统资源的重用，启动数据共享工程，把真正与领域业务需求有关的部分提取出来，把信息基础设施与公共应用支持开发成平台。信息平台主要由四部分组成：信息源、信息处理单元、信息的管理、信息的传输。

物流园区信息平台是指利用信息平台对物流园区内物流作业、物流过程和物流管理的相关信息进行采集、分类、筛选、储存、分析、评价、反馈、发布、管理和控制的通用信息交换平台。尤其对于中小物流企业来说，这是实现企业物流信息化的最优途径。只需接入物流信息平台，就可以真正实现企业之间、企业与客户之间物流信息的共享。可以说，物流园区信息平台为企业提供了低成本实现企业信息化的条件，通过共享信息，使企业能以更低的成本为客户提供更好的服务，真正实现物流的现代化。

物流园区信息平台是现代物流企业收集和整合资源的重要手段，是为其他企业提供物流服务的重要场所。由于互联网的发展以及物流信息技术应用的成熟，物流信息平台已成为物流行业发展的一大趋势。物流信息平台能够整合现有企业的物流信息资源，优化行业物流运作，从而实现社会物流系统整体效益的最大化。

5. 港口物流信息平台

港口物流信息平台是以港口物流为基础的，综合港口企业物流和社会物流中的各种信息的交互式平台。它是港口企业不同信息管理系统间信息传递的桥梁，也是港口企业沟通客户的信息门户。

依托港口物流信息平台而发展起来的"数字港口"是港口信息化高级阶段的通俗说法。强调充分开发利用港口生产经营信息资源，以发挥港口的大物流枢纽中心的作用，带动港口所在城市和区域经济的发展。数字港口建设主要包括三个方面的工作：现代信息技术运用、港口经营管理数字化和区域物流枢纽数据中心。

现代技术的应用主要表现在采用数字化技术上，其中主要有地理信息系统、全球定位系统和无限射频电子标签等。地理信息系统能为港口生产经营活动提供平面图形和立体图景，全球定位系统可实现港机、车船和集装箱的定位跟踪，无限射频电子标签可以加强货物运输的智能化管理。

经营管理数字化是指对港口实行全方位、多层次的信息化经营管理。控制层要进一步完善面向设施设备的自动化系统，操作层要加强命悬一线员工业务处理系统，管理层要建立面向管理人员的集成化管理信息系统，决策层要开发面向高管人员的决策支持系统。

港口是区域网络枢纽中心。港口数据中心不仅是港口自己，同时也是区域网络枢纽中心的数据中心。它所服务的用户群包括政府查验单位（海关、国检、海事、边防等）、物流企业（港口、场站、集装箱公司、运输公司等）和其他企业（中介、进出口企业和生产企业等）；它除了要建立与维护好这些用户群所需要的基础性、共享性的主题数据库与数据仓库外，还要与其他经济信息系统、电子口岸系统和物流信息系统相互交换数据。因此，港口数据中心建设是极为重要、极为复杂的大型系统工程，是数字港口建设的主体工程和标志性工程。

“数字港口”的建立依托以下平台的建立：一是网络基础设施平台，该平台应具备综合数字、语音和图像的通信能力，能够与外部广域网络相连接；二是港口空间基础信息平台，该平台应包括港口土地利用、港口设施、地下管线等港口空间基础数据，为港口规划与建设提供依据；三是港口企业内部管理信息化平台，利用现代信息技术，实现港口生产运营和管理的信息化，并具备决策支持的功能；四是面向社会的电子商务平台，利用 Internet 技术，并以港口企业内部管理信息化平台为基础，向港口客户和业务伙伴提供优质的服务。

（四）按应用领域分类

物流从广义来说就是物的流动，从这个角度看，物流无处不在，物流存在于各行各业。从我们熟知的医药物流、化学物流、电子物流、粮食物流、体育物流等可以看出数字物流信息平台从应用的领域范围分类，也可以分为不同的种类。每一类的信息平台所传递的信息，服务的对象都主要跟相应的行业有关，具有行业特色。

三、数字物流信息平台特点

数字物流信息平台是指运用计算机和现代通信技术构筑一个虚拟开放的物流网络平台，并利用联网技术连接制造商、批发、零售商，使用信息软件对物流的各个环节（运输、仓储、包装、加工、配送等）进行信息集中处理、发布和交易。根据数字物流信息平台服务对象的广泛性和服务特点，数字物流信息平台具有以下特点。

1. 开放性

现代物流管理通过信息的共享和使用来减少市场交易成本和企业经营成本，从而提高经济效益。物流信息平台本身的动态性决定了系统的开放性特点，必须具有与外界信

息进行交换的能力。因此物流企业管理信息系统不能只局限于企业内部的信息管理，更应通过网络技术与合作伙伴企业或上、下游企业进行信息共享和无缝链接，以实现其开放性。为此，物流企业管理信息系统的网络结构、数据库结构、软件系统的体系结构应实现开放性与标准化，以便与其他信息系统相互连接。

2. 兼容性

由于连接物流信息平台的政府管理部门和企业本身都具有一套信息管理系统，以保证各自正常作业的实现，因此信息平台应具有容纳各种系统的能力，实现相互之间的无缝链接。

3. 及时性

物流业务要求能提供及时可靠的物流信息，否则造成的物流滞后现象将会影响物流联盟运作效率，同时由于物流业务是顺着供应链的延展而不断进行的，因此某一环节的信息滞后会由物流链传递下去，使实际业务的进程出现“牛鞭效应”。

数字物流信息平台通过结合计算机网络与通信技术，安全、快捷地对物流活动提供全方位信息服务，尤其是具有分析、反馈信息的功能。例如，通过 GPS/GIS 技术，客户可以随时在信息平台上查询货物、车辆的运行情况，信息中心可以实时监控车辆的运行路线、状况。

4. 集成性

集成性是指集信息化、机械化、自动化、智能化于一体。数字物流信息平台将业务逻辑上相互关联部分连接在一起，为企业物流活动中的集成和信息处理工作提供基础。现代物流管理以系统整体最优为目的，通过对物流供应链整个过程采用订单驱动的数字化运作方式，因此需要企业内部通过 IT 技术将作业运作、职能管理及组织机构进行有效地集成。

四、数字物流综合信息平台的设计原则

1. 采用行业标准，遵从技术规范，保持技术先进

数字物流综合信息平台设计时采用开放的、标准的、主流的、成熟的系统平台，开发手段与信息技术规范；采用数据管理、业务功能、用户界面相分离的多层架构，使整个应用系统体系架构在保持稳定的同时具有足够的可扩展性；采用符合行业标准的应用集成技术，建立有效集成的应用系统；所有推荐的产品均考虑到随着应用的逐步完善和入网企业的逐渐增加，系统还能够进行不断扩展的要求。保证整个系统可以平滑地过渡到升级后的新系统。

2. 软硬件系统之间可以方便地实现集成

系统搭建过程中无须花费过多的精力从事系统平台的集成，而将精力集中到应用软件的开发和调试中，从时间和精力上保证本项目的成功。集成的应用系统降低了系统维护的难度和要求，也方便用户日后的应用和管理。

3. 从物流企业的业务本质出发，结合信息技术特点

根据业务的本质属性并结合信息技术的特点，合理地划分各个应用系统模块的功

能。应用系统在考虑业务共性的同时，也要兼顾行业的个性。

4. 确保基础信息设施的信息安全和可管理性

根据信息特点选择适应性强的安全架构，保证安全管理员通过简便灵活的配置方式，就能设计和实施实时、现实的运行安全策略。

系统应采用集成化管理方式，使离散的资源有序管理，形成了一个基础框架，以达到很好的支持多个系统的协作，进而形成一个应用的枢纽，让整套系统成为一个有机的整体。

5. 充分考虑信息系统的投资与效益

对应用系统进行集中、统一的规划，制定相应的技术标准，并在此基础上进行系统的开发与管理。

充分利用现有的网络和硬件资源，尽量避免对现有的各业务部门已有的、够用的应用系统做大的改动，应尽量采用成熟的、商品化的软件系统。

第二节 数字物流信息平台的运作模式

目前，市场竞争日益激烈，各个物流企业为了提高自己的竞争力和竞争优势，一方面加强基础网络和业务平台建设，为客户提供越来越合理化、人性化、多样化的业务；另一方面，也不断提高自身服务质量，为客户提供高效率、高质量的服务。但如何使企业内部各部门、各系统之间流程化和自动化运转，如何实现企业与外部供应链之间高效率、高质量的运作逐渐成为提高企业竞争实力的关键所在。通过内部系统整合的建设，构建起完善的数字神经系统，将不同系统间的执行过程联系起来，实现信息系统对业务流程的有效支持，让一项工作能在应用系统间有效、合理、科学的运行。内部系统整合使企业在外部或内部环境改变时能迅速应变，加速了企业决策的过程，全面提升企业的竞争力。

一、政府主导运作模式

物流信息平台的规划、建设和运营维护都由国家直接负责，以政府为主导，服务全局，统一规划，充分发挥政府的协调、示范和推动作用，免费为车主、货主提供货运物流信息。由于是免费提供信息，其信息资源丰富，如八挂来网日发布物流信息 50 多万条，最高日信息量达 160 万条，日点击 3 万多次，试点一个月，通过使用八挂来网成交的货物降低车辆行驶里程达 174 万千米，节约汽油、柴油 4000 多吨，社会效益非常明显。

高效的物流信息网络体系是与物流硬件设备条件并重的基础设施，其整体水平通常被看做区域物流运作先进性的重要标志。物流信息平台建设周期长，投资需求大，初期主要依靠政府投入与引导。目前各地普遍采取的做法是整合资源、资产及业务重组。政府行业主管部门负责建设组织及协调，做好法规政策配套工作。投入部分资金推动示范

项目，为信息平台创造良好环境，制定相关的政策法规进行保障，实行“谁投资、谁受益”原则，鼓励企业参与物流信息平台建设，通过优惠政策扶植示范性企业的发展。使广大企业群体看到物流信息平台所带来的巨大经济效益，吸引众多企业参与投资平台建设运营主体承建具体项目建设，设计营运模式平台，入网企业积极参与项目推广，改造自身业务流程，利用平台提升自身效益。政府主导的力量很强，但也存在很多弊端，如轻易造成和市场结合的紧密度不够、需要国家长期投入等。

二、企业主导运作模式

为企业服务是物流信息平台建设的最终目的。因此企业必须积极参与物流信息平台的建设。以此为契机建立企业 EDI 系统，并加快其配套的物流配送中心的建设，完善配送体系；加快推进企业内部的物流整合，加快形成企业产品链，实现产、供、销全方位计算机网络管理，加快实现网上订单、电子合同、网上支付等商务活动。

从一个全过程的企业系统运作来说，有市场调查—生产计划—采购、定购—运输—仓储—运输—销售—反馈等环节，其中每一个环节都涉及市场信息、货物信息、资金信息、单证凭据的流动，物流企业在承担某一个环节时担当了采购者、销售者、仓储商、承运商、代理商等角色。

企业主导运作模式是指信息平台的投资建设及运营完全由企业自己负责。企业可以自主经营，在市场运作方面比较灵活，不会给国家带来太大压力，而且企业由于赢利压力的原因，也会积极探索平台营销的方案，与市场需求的结合度也会比较好，企业也会对平台的具体功能和服务质量持续改进。但企业行为有一定的局限性，整体规划性不强，难以实现预期规模，加之投资压力大、风险也大，很少能有企业愿意或能够承担这样的重任。

三、协同运作模式

协同运作模式是指政府和企业共同出资的规划运营模式。从我国目前的状况看，单纯地以政府为投资主体进行投资不太现实，而单纯地依靠企业投融资也是非常困难的。“协同模式”集前二种模式的优势于一身，又避免了它们的不利之处，在实际规划建设中，又可分为“自上而下”和“自下而上”两种协同模式。

（一）“自上而下”的协同模式

由于区域性公共物流信息平台资金压力大、投资回收缓慢，因此，“自上而下”的协同模式，初期由政府以股份制的形式首先注入部分初始启动资金，牵头负责规划、协调，引导和吸引企业同样以股份制的形式注入资金，并行使宏观调控职能，负责指导公共物流信息平台共享信息服务价格的制定和市场引导政策的出台。后期，入股企业逐渐成为公共物流信息平台的运作主体，根据相关政策和行业协会制度，引入行业准入机制和会员制等管理运营方式。平台建设围绕大通关的要求，建设相应的功能模块，本着基础性功能优先开发的原则，优先建设在短期内能够完成的、需求迫切的功能，如航空信息查询、电子订舱功能等；对于较复杂的、需求程度低的功能，如面向物流企业的 ASP

应用服务、在线交易等功能可以采取分步实施、逐步扩展完善的方式进行，其规划如图6-1所示。

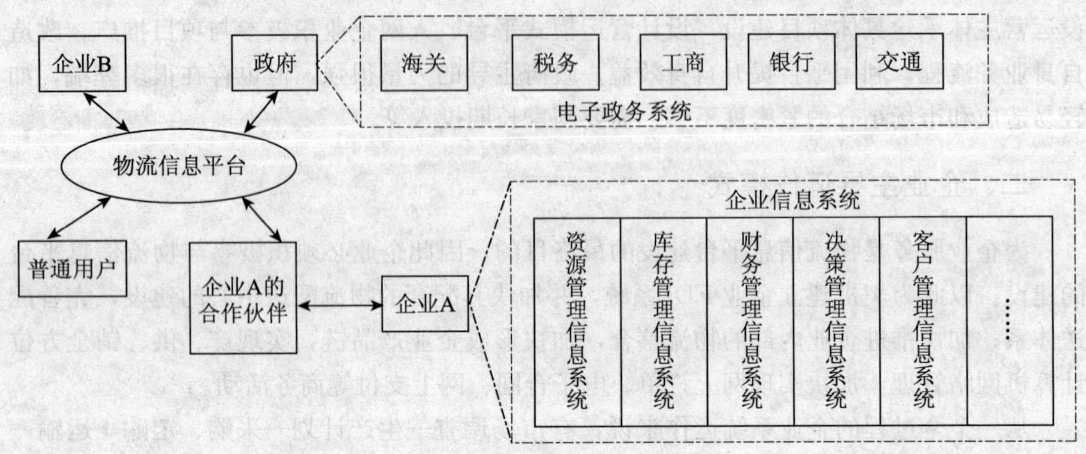

图6-1　信息平台规划

物流信息平台在大量应用系统投入使用后，平台运营主体按照“谁受益，谁付费”的原则，出台使用平台的相关服务费用标准，按照市场化运作，实现平台的良性发展。随着建设运营主体依靠高效、优质的物流信息服务实现自我积累和自我发展。这时政府（信息产业厅、发改委等）主要履行监督职能，实现平台的良性发展。防止平台经营主体在利益的驱使下丧失公共物流信息平台的公平性。物流企业组织成员，也是物流信息平台的会员单位，依靠物流信息平台，加强业务协作，提高区域物流竞争力。

（二）“自下而上”的协同模式

以企业为主导的“自下而上”的协同模式是先由市场自发形成，或企业主动发起并逐步整合各物流信息系统的资源，完成各系统之间的数据交换，再由政府引导和支持，承担信息系统中公用信息的中转功能，满足不同客户的信息需求，提高物流系统的效率，实现信息共享。“自下而上”的协同模式具有很强的市场操作特征，带有明显的赢利性质。这种运作模式符合我国目前的国情和物流行业的状况，可以根据资金状况，分阶段逐步规划实施。湖北武汉徐东经济圈物流信息化建设，基本遵循了“自下而上”的协同模式，分三阶段，循序渐进地完成了它的发展规划。

1. 初期

企业公共物流信息平台建设期。在这个时期，企业基于自我发展的要求或区域内的统一规划，作为各物流节点，自主完成符合标准化的内部公共物流信息平台建设。其平台建设需具备EDI交换主机系统、网络系统（交换机、路由器等）、平安体系（防火墙设备、密码系统等）、因特网接入线路等硬件设备，各个环节需配置符合统一标准的物流信息技术，如条码技术、射频技术等，以便在Internet/EDI网络环境下迅速完成和物流中心、客户系统对接，实现物流基本作业过程中的信息化操作。

2. 发展期

行业公共物流信息平台的形成期。当各物流节点企业内部信息化建设完成后，需有效整合各节点的信息化资源，进一步推进物流信息化进入物流节点间的发展层次。这一过程主要由不同节点的管理部门组织建设，成立物流企业相关的协会组织，对行业诸项事宜进行协调，推行企业自律和准入制度，并逐渐建立物流企业和政府联系的桥梁和纽带。内部功能主要以满足物流节点企业之间的物流作业、管理、信息查询、部分公共服务等的需要为主，目的是共享数据，整合资源，提供物流节点层次的一体化服务。

3. 成熟期

区域性公共物流信息平台运行期。随着大量物流企业节点信息平台和节点间信息平台的不断投入使用，在行业主管部门的监督管理以及政府的牵头引导下，进一步实现物流行业和外界的联系，建设具有跨行业、多元化服务的区域性公共物流信息平台。区域性公共物流信息平台涉及企业、政府、海关、检验检疫、银行、工商、税务、保险等物流相关机构的信息交换，要求正在运行中的相关信息平台，通过各种接入方式，提供相应的接口进行直接连接，迅速获取相应信息，以实现信息资源的共享。

平台宜采用“政府推动、市场运作”的运营方式：政府行业主管部门负责物流信息传递的软环境，包括相关政策法规、业务流程、技术标准（包括物流术语标准、商品编码标准、表格和单证标准、信息交换标准等）的配套实施以及信息服务价格的制定，物流企业作为运营主体，设计营运模式，通过政府相关的政策和行业协会制度的制约，引入行业准入机制和会员管理方式，对加入信息平台的会员企业可收取会费、用户服务费、租赁费、广告费等方式进行市场运作的自主经营，提供有偿服务。

第三节 数字物流信息平台的应用

一、数字物流信息平台的应用

数字物流信息平台是通过对共用数据的采集，为物流企业的信息系统提供基础支撑信息，满足企业信息系统对公用信息的需求，支撑企业信息系统各种功能的实现；同时，通过共享信息支撑政府部门间行业管理与市场规范化管理方面协同工作机制的建立。所以数字物流信息平台在社会、政府、企业中都得到了较多的应用。而数字物流信息平台的应用可以为这些角色带来如下的好处。

（一）整合物流信息资源

数字物流信息平台最重要的作用就是能整合各物流信息系统的信息资源，完成各系统间的数据交换，实现信息共享。数字物流信息平台可以担负信息系统中公用信息的中转功能，各个承担数据采集的子系统按一定规则将公用数据发送给信息平台，由信息平台进行规范化处理后加以存储，根据需求规划或者各物流信息系统的请求，采用规范格式将数据发送出去。它能整合企业、货主、公路、铁路、港口、银行、海关、工商税务等多个信息系统，通过数字物流信息平台能实现以上各系统间的信息交换和信息传递，满足不同客户的信息需求，提高了物流系统的效率。

（二）整合社会物流资源

通过数字物流信息平台，可以加强物流企业与上、下游企业之间的合作，形成并优化供应链。当合作企业提出物流请求时，物流企业可通过数字物流信息平台迅速建立供应链，提供相关物流服务。这有利于提高大量社会闲置物流资源的利用率，起到调整、调配社会物流资源，优化社会供应链、理顺经济链的重要作用，不但会产生较好的经济效益，而且会产生很好的社会效益。

（三）推动电子商务的发展

数字物流信息平台的建设，有利于实现与电子商务 B to B 或 B to C 系统的对接。任何一种交易，都是以物的转移或服务的提供为最终目的，电子商务作为一种交易模式，当然也不例外。随着电子商务交易系统建设的深入，如何为其配置电子化的物流系统已成为关键问题，而数字物流信息平台是解决这一问题的较佳方案。通过数字物流信息平台的建设，可以为电子商务提供很好的物流服务，从而促进电子商务的发展。一般的数字物流信息平台都提供在线交易功能，这实际上就提供了电子商务的基本功能。

二、数字物流信息平台的功能

数字物流信息平台的功能包括基本功能和扩展功能两大部分。

（一）基本功能

（1）数据交换功能，这是信息平台的核心功能，主要是指电子单证的翻译、转换和通信，包括网上报关、报检、许可证申请、结算、缴（退）税、客户与商家的业务往来等与信息平台链接的用户间的信息交换。数据交换如图 6－2 所示。在数据交换功能中，还有一项很重要的功能——存证管理功能。存证管理是将用户在信息平台上产生的单证信息加上附加信息，按一定的格式以文件形式保存下来，以备将来发生业务纠纷时查询、举证之用。

（2）信息发布服务功能，该功能以 Web 站点的形式实现，企业只要通过 Internet 连接到信息平台 Web 站点上，就可以获取站点上提供的物流信息。这类信息主要包括水、陆运输价格、新闻和公告、政务指南、货源和运力、航班船期、空车配载、铁路车次、适箱货源、联盟会员、职业培训、政策法规等。

（3）会员服务功能，为注册会员提供的个性化服务。主要包括会员单证管理、会员的货物状态和位置跟踪、交易跟踪、交易统计、会员资信评估等 。在线交易系统为供方和需方提供一个虚拟交易市场，双方可发布和查询供需信息，对自己感兴趣的信息可与发布者进一步洽谈，交易系统可以为双方进行交易撮合。

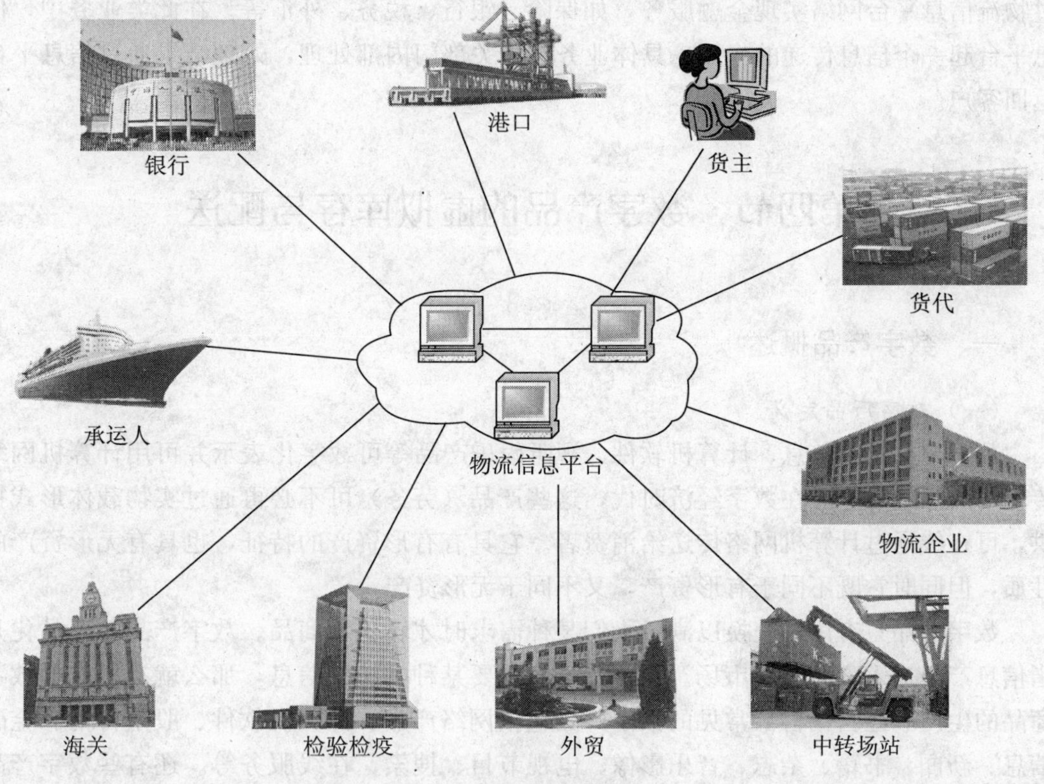

图 6-2 数据交换

（二）扩展功能

（1）智能配送功能，利用物流中心的运输资源、商家的供货信息和消费者的购物信息进行最优化配送，使配送成本最低，在用户要求的时间内将货物送达。通常的解决方法是建立数学模型，由计算机运用数学规划方法给出决策方案，管理人员再根据实际情况进行选择。智能配送要解决的典型问题包括：路线的选择、配送的发送顺序、配送的车辆类型、客户限制的发送时间。

（2）货物跟踪功能，采用 GPS/GIS 系统跟踪货物的状态和位置。状态和位置数据存放在数据库中，用户可通过 Call Center 或 Web 站点获得跟踪信息。

（3）库存管理功能，利用物流信息平台对整个供应链进行整合，使库存量能在满足客户服务的条件下达到最低库存。最低库存量的获得需要大量历史数据的积累和分析，要考虑客户服务水平、库存成本、运输成本等各方面的综合因素，最终使总成本达到最低。可解决的典型问题包括：下一轮生产周期应生产的产品数量、补充货物的最佳数量、补充货物的最低库存点（安全库存）。

（4）决策分析功能，建立物流业务的数学模型，通过对已有数据的分析，协助管理人员鉴别、评估和比较物流战略和策略上的可选方案。典型分析包括车辆日程安排、设施选址、顾客服务分析。

（5）金融服务功能，在相关法律法规的建立和网络安全技术的进一步完善后，可通过物流信息平台网络实现金融服务，如保险、银行、税务、外汇等。在此类业务中，信息平台起一个信息传递的作用，具体业务在相关部门内部处理，处理结果通过信息平台返回客户。

第四节　数字产品的虚拟库存与配送

一、数字产品概述

（一）数字产品定义

数字产品是指信息、计算机软件、视听娱乐产品等可数字化表示并可用计算机网络传输的产品或劳务。在数字经济时代，这些产品（劳务）可不必再通过实物载体形式提供，可在线通过计算机网络传送给消费者。它具有有形资产的特征，也具有无形资产的性质，但同时它既不同于有形资产，又不同于无形资产。

数字产品只有用来交换以满足人们某种需求时才转化为商品。数字产品的商品化是指信息产品进入商品交换市场。只要市场上需要某种类型的信息，那么就有相应的数字商品的生产和经营销售。常见的数字产品包括网络产品、计算机软件、股票行情和金融信息、新闻、书籍、杂志、音乐影像、电视节目、搜索、在线服务等。还有些数字产品仅仅是一个符号或象征，如通过网络传送的虚拟花朵是问候、友情等的象征，不一定具有物理形式。

（二）数字产品分类

数字产品分为工具类、内容类和在线服务类。

1. 工具类

工具类数字化产品，如计算机软件等。

2. 内容类

内容类数字化产品，如股票行情和金融信息、新闻、搜索、书籍、杂志、音乐影像（CD、VCD、DVD、MP3/MP4）、电视节目、在线学习和虚拟主机的服务等。

3. 在线服务类

在线服务类数字化产品，如在线游戏、FAQ（常见问题解答）和在线技术支持、售后的客户关系管理等。

（三）数字产品特点

1. 存货形态无形化

原材料、产成品、库存商品等都表现为一定的实物形态，但数字化产品的形态是无形的。既没有实物形态的产品，也无须有形的仓储设备，更不存在库存数量的问题。无论是作为“原材料”的数字产品（如计算机硬件商购买的机载软件），还是作为企业主营业务的数字产品（如计算机软件、多媒体产品等），数量上都是取之不尽的，可无限供应。因此按传统的会计分类方法为基础进行评估无法真实反映数字产品的价值。

2. 生产过程虚拟化

即使是跟数字产品较接近的出版印刷品，其生产过程也表现为产品如何从原材料形态，经过若干生产步骤最后形成产成品的过程。生产的每个步骤，都是具体明确的。但数字化产品的生产过程是虚拟化的。一般的计算机软件进入市场前要经过两个阶段：一是研究开发阶段；二是制作、附件配备、包装直到入库待售的生产阶段。而对数字产品来说，如果研究开发阶段不作为其正常的生产阶段，那么数字产品本身就没有生产阶段。数字化产品生产的概念需要重新定义。

3. 收益模式自由化

物质产品的交易一般以失去商品的所有权或控制权，获得收入权作为企业的收入。因此，物质产品交易采取确定价格的直接收益模式。但数字产品交易除个别产品，如在线音乐、影视等可采取直接收款的方式外，大都采取先提供产品的使用，由顾客自由决定是否付款以获取进一步的使用权的自由收益模式；或为了扩大市场份额，根本不用付款，而是采取其他手段实现收益的间接收益模式。

4. 销售过程网络化

即使通过网络进行销售也属于不完全电子商务，即商品始终要运输、装卸。而数字化产品则是完全电子商务，不需要发生物流作业，也不需有实体厂商，因此更适合中小企业的经营。

5. 可复制性

数字化产品的优点集中在它们能轻易地复制、储存或传输，从而达到共享的目的。然而，可复制性是一把双刃剑。在一开始的固定资本投入之后，生产的边际成本几乎为零。若制造商无法从市场中收回固定成本，那么或者产品的质量势必降低，或者产品会在市场上消失的无影无踪。制造商绝对不会免费为消费者提供产品或服务的。可复制性导致了世界范围尤其是发展中国家和地区盗版猖獗。通过技术来防止复制仍不能保证安全。“道高一尺，魔高一丈”，目前还不存在不能破解的防止复制的方法或技术。

6. 无磨损性

由于缺乏通常的损耗和磨损，数字化产品一旦制造出来就永久地维持它的形式与品质。汽车或建筑物这样的耐久产品可能有较长的寿命，它们仍然因使用而磨损、损坏以至于报废。然而，数字化产品不管使用多长时间或是否经常使用，质量都不会因此而降低。

如同任何耐久商品一样，消费者在数字化产品的生命周期中只购买一次，因此，数字化产品的制造商其实是在与他过去的销售来竞争。结果是，即使没有竞争者，制造商也经常被迫对产品收取一个具有竞争力的价格——最低可能价格。否则，相当多的消费者就会等待下去。

更重要的是，无磨损性使得数字化产品的制造商不得不进行产品创新，而竞争的加剧又迫使制造商加快新（版本）产品推出的步伐。这正是摩尔定律和达维多定律的理论根据。

数字化产品的无磨损性使其没有耐久与非耐久产品之分。而且销售商所卖的“新

的”数字化产品与在二手市场所提供的“旧的”数字化产品毫无二致。所以，数字化产品也必须与和它没差别的“已用过”产品来竞争。如何抑制数字化产品在二手市场上的转售，对数字化产品的制造商是一个严峻的挑战。

二、数字产品虚拟网络概述

在整个数字产品的生命周期中，从生产、销售、配送、运输至送达消费者手中进行使用整个过程中都离不开网络。生产中，依靠网络实现虚拟化数字产品的批量复制生产；销售中，依靠网络实现产品的放置、宣传以及消费者购买后的付费活动；在消费者选中产品后，依靠网络将产品即时以即点即传的方式传输到消费者手中；再在消费者使用中，产品的使用也离不开网络技术。

（一）虚拟网络概述

早在1922年，社会学家斯梅尔就创造了这个词汇。在数学和自然科学领域，网络被抽象成为一些节点和节点之间的连线，在社会科学领域则把个体及个体间的相互作用抽象为网络的节点和边。抽象地说，事物以及事物之间的关系作为一个整体就构成网络。

从实体角度看，网络是由多个节点和联系节点的连接共同构成的一个网状配置系统。在一个网络结构中，为了提供特定的商品或服务，必然需要网络的许多成分共同参与，因而，网络成分之间是相互补充的。实体网络一般是由某种基本节点和物流连接所构成，如交通运输网络、通信网络、电力网络等，都是由网络节点和节点间的物理连接所构成的。

从信息技术的角度看，网络就是在一定的区域内由两个或两个以上的计算机按照网络协议并按照一定的拓扑结构进行的连接，以供用户共享文件、程序、数据等资源的一种组织形式。网络的最重要特征是参与者按照物流协议进行的资源共享。网络有局域网、广域网和城域网之分；还有内部网、外部网和互联网之分。

从经济学的角度看，经济学家用网络分析方法来阐释美国互联网条件下的知识网络经济，形成了广泛渗透于市场理论和组织理论中的网络经济理论。物流经济是伴随着服务经济出现的一种经济形态，它的核心就是协同和服务。信息时代的到来，使服务经济产生了一个飞跃，其协同性更为强烈，其服务的内涵更为深刻。因此，在新的经济条件下，人们应当紧密地围绕服务与协同发展经济。

（二）网络技术在数字产品物流中的应用

对基于Web平台的网上购物系统，存在着一个前台应用和后台管理的问题。而无论是前台还是后台，都要对数据库进行调用和操作。因此如何创建网络数据库，以及客户端如何调用服务器端的数据库成为实现网上购物的一个关键性问题。计算机技术的发展与普及，已经改变了我们的生活方式，计算机应用已逐渐渗透到社会发展的各个领域。随着计算机技术和通信技术的迅猛发展，社会资源的信息化、数据的分布处理、各种计算机资源共享等应用需求推动计算机技术朝着群体化方向发展，促使计算机技术与通信技术紧密结合。Internet是目前世界上覆盖范围最大的计算机网络群体。Internet是在通信网络的基础上，以TCP/IP协议为基准、以域名地址和IP地址为标识、以网关和路由

器为转换协议工具构成的网络的集合。Internet 实质上是由遍布全球的各种计算机网络互联而形成的网络。Internet 的出现不仅使得通信和资源共享的地理范围扩展至全球，而且随着其服务内容和应用领域的拓宽，正在改变人们的时空观。以微电子、计算机、通信和网络技术为代表的现代信息技术在经济领域的广泛应用，使得交易成本急剧下降，从而导致信息替代了资本在经济发展中的主导地位。作为重要的生产要素和战略资源，通过互联网传递的大量信息使得现有的社会资源获得高效配置，社会劳动生产率大幅度提高，并推动经济结构革新和产业结构的升级。电子商务是互联网发展日臻成熟的直接后果，是网络技术应用新的发展方向。互联网自身所具有的开放性、全球性、低成本、高效率的特点，已成为电子商务的内在特征，并使得电子商务大大超越了作为一种新的贸易形式所具有的价值。

在网络所支持的系统中，顾客可以很方便地注册成为会员，对商品进行浏览检索，查看商品的详细资料，然后根据个人的喜好购买心仪的商品。系统会自动为顾客生成订单，按照顾客所填写的信息提交订单并发货。系统管理员则可以对现有的商品进行添加和编辑，审查已注册的顾客并对提交的订单进行处理，实现数字产品的网络传输。

三、数字产品的虚拟库存

（一）数字产品虚拟库存概述

数字产品的生产没有容量限制，即无论生产多少个复本，其成本也不会增加。更有甚者，是将数字化产品放到自己的网站上，供消费者有偿下载，就像许多数字化专业期刊一样。此时，由于生产没有物理形式，制造没有成本，不需要包装，也无须运输，可变成本几乎趋近于零。换句话说，数字化产品一旦生产出来，便具有了几乎无限的库存。数字产品在网络上有多种存储形式，包括存储在网络计算机磁介质、光介质以及各类通信介质上。数字产品由实体有形有重量的产品变为磁介质上的电磁信号或者光介质上的光信息，使信息的存储和传递、查询更加方便，而且所存储的信息密度高、容量大，可以无损耗地被重复使用。以数字化形式存在的信息，既可以在计算机内高速处理，又可以通过信息网络进行远距离传送。在网络上的存储不需要任何的人力、物力、实体空间的消耗，也不需要额外的人员管理费用。只是与所依靠的存储介质的容量大小有关，所以网络存储可以实现大容量、低成本并实时获取存储信息。与费用无关，可以尽可能多地存储相关信息，在需要的时候可以利用数字产品信息可复制性实现信息的即时传递，从而也不需要设置合适的安全库存，管理上也相对方便和容易得多。

（二）虚拟网络库存的特点

1. 动态虚拟存储

数字产品的虚拟库存通过信息化手段以管理产品为目标，进行库存管理。产品主体一直不变，传递的是主体的副本——复制本，也就是另外的信息源。而信息量也是在不断地变化的。一地服务器存储，全球可以通过网络下载或共享。

2. 库存对象是信息

信息成为数字产品库存的代名词，产品拥有者持有的是虚拟库存而不是实物库存，信息的及时性、有效性、安全性及共享程度成为库存管理的关键，需要有健全的数字物流信息管理平台和高效规范的调度机制来保证信息的准确性、一致性。

3. 需求驱动

浪费（包括时间）、损失、无效劳动以及库存占用是现代物流运作中应极力避免的。数字产品的虚拟库存通过突出信息的跨时空性，动态地处理各方面的产品需求，从需求的角度来确定什么创造价值、什么不创造价值。通过精益化、敏捷化的服务来实现最小量的产品满足各方面的需求。

四、数字产品的虚拟配送

数字产品的虚拟配送是指在数字产品以新的形态——信息实现在网络上的传递。由于传递的不是实体，传递也是产品在完成前面一系列的选购付款环节后的即时传递，中间不需要涉及对产品的拣选、加工、包装、分割、组配等作业，也不需要依靠实体的载运工具来实现产品的流动。所需要的是信息依附相应的信息载体在网络上以信息的流通方式送达目的客户来实现数字产品的配送。数字产品的配送具有如下描述的特性。

1. 虚拟性

它是指数字产品在信息网络构筑的虚拟空间中进行，它通过对产品的虚拟化实现虚拟形态的信息的传递。

2. 高效性

虚拟配送根据用户的需求情况，通过自动信息传递系统调整库存和结构，调节订货量和结构，进而调整配送作业活动。而对于一些非程序的活动，可通过自动信息传递系统进行提示或预报，进行调节配送，提高信息的传输和配送效率。产品的传递依附计算机网络等信息技术实现信息的快速传递。

3. 低成本性

数字产品的配送通过网络可以实现任何距离、任何数量的产品的快速传递，而不需要配置具体的配送计划，也不需要用到配载实体的运输，节省了实体配送所需要的各方面的费用。

第七章　数字物流信息平台构建的理论方法

随着数字物流的发展，物流企业内部应用系统逐渐增多，信息也逐渐被越来越多的系统分散。在一个物流企业的工作流程中，可能涉及多个环节，那么它要得到相应的数据就需要访问多个系统。这样的信息访问方式，严重影响了各系统处理的效率。为了实现物流企业内部各系统之间的信息交互和共享，使企业可以轻松获得外部的信息以更好地指导企业的决策。就需要通过内部系统整合建立一个跨系统、跨部门的统一综合信息处理平台。

第一节　数字物流信息平台体系结构

一、数字物流信息平台体系结构概述

（一）软件体系结构的定义

现代物流的主要特点是跨部门、跨行业、跨地域，要保证现代物流运行的快捷高效，必须要以现代科技管理以及信息技术为支撑。当前，中国物流业正面临着由传统物流向现代物流的转型期，迫切需要解决现实中面临的物流行业条块分割、效率低下、资源利用率低以及信息孤岛的问题。因此建立公共物流信息平台正是解决当前我国物流业众多难题的关键所在。而好的体系结构是健壮的数字物流信息平台的必要保障。

软件总是有体系结构的，不存在没有体系结构的软件。软件体系结构是具有一定形式的结构化元素，即构件的集合，包括处理构件、数据构件和连接构件。处理构件负责对数据进行加工，数据构件是被加工的信息，连接构件把体系结构的不同部分组合连接起来。这一定义注重区分处理构件、数据构件和连接构件，这一方法在其他的定义和方法中基本上得到保持。

研究软件体系结构的首要问题是如何表示软件体系结构，即如何对软件体系结构建模。根据建模的侧重点的不同，可以将软件体系结构的模型分为五种：结构模型、框架模型、动态模型、过程模型和功能模型。在这五种模型中，最常用的是结构模型和动态模型。

1. 结构模型

这是一个最直观、最普遍的建模方法。这种方法以体系结构的构件、连接件和其他概念来刻画结构，并力图通过结构来反映系统的重要语义内容，包括系统的配置、约束、隐含的假设条件、风格、性质。研究结构模型的核心是体系结构描述语言。

2. 框架模型

框架模型与结构模型类似，但它不太侧重描述结构的细节而更侧重于整体的结构。框架模型主要以一些特殊的问题为目标建立只针对和适应该问题的结构。

3. 动态模型

动态模型是对结构或框架模型的补充，研究系统的“大颗粒”的行为性质。例如，描述系统的重新配置或演化。动态可能指系统总体结构的配置、建立或拆除通信通道或计算的过程。这类系统常是激励型的。

4. 过程模型

过程模型研究构造系统的步骤和过程，因而结构是遵循某些过程脚本的结果。

5. 功能模型

该模型认为体系结构是由一组功能构件按层次组成，下层向上层提供服务。它可以看做是一种特殊的框架模型。

这五种模型各有所长，将五种模型有机地统一在一起形成一个完整的模型来刻画软件体系结构更合适。

我们知道软件体系架构在软件开发的开发过程中的重要作用，它的地位就像是我们建造房子之前必须设计好房子的结构框架一样，起着高屋建瓴的重要作用，它的成败将直接关系软件开发的成败。软件体系架构代表了系统的公共的高层次抽象，包括用其行为来描述的功能构件和构件之间的相互连接、接口和关系等。

（二）数字物流软件体系结构的含义

数字物流软件体系结构是指数字物流软件的整体设计，为数字物流软件系统提供了一个结构、行为和属性的高级抽象，由构成系统的元素的描述、这些元素的相互作用、指导元素集成的模式以及这些模式的约束组成。数字物流软件体系结构不仅指定了系统的组织结构和拓扑结构，并且显示了系统需求和构成系统的元素之间的对应关系，提供了一些设计决策的基本原理。

数字物流对 Internet 相关技术要求更高，它的相关软件更需要网络的支持，体系结构更加注重数字化软件和物流软件如何联系在一起以形成一个允许用户共享信息和资源的通信系统。可以借鉴 IBM 的软件系统网络结构（SNA）和 DEC 的数字网络体系结构（DNA）以及开放式体系结构，如国际标准化组织（ISO）定义的开放式系统互联（OSI）模型。

按照软件工程的方法，人们通常把软件设计的重点放在数据结构和算法的选择上，但是数字物流软件系统要比一般的管理软件复杂，这使得它的体系结构的选择成为比数据结构和算法选择更为重要的因素。因此，数字物流软件体系结构研究的主要内容应借鉴计算机体系结构和网络体系结构中的宝贵思想和方法，设计软件体系结构风格和形式化方法等，以解决软件的重用、质量和维护等根本问题。

（三）数字物流软件体系结构的设计与实现技术

1. 体系架构设计

公共物流信息平台的体系架构采用在技术上较为成熟的 B/S 模式（浏览器/服务器

模式)。该结构基于 Internet 和 Web 技术，可以最大限度地降低第三方物流企业的建网成本，保证了信息系统的开放性以及可扩展性，

B/S 体系架构主要包括四层，分别是：表示层、Web 服务器层、应用服务器层和数据库服务器层。其中表示层主要是指客户端浏览器，包括电脑、手机及其他智能终端等。表示层与 Web 服务器之间主要通过 HTTP 协议、WAP 无线传输协议进行通信。Web 服务器是连接客户端与应用服务器的桥梁，它为使用不同终端设备的各种用户提供统一的浏览界面。应用服务器层是开发物流信息平台的重点。它主要用来处理物流企业的业务流程以及客户的应用需求，是公共物流信息平台的核心。数据库服务器主要功能是对业务数据文件的存储、检索、处理以及备份。由于公共物流信息平台面对的使用对象是众多的物流企业和客户以及不同的政府部门，需要有强大的并发能力以及跨平台能力，能够存储及处理海量的数据，因此数据库服务器的存储容量、处理能力以及安全性是十分重要的。中间件是具有标准的协议和接口的通用服务。它将应用服务器和数据库服务器分离从而屏蔽掉平台中不同类型的应用系统之间的差异。它还可以提供一定的底层服务，如状态监视、负载均衡等，从而可以保障数据库中数据的安全性以及完整性。

2. Webservice 技术

Webservice 的基础是 XML，是一种部署在 Web 上的、开放的 Web 技术规范。Webservice 使用完全独立的编程语言开发独立于硬件或软件的平台，具有良好的封装性及松耦合性。Webservice 基于以下的公开技术。

(1) 可扩展标记语言（XML）和 XML Schema（XSD）：XML 是 Webservice 中表示数据的基本格式，是 Webservice 体系的基础。它解决了数据的表示问题，但没有定义标准的数据类型，W3C 制定的 XSD 解决了这个问题。它定义了一套标准的数据类型，并给出了一种语言来扩展这套数据类型。

(2) 简单对象访问协议（SOAP）：SOAP 包括 SOAP 封装、SOAP 编码规则和 SOAP RPC（远程过程调用协议）表示三个部分组成。它提供了标准的 RPC 方法来调用 Webservice，是一组基于 XML 和 XSD 的消息传递协议。

(3) 统一描述、发现和集成协议（UDDI）：UDDI 是 Web 服务集成的一个体系框架。它包含了服务描述与发现的标准规范，并且定义了一项基于 SOAP 的协议，用于更新和查询 Web 服务信息库。UDDI 同时也是一种基础的系统构筑模块，它使商业实体能够快速方便地使用它们自身的企业应用软件来发现合适的商业对等实体，并与其实施电子化的商业贸易。

(4) Web 服务描述语言（WSDL）：WSDL 文档由用来描述数据类型的一组元素、服务可以收到的消息以及关联每条消息的 SOAP 绑定组成。它用一种和具体语言无关的抽象方式定义了给定 Web 服务收发的有关操作和消息，用于描述 WebService 及其函数、参数和返回值，是描述 XML Web 服务的标准 XML 格式语言。

要想使我国物流业实现质的发展，必须大力提高物流信息化水平，建设公共物流信息平台。研究分析了建设公共物流信息平台的体系结构以及 Webservice 技术，由于物流信息平台的建设会涉及众多的行业部门，是一项复杂的系统工程。因此，下一步的工作重点将是对公共物流信息平台的建设中所涉及的众多细节问题，例如：物流信息平台的体系结构问题、物流的标准化问题进行研究，从而推动我国物流业的发展。

二、物流企业信息平台的体系结构

为了更好地讨论和阐述数字物流信息平台的体系结构，我们先回顾一下一般的物流企业信息系统，即所谓物流信息平台的体系结构。

（一）物流业务的一般运作流程

一般来说，物流业务的运作如图 7－1 所示。

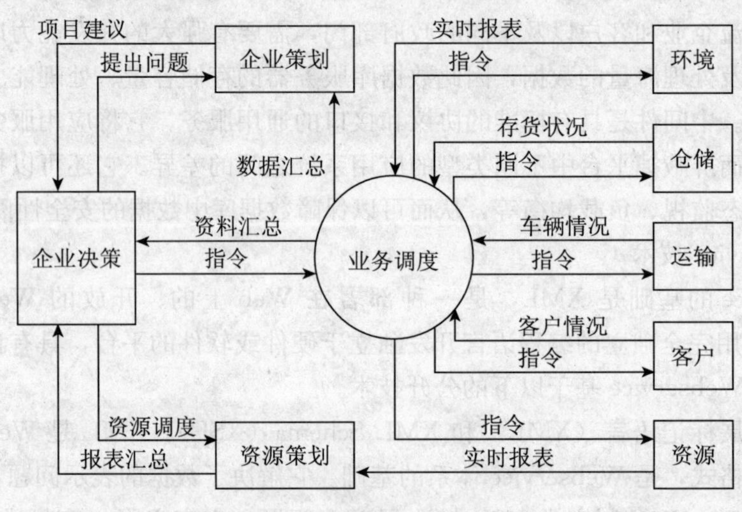

图 7－1　物流业务的运作

其中，环境：物流业务运作过程中的外部环境，包括银行、海关、税务、商检等社会环境；仓储：物流企业为客户提供的仓储服务；运输：物流企业为客户提供的海、陆、空运输业务；客户：物流企业的上、下游客户；资源：物流企业的战略合作伙伴、平台服务提供商等；企业策划和资源策划：集中信息资源，开发和提炼物流战略，包括，战略联盟——组成广泛和稳定的协作关系；市场开拓——开发客户潜力和市场机遇；服务分析——以利润为基础的客户服务分析和方案设计；业务决策：集中在决策应用方面，协助管理人员鉴别、评估和比较物流战略和策略的可选方案；业务调度：对物流业务进行管理、控制，实现最佳物流的流程；其功能主要提供服务水平和资源利用方面的管理反馈；通过归纳和总结寻求最大限度的市场和利润空间、优化资源配置、降低成本、提高服务水平等。

（二）物流企业信息系统（平台）的体系结构

物流企业对信息的要求是无止境的，随着网络计算技术的发展，随着市场需求和客户需求的增加，物流信息系统的功能和内涵也将随之增加。所以，在致力于物流信息系统开发的同时，必须清楚地了解物流和信息技术的发展方向。以下将从物流信息系统的功能层次和逻辑层次两个方面来描述物流信息系统的平台体系结构。

1. 物流信息系统的功能层次

物流企业信息系统不仅应注重改进交易的效益，如增加交易速度、减少人力资源的消耗，更重要的是应注重总结交易的数据，提高决策能力，结合定量化分析，评估配送设施安排、存货数量以及运输路线等，协助企业构筑优化的物流程序。物流企业的信息系统的功能层次如图 7－2 所示。

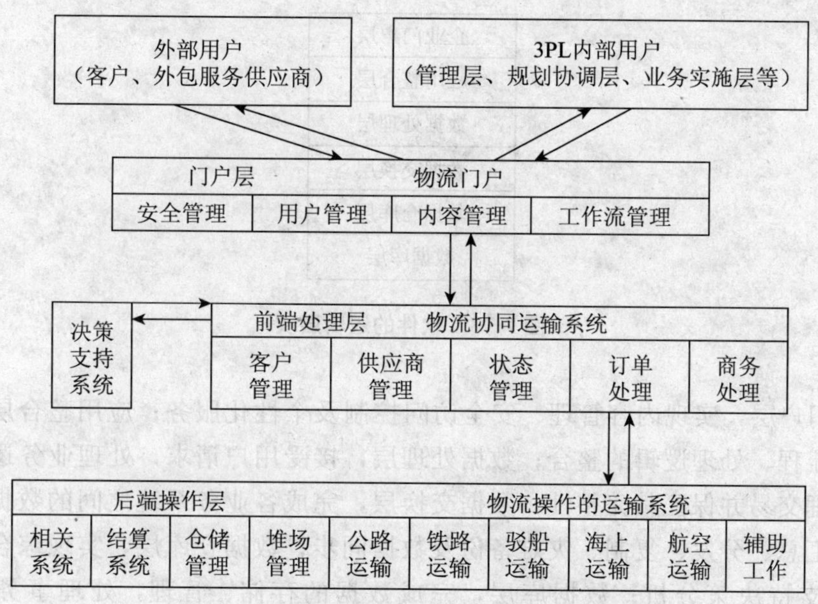

图 7－2　物流企业的信息系统的功能层次

无论是外部用户还是内部用户，均通过物流门户层来使用物流信息系统，而门户层的核心是内容管理，包括安全管理、用户管理、工作流管理等功能协同内容管理工作；内容管理调用物流协同运作系统（前端处理层）工作，物流协同运作系统的核心是订单处理，而客户管理、供应商管理、状态管理、商务处理等协助订单处理工作；订单处理调用物流操作的运输系统（后端操作层）工作，物流操作的运输系统包括多种仓储管理、堆场管理、公路运输、铁路运输、驳船运输、海上运输、航空运输、结算系统、辅助工作等子系统，同时还包括各子系统的相关系统（包括财务、人力资源、财务和办公等系统等）协同工作。

系统基于 Internet 的物流信息服务及与客户供应链管理相协同的能力包括在线交易/数据交换，同时具备适应不同电子商务模式的高度可扩展性以及系统/数据的高可靠性和安全性。

系统在统一平台上能够根据业务流程来集成各种不同应用，并能灵活地适应公司今后业务流程的变化，既能支持以项目为基础来开展的物流业务，也能支持物流操作的运输子系统独立的业务运作。

2. 物流信息系统的逻辑层次

物流信息系统遵循技术开放性的原则，既要保证技术的先进性，又要考虑到与现有系统的兼容性，保护现有系统的投资。

具体来说，物流软件系统逻辑上划分为：数据库层、数据仓库层、数据交换层、数据处理层，应用整合层及企业门户层。以上各层紧密配合、协同工作，实现完整、统一的一站式电子物流网站服务。其关系如图 7-3 所示。

企业门户层
应用整合层
数据处理层
数据交换层
数据仓库层
数据库层

图 7-3　软件的逻辑层次

企业门户层，实现内容管理、安全访问控制及个性化服务；应用整合层，完成各系统业务流程、处理逻辑的整合；数据处理层，接受用户请求，处理业务逻辑并给予应答、处理交易并保证其完整性；数据交换层，完成各业务系统之间的数据交换，实现数据的汇总、分发、复制、灾难备份及数据同步；数据仓库层，实现综合查询和多维分析，支持决策分析；数据库层，完成数据的存储、管理，处理事务并保证完整性。

在应用程序的设计和开发上，本着开放性和技术先进性的原则，采用标准的、成熟的、主流的技术，遵循模块化设计思想，利用组件技术理念，进行面向对象的开发。这样既可保证系统的灵活性，又具有极强的扩展能力，为今后系统的扩展、升级以及业务逻辑的改变提供了广阔的空间。

（三）物流信息系统软、硬件支撑平台

对于企业而言，只有充分发挥建立在硬件上的软件系统的作用，才能真正将分散的、事后的人工管理系统转变成为可监控、准时的管理系统。要实现这一目标，就需要构建自己的 Intranet/Extranet，将企业内的软件集成为一体，建造完备的企业级软件系统，充分利用 Internet 资源，以提高企业的管理水平和科学决策能力。

从企业应用角度来看，一个完备的企业软件构件系统应该具有集成性、可用性、扩展性、可重用性等特性。

目前，物流信息系统是由规模庞大、位置分散、类型不同的计算机组成，采用的操作系统也不尽相同；同时企业内部存在着大量的数据文件、数据库系统、不同语言实现的应用程序等复杂情况。

为了更好地完善物流信息系统并为以后的发展做准备，物流信息系统应采用 Inter-

net 硬、软环境来支持，从而真正做到软件工程所要求的：软总线、软插件、软件重用，有利于集成网上的大系统，做到资源共享、资源重用，不断而渐进地发展大企业的信息化建设。采用 Internet 硬、软环境支持的物流信息系统的框架如图 7-4 所示。

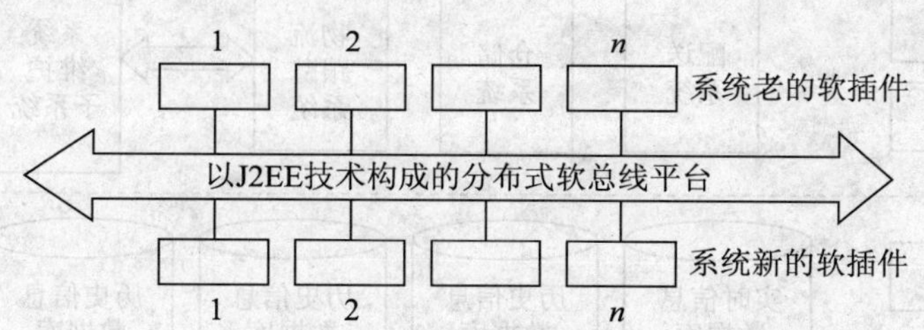

图 7-4　用分布式面向对象技术集成的物流信息系统

1. 系统软件支撑环境

处在 Internet 之上的程序设计语言、数据库、浏览器、分布式面向对象技术等结合在一起构成了 Internet 软环境。Internet 软环境处于操作系统之上，屏蔽了操作系统和网络协议的差异，支持分布计算，不仅实现了应用间的互联，而且实现了应用间的互操作和资源共享。Internet 软环境产品不仅仅是一种软件产品，更重要的是一种计算模型和标准。在软环境所提供的网络分布式开发平台之上，能够开发出大量适合于各种应用领域的软件，从而带动软件业的发展，形成规模效应。Internet 软环境处于应用软件之下，可以为应用软件提供运行与开发的环境，帮助用户灵活、高效地开发和集成复杂的应用软件。

Internet 软环境已成为分布式应用的关键性软件，广泛适用于金融、电信、交通、军事等领域，它也必将适用于物流信息系统的开发。

2. 系统硬件支撑环境

早期的 Internet 应用主要限于科学和教育领域，20 世纪 90 年代进入金融、电信、CIMS、交通、能源等诸多领域。伴随世界经济全球化、信息化的步伐，建设 Internet 之上的电子商务成为 Internet 应用的热点，经济与 Internet 的结合成为了 Internet 发展的动力，因此 Internet，特别是未来将会普及的 NGI（Next Generation of Internet）或 Internet 必将是物流信息系统的硬件支撑环境。

二、数字物流信息平台体系结构模型

系统结构设计的主要任务是对系统体系结构进行抽象，确定系统总体结构，进行系统功能模块的划分，设计接口，并制定数据结构。

数字物流信息平台主要由采集层、网络层、数据层、应用层、表现层、决策层六个部分组成，总体体系结构如图 7-5 所示。

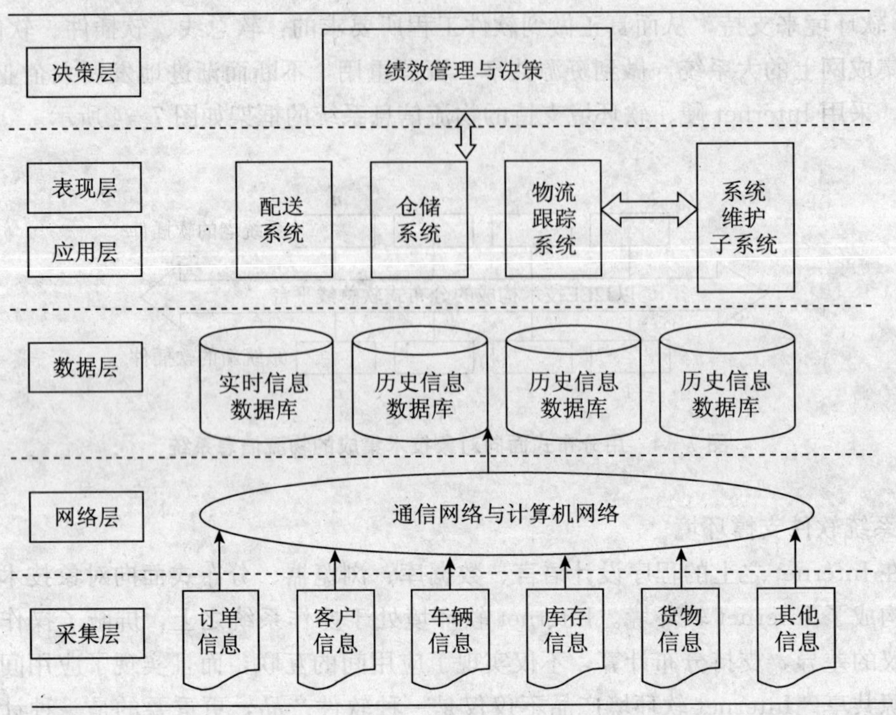

图 7－5　数字物流信息平台总体体系结构

（一）采集层

数字物流信息系统平台是建立在信息基础上的，而这些信息的获得需要通过不同手段和措施；这些获得信息的手段和措施以及相应的信息采集点就组成了采集层。采集层采集的内容有客户、货物、车辆状态、员工、订单等信息，采集手段包括 GPS、RFID、各类传感器以及相关采集装置进行的自动采集、手动输入、通过数据接口自动获取等。

（二）网络层

网络层为信息共享和数据传输提供基础，网络的建设一般根据实际情况采用公网和专网相结合的方式，向各级提供网络接口、数据接口和系统接口使各类信息得到充分共享，各级系统在确保网络安全的前提下成为一个有机的整体。

（三）数据层

数据层通过建立所有相关的数据的模型或结构，使应用层能够更方便、更快捷地获得各种信息，产生各种应用。因为面对的是海量的不同种类的数据，又要直接面向信息的应用。此外，数据结构的建立必须遵循相关标准，以便为上级或下级系统提供数据接口。

（四）应用层

应用层建立在数据层的基础之上，通过建立各种应用模型如业务逻辑模型等，提供各种应用功能如信息服务、统计分析、预报决策等。

（五）表现层

表示层以浏览器为载体，直接向各级人员提供其所需要的相关功能或信息服务。

（六）决策层

决策层建立在以上层面的基础上，应在全面总结和预测可能影响因素的前提下，提出可供选择的多种方案供决策者选用。

第二节 数字物流信息平台技术架构与网络通信平台

一、数字物流信息平台技术架构

数字物流综合信息平台的技术架构通常是基于 Windows、Linux 操作系统，以企业门户的方式面向业务流程的集成系统。一般的数字物流综合信息平台的技术架构如图 7－6 所示。

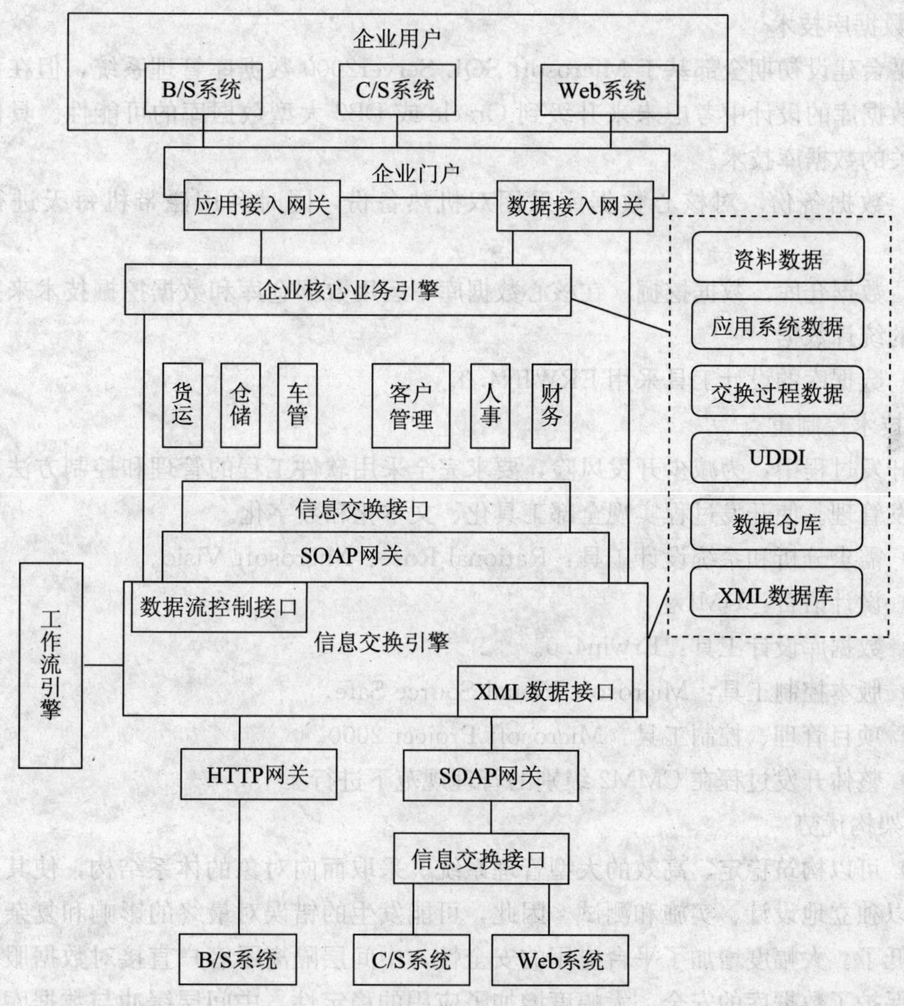

图 7－6 数字物流综合信息平台的技术架构

应用服务器中运行的企业门户从多个内部应用集成信息，并提供一个跨越这些应用的业务处理的入口点。内部传统应用的一些公共业务可以包装成 Web 服务发布到 UDDI 注册中心，以供企业门户应用或其他应用使用。企业门户应用要调用内部应用信息，可从 UDDI 注册中心来获得可提供的 Web 服务的技术接口信息，并且在企业范围内调用这些服务。一些经常被调用的 Web 服务的绑定信息将被企业门户应用缓存，这样可以节省花费在动态绑定上的资源和时间。作为企业外部的用户或协作企业可通过因特网，经过防火墙远程调用企业内部的 Web 服务。企业内部传统应用之间可直接通过 SOAP 协议相互连接。通过 Web 服务的封装把企业门户和各种传统业务应用程序松散地集成起来。

二、平台开发所应用技术体系

（一）ASP 技术体系

ASP 技术体系主要有以下特点：完全面向对象、具有与语言的无关性、对动态 Web 页面的支持、高效的数据访问、Web 服务的支持等。

1. 数据库技术

在平台建设初期全部基于 Microsoft SQL Server2000 数据库管理系统，但在可信业务委托数据库的设计中考虑未来升级到 Oracle 或 DB2 大型数据库的可能性。具体采用如下有关的数据库技术。

（1）数据备份。对核心数据库采用双机热备份，同时利用磁带机每天进行一次备份。

（2）数据仓库、数据挖掘。在核心数据库中运用数据仓库和数据挖掘技术来提取决策使用的统计数据。

（3）数据库的设计工具采用 ERWIN4. 0。

2. 技术控制重点

在开发过程中，为减少开发风险，要求完全采用软件工程的管理和控制方法对平台进行开发管理。使开发过程实现全部工具化、文本化和数字化。

（1）需求分析和系统设计工具：Rational Rose、Microsoft Visio。

（2）设计语言：UML。

（3）数据库设计工具：Erwin4. 0。

（4）版本控制工具：Microsoft Visual Source Safe。

（5）项目管理、控制工具：Microsoft Project 2000。

（6）整体开发过程在 CMM2 级别的管理规范下进行。

3. 架构优势

（1）可以构筑稳定、高效的大型管理系统。采取面向对象的体系结构，使其每一部分都可以独立地设计、实施和测试。因此，可能发生的错误对最终的影响和复杂性被大大地降低了。大幅度增加了平台应用的安全性，中间层隔离了客户直接对数据服务器的访问，保护了数据库的安全。大幅度增加了应用的稳定性，中间层缓冲与数据库的实际连接，使数据库的实际连接数量远小于应用数量，这有利于数据库系统稳定运行。大幅度增加了系统应用的可维护性，由于业务逻辑在中间服务器，当业务规则变化时，客户端程序可基本不作改动，只需更换相关的业务逻辑组件。

(2) 快速响应和可扩展性。可以通过负载均衡以及中间层缓存数据的能力，提高对客户端的响应速度。插件和插件包的应用，将大大增加系统未来的可扩展性，任何业务的扩展和业务模式的改变，都可以容易、方便地被插进系统或修改相应的业务包来予以实现，这个构成不需要改动系统的主框架，也不需要对其重新编译和发布，这将大大降低未来扩展的成本。

（二）J2EE 技术体系

J2EE 是开放的、基于标准的技术平台，用以开发、部署和管理 N 层结构、面向 Web 的、以服务器为中心的企业级应用。

它是 Java 技术不断适应和促进企业级应用过程中的产物。目前，Java 平台有三个版本：适用于小型设备和智能卡的 J2ME（Java 2 Micro Edition）、适用于桌面系统的 J2SE 和适用于企业级应用的 J2EE。Sun 推出 J2EE 的目的是为了克服传统 Client/Server 模式的弊病，迎合 Browser/Server 架构的潮流，为应用 Java 技术开发服务器端应用提供一个独立的、可移植的、多用户的、安全的和基于标准的企业级平台，从而简化企业应用的开发、管理和部署。J2EE 是一个标准，而不是一个现成的产品。各个平台开发商按照 J2EE 规范分别开发了不同的 J2EE 应用服务器，J2EE 应用服务器是 J2EE 企业级应用的部署平台。由于它们都遵循了 J2EE 规范，因此，使用 J2EE 技术开发的企业级应用可以部署在各种 J2EE 应用服务器上。

J2EE 将组成一个完整企业级应用的不同部分纳入不同的容器（Container），每个容器中都包含若干组件（这些组件是需要部署在相应容器中的），同时各种组件都能使用各种 J2EE Service/API。使用 J2EE 架构企业级应用的体系架构如图 7－7 所示。

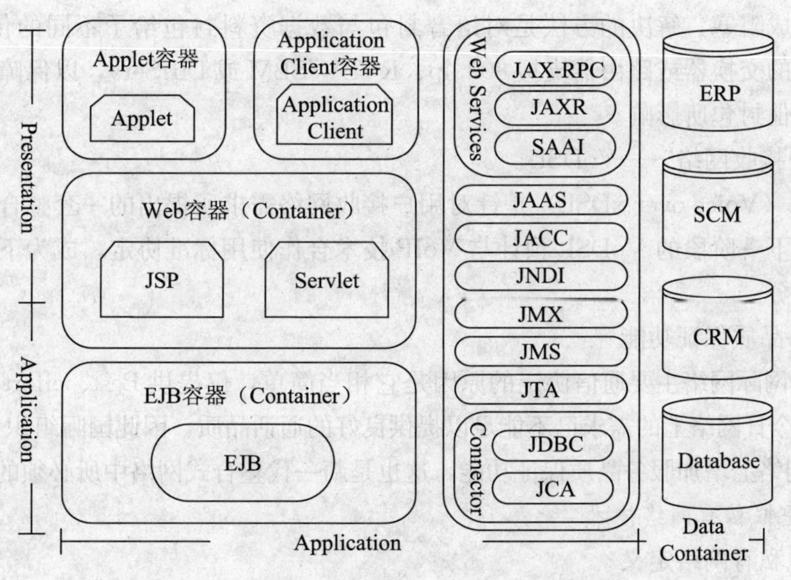

图 7－7　使用 J2EE 架构企业级应用的体系架构

J2EE 容器包括：EJB 容器管理所有 J2EE 应用程序中企业级 bean 的执行。enterprisebean 和它们的容器运行在 J2EE 服务器上。Web 容器管理所有 J2EE 应用程序中 JSP 页面和 Servlet 组件的执行。Web 组件和它们的容器运行在 J2EE 服务器上。应用程序客户端容器管理所有 J2EE 应用程序中应用程序客户端组件的执行。应用程序客户端和它们的容器运行在 J2EE 服务器上。Applet 容器是运行在客户端机器上的 Web 浏览器和 Java 插件的结合。在 View 部分，J2EE 提供了三种手段：Web 容器中的 JSP（或 Servlet）、Applet 和 Application Client，分别能够实现面向浏览器的数据表现和面向桌面应用的数据表现。Web 容器中的 Servlet 是实现 Controller 部分业务流程控制的主要手段；而 EJB 则主要针对 Model 部分的业务逻辑实现。至于与各种企业资源和企业级应用相连接，则是依靠 J2EE 的各种服务和 API。在 J2EE 的各种服务和 API 中，JDBC 和 JCA 用于企业资源（各种企业信息系统和数据库等）的连接，JAX-RPC、JAXR 和 SAAJ 则是实现 Web Services 和 Web Services 连接的基本支持。

三、数字物流网络通信平台

数字物流的突出特点体现在其由多种信息化技术支持的网络通信平台，本节将主要介绍数字物流网络通信的相关技术。

（一）整合式网络技术

数字化网络已由最初档案转换服务的纯数据资料网络架构，朝向包括数据资料、语音、影像等各式即时与非即时性服务的整合式网络架构发展。而整合语音与数据资料在同一网络架构上服务是最基本及最关键的做法。

1. VoIP in LAN

一般而言，区域网络的频宽加上 Wire-Speed 交换/路由器技术都很成熟，所以良好的语音品质没有问题。但是对于语音封包与数据资料封包是在同一网络上传输，可能在短时间内造成阻塞，解决的方法是对语音封包与数据资料封包给予不同的传输优先权。区域网络中的交换器或路由器支援 802. lp、RVSV/SBM 或 DiffServ，以保障语音封包的传输不受其他封包所影响。

2. 用户接收网络——VoDSL

VoDSL（Voice over xDSL）是针对用户接收网络需求所提出的一套整合语音数据传输的方案。下一阶段的 VoDSL 预计与 VoIP 技术合作使用标准协定，成为下一代整合式网络的一部分。

3. 服务品质保证功能

IP 成为网际网络主要通信协定的原因是它相当简单，仅提供 Best、effort 的封包传送方式。但对今日网络上的需求已不能足以提供良好的通话品质，因此国际组织 IEIF 近年来尝试在 IP 网络上增加服务品质保证功能，这也是新一代整合式网络中所必须的功能。

（二）虚拟私有网络技术

1. 虚拟私有网络定义

所谓虚拟私有网络（Virtual Private Network，VPN），是利用 Internet 建构企业的

私有网络。其优点包括：具有扩充性能力；初期建制成本低；传输费用已由长途性变为区域性，故较为便宜；增加或减少传输对象均相当便利；传输对象可遍布全球各地。

虚拟私有网络并非是单一技术或产品，而是一种网络应用的概念。一个 VPN 解决方案至少包括三种技术面：Virtual（建制虚拟通道的技术）、Private（保护通道安全的技术）、Network（网络管理技术）。

2. VPN 的 Tunneling 技术

是指在两个区域网络之间或远端使用者与公司内部网络之间建立一个虚拟的通道，跨越公众网络 Internet，使其如同一个单一区域网络一般。

3. VPN 的安全技术

它不仅只是保护资讯的隐密不被第三者窃取，同时须保障网络传送内容不会被篡改，即资料的一致性。第三个便是资料来源和验证，即确定资料不是来自公开网络上第三者所传送，以达到如专属封闭式私有网络一样的安全。

4. Policy-based 网络管理技术

传统网络管理必须通过各个界面，对各网络设备予以逐一设定，并从各种不同的工具收集资讯、监控系统。目前该技术希望达到下列目标：

（1）集中式管理，降低作业成本。

（2）管理工作自由化，简化工作时间。

（3）界面一致化，以减少界面数量，有利于成本下降。

（4）管理资料抽象化，跨设备的通用化。

第三节　数字物流信息资源规划与基础数据平台

一、数字物流信息资源规划

现代物流以提高物流效率、降低物流成本、满足客户需求为根本宗旨，并越来越呈现出信息化、网络化、自动化、智能化、标准化等发展趋势，其中信息化是现代物流发展的核心。信息资源规划作为消除“信息孤岛”、整合信息资源、实现信息资源共享的主要途径是物流信息化建设中的关键。

（一）信息资源规划的方法

信息资源规划体系结构如图 7－8 所示。

信息资源规划的第一阶段要进行需求分析，包括对功能的需求分析和对数据的需求分析。功能的需求分析包括定义职能域、定义业务过程和业务活动分析。按信息工程方法论关于信息资源规划要面向全域和主要职能域的原则，由主管领导和业务分析人员对管理的所有领域按照各种业务的逻辑关系，将它们划分为若干职能区域。然后弄清各职能区域中所包含的全部业务过程，最后再将各个业务过程细分为一些业务活动。

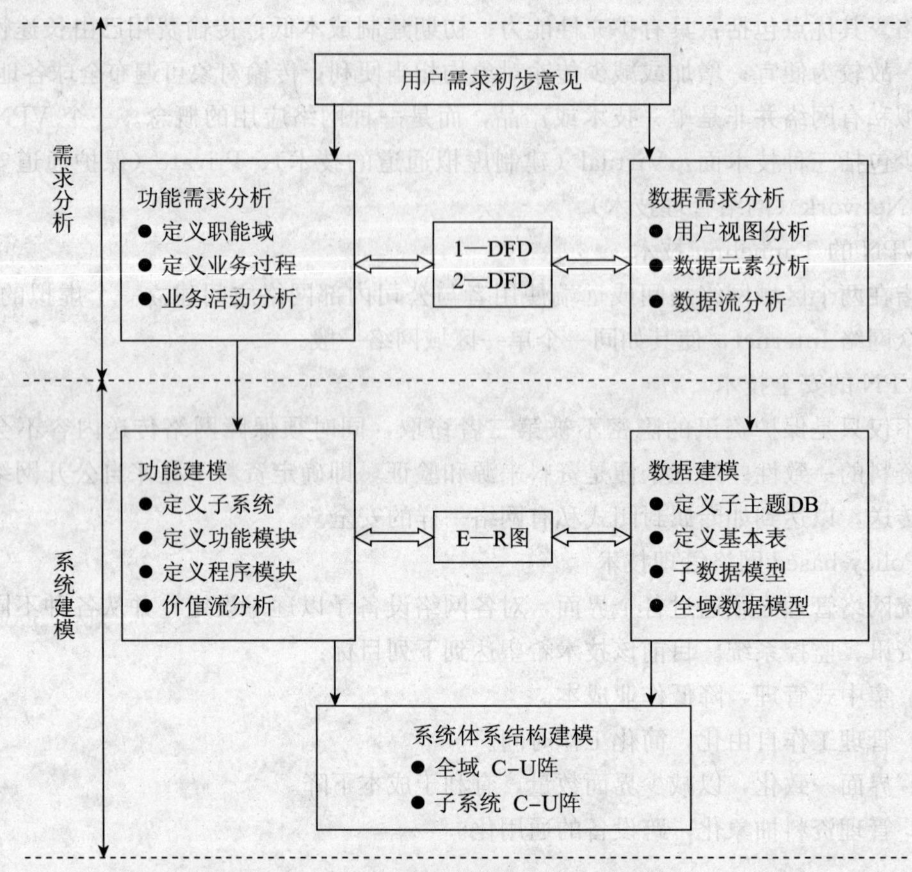

图 7-8　信息资源规划体系结构

数据需求分析是信息资源规划中最重要、工作量最大且比较复杂的分析工作，要求对管理的所有领域需要的信息进行深入的调查研究，它包括用户视图分析、数据元素分析和数据流分析。系统建模是指在规范化需求分析的基础上进行系统模型的建立，这是信息资源规划的核心和关键性工作。它包括功能建模、数据建模和系统体系结构建模。基于需求分析和业务流程重组进行系统功能建模，由逻辑子系统、功能模块和程序模块组成，是解决“系统做什么”的问题。系统数据建模就是要解决系统的“信息组织”问题。它是信息资源规划的核心部分，是数据环境重构的根本保障。

数据建模的基本工作包括：首先，识别定义业务主题，按主题将用户视图分组定义为实体大组，提出概念数据模型；其次，按业务需要进一步分析实体的属性，规范化数据结构产生基本表，提出逻辑数据模型；最后，是数据元素规范化，进一步审核基本表的组成。系统体系结构建模是指系统数据模型和功能模型的关联结构，采用 C-U 矩阵来表示，它对控制模块开发顺序和解决共享数据库的共建问题有重要的作用。系统体系结构模型分为全域系统体系结构模型和子系统体系结构模型，前者表示整个规划范围所有子系统与主题数据库的关联情况，后者表示一个子系统的所有功能模块与基本表的关联情况。

(二) 注意问题

数字物流信息化建设，做好信息资源规划应注意的几个问题。

1. 数字化信息资源规划应注重整体规划

物流信息资源规划是个庞大的系统工程，必须在国家物流企业信息化工作领导小组和各地物流企业信息化工作领导小组统一的规划和组织下，加强同物流企业信息化整体规划的结合，才能形成合力，加快发展物流信息化建设。整体规划最重要的是要有宏观规划，每个单位要在上一级的统一规划下，确定自己的信息资源规划。

2. 有效整合数字化物流信息资源

我国要发展现代物流，抓住全球化和信息化带来的发展机遇，必须加强物流信息资源整合，大力推进公共信息平台建设，建立健全电子商务认证体系、网上支付系统和物流配送管理系统，促进信息资源的共享。通过信息资源规划，重新梳理物流企业的工作流程，采用适合自身需求的物流信息技术，建立优化合理的系统模型，开发相应的信息系统。通过改造或重构建立高档次的数据环境——主题数据库（Subject Data Bases）环境，建立物流信息标准和信息系统模型，推进公共物流信息平台建设。

3. 物流数字化需要分层次逐步进行

物流数字化是分层次的，第一层就是基础信息化。主要解决信息的采集、传输、加工、共享问题，从而提高企业决策水平和产生效益。第二层是涉及流程改造的数字化。企业为了不断降低成本和加快资金周转，将系统论和优化技术用于物流的流程设计和改造，融入新的管理制度之中。第三层是供应链的形成和供应链管理作用的提升，物流管理是其中的重要组成部分。

以上三个层次的应用中，后一阶段往往以前一阶段的基础为起点，即流程改造和过程优化控制要求具备一定的信息化基础，而供应链管理又以各企业流程设计和运行优化为基础。

4. 要重视数字化人才队伍建设

信息资源规划中，工作量大、难度高，需要各种人员共同参与。他们不但要熟练地掌握规划工作所采用的技术和方法，而且要具有丰富的物流专业理论知识。所以，造就一支高素质的数字化建设组织领导、技术研发和使用管理队伍，是必须首要解决的问题。要突出育人、选人和用人三个环节，以物流数字化建设需求分析为重点，结合日常工作和物流数字化建设项目，着力培养一批通晓物流业务和信息技术的复合型人才。

二、数字物流基础数据平台

“数字物流”的核心是信息，建设“数字物流”需要解决一系列最基本的问题，其中包括了物流基础数据的获取、更新和使用等方面。数字物流基础数据平台已经成为物流行业发展的迫切需要，用信息技术解决物流企业的信息采集、传输、共享的标准和成本等问题，使信息成为控制、决策的依据和基础，整合行业已有资源，实现行业资源共享，发挥物流行业的整体优势，确保物流运作过程中信息流的速度和质量，为决策提供及时、准确的信息，为生产、销售及物流企业等信息系统提供基础物流信息，满足企业信息系统对公共物流信息的需求，从根本上改善物流行业分散运作的现状。

（一）平台的作用

数字物流基础数据平台的作用主要体现在以下几个方面。

1. 采集基础数据

通过对基础数据的采集，为生产、销售及物流企业的信息系统提供基础支撑信息，满足企业信息系统对基础信息的需求，支撑企业信息系统各种功能的实现。

2. 整合物流信息资源

公共物流信息平台最重要的作用就是能整合各物流信息系统的信息资源，完成各系统间的数据交换，实现信息共享。

3. 整合社会物流资源

物流基础数据平台的发展加强了供应链上、下游企业间的沟通与合作，促进了社会物流资源的整合，提高了社会大量闲置物流资源的利用率。

4. 推动电子商务和电子政务的发展

物流基础数据平台与电子商务系统和电子政务系统的连通，真正实现企业之间、政府各部门之间，政府、企业与客户之间的物流信息共享，打破传统物流条块分割的不利影响，促进电子商务交易系统和电子政务管理系统建设的深入开展，有利于政府相关部门协调工作、改进工作流程、提高工作效率、在宏观决策上进行科学的预测分析、规划，制定相关政策；在行业管理上可通过平台获得企业信息、需求总量、供给能力、运营状况等，及时进行行业调控。

（二）数字物流基础数据平台结构

作为一个综合性的数字物流基础信息平台，数字物流基础数据平台的服务对象主要有第三方物流企业、专业运输企业、专业仓储企业、上游的供应商、下游的采购方（如制造企业、加工企业）以及海关、工商、外经贸等政府机构和银行、保险等企业组成，平台结构设计如图 7 - 9 所示。

数字物流基础数据平台的实质就是将各种类型的信息系统集成起来，建立一种稳定的数据交换和信息共享机制，供物流活动参与各方进行规划、管理和业务运作。数字物流基础数据平台的实时性主要体现在物流实时跟踪功能的实现，它作为数字物流基础数据平台的重要组成部分和基础数据的主要来源之一，重点解决物流作业的信息采集、分析、处理、运载工具实时监控、物流信息实时查询与发布等相关技术问题，涉及的内容最多、功能最复杂。

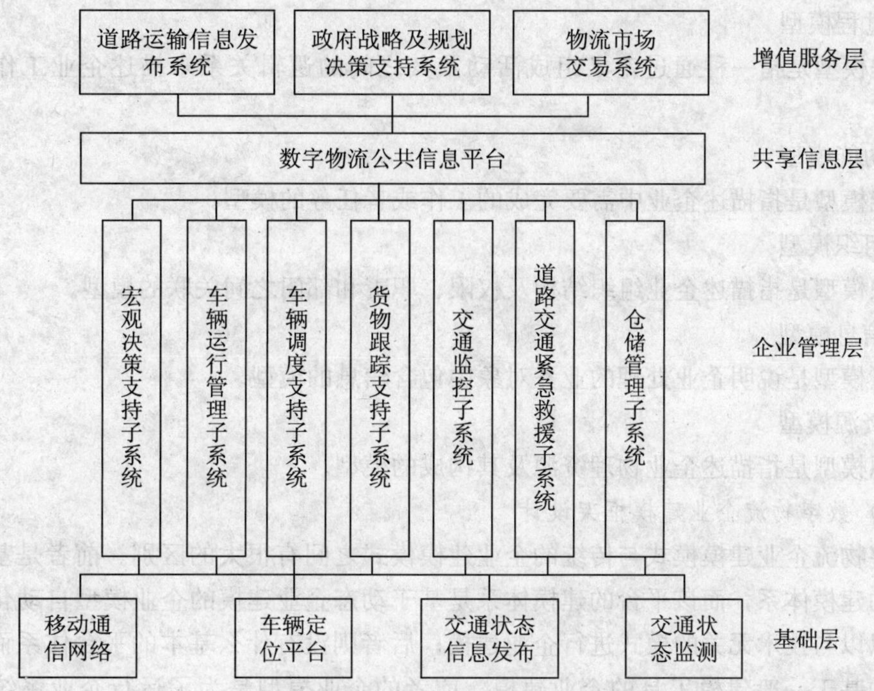

图 7-9 数字物流基础数据平台结构

第四节 数字物流企业建模与业务逻辑平台

一、数字物流企业模型

（一）企业建模概述

企业模型是人们为了了解企业而对企业或企业某些方面进行抽象后得到的描述。而Vemadat给出的定义为：企业模型是一组特定目的的互补模型的一致集合，这些特定模型描述了企业的某些用户特定需求不同的事实。企业模型具体有两个显著的特点。

1. 企业模型由一组模型组成

由于企业是一个非常复杂的系统，一般不可能用一个模型描述清楚，因此一般都由一组模型组成，每个子模型完成企业某一个局部特性的描述，再按照一定的约束和连接关系将所有的子模型组合在一起构成整个企业模型。

2. 企业模型具有多视图性

企业的复杂性需要采用多个视图从不同的侧面描述企业，每个视图从一个侧面描述企业的一部分特性，不同的视图之间互相补充，共同完成对企业的描述。这些视图之间具体内在的联系，既互相制约又互相集成。

（二）数字物流企业模型分类

数字物流企业与一般的企业一样，企业模型可以有以下几种分类。

1. 过程模型

过程模型是指一种通过定义组成活动及其之间的逻辑关系来描述企业工作流程的模型。

2. 功能模型

功能模型是指描述企业中需要完成的工作或者任务的模型。

3. 组织模型

组织模型是指描述企业组织结构及权限、职责和部门之间关联的模型。

4. 信息模型

信息模型是说明企业处理的业务对象中包含信息的模型。

5. 资源模型

资源模型是指描述企业物理资源及其构成的模型。

（三）数字物流企业建模框架设计

数字物流企业建模模式与传统的企业建模模式之间有很大的区别。前者是基于数字化平台的建模体系，而该平台的建模体系是基于动态企业建模的企业模型自动化开发模式，可以以与技术无关的模式进行企业建模；后者则没有什么基本的平台体系而言，只是简单的基于一般建模工具的企业建模。前者的企业模型是为了运行企业系统而建立的，是企业系统开发的主模式；后者的企业模型是为了企业系统设计和开发而建立的，是企业系统开发的辅助模式。

针对现有的企业建模框架存在的问题，并根据基于平台的企业建模模式对企业建模框架的要求，本书提出了基于平台的企业建模框架，如图 7－10 所示。

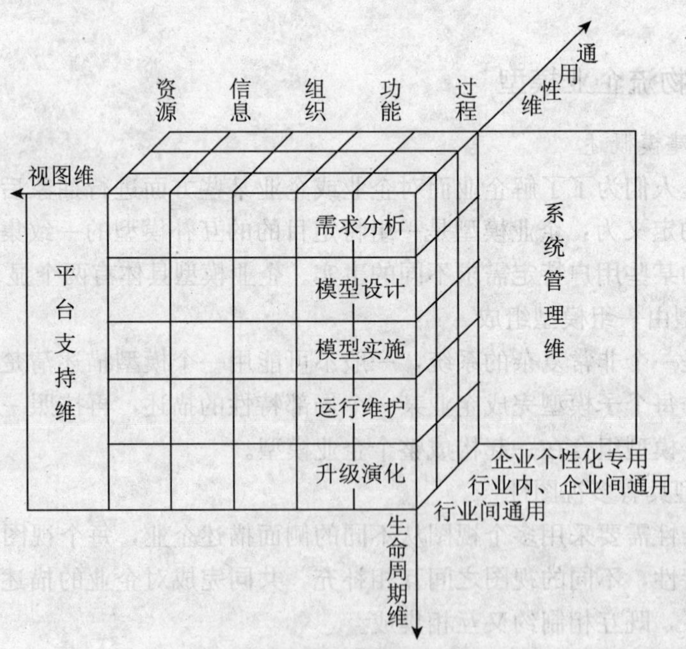

图 7－10　数字物流企业建模框架

该模型框架吸收了现有的主流企业建模框架的多维度建模观点，如基于多视图、生命周期、通用性等的多维度。本书的企业建模框架是基于业务基础软件平台的，自然需要该平台的支持。另外，在系统的运行过程中，需要从系统的高度进行管理，以此维护模型的一致性。框架还吸收了面向对象的企业信息系统建模观点，并与 ARIS 建模视图框架相融合，并在其基础上加入了过程视图，以更全面的描述企业。将该建模框架共分为五个维度：视图维、通用性维、生命周期维、系统管理维和平台支持维。每个维又被进一步分为若干个层次或视角，各个维及各维中的各层次或视角相互联系，共同对基于平台的企业建模框架提供支持。

二、数字物流业务逻辑平台

（一）数字物流业务逻辑平台的概念

“业务逻辑平台”是一种技术创新，也是一种新的企业管理软件体系结构，它将企业管理应用软件的业务逻辑和实现技术分离开来，使得应用软件的开发者可以集中关注应用的业务领域，而不必关注其技术的实现。这使管理与业务人员参与应用软件的开发成为可能。

数字物流业务逻辑平台是指以数字物流业务导向和企业模型驱动的、可快速构建企业应用的开发平台。它包括集成应用平台和开发体系两个部分。从技术角度分析，业务基础平台为企业复杂应用软件系统的开发提供了一个基础框架，并有与之相应的、方便易用的开发与维护管理工具。

（二）数字物流业务逻辑平台的构成

数字物流业务逻辑平台的构成如图 7－11 所示。

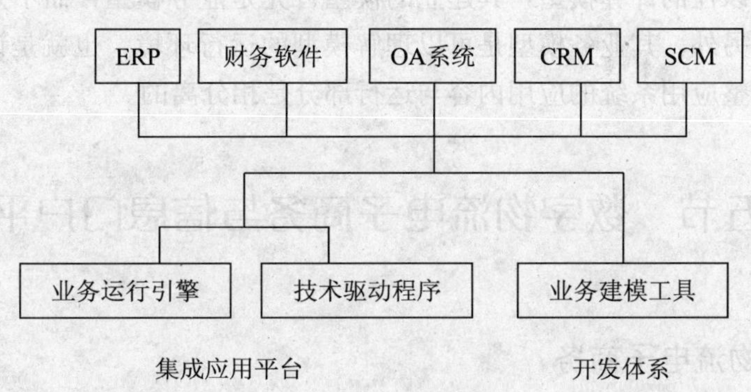

图 7－11　数字物流业务逻辑平台的构成

其中，业务运行引擎包括组织机构管理、业务分工及安全控制、团队协作、业务处理、业务工作流、业务集成、业务智能、业务自动化、决策分析等。

技术驱动程序包括操作系统、数据库、Web 服务器、应用服务器和基础架构平台等的支持。

业务建模工具包括用户主导、快速开发、灵活调整、持续完善等功能。

（三）数字物流业务逻辑平台的技术实现

业务逻辑平台通过引入企业模型理论（EE/EM），为管理软件设计和开发提供业务层面的导向和依据。企业模型规范了描述企业业务的各类要素和方法规则，可以全面、准确地描述用户需求，保证信息系统按照正确的架构开发。模型如图 7－12 所示。

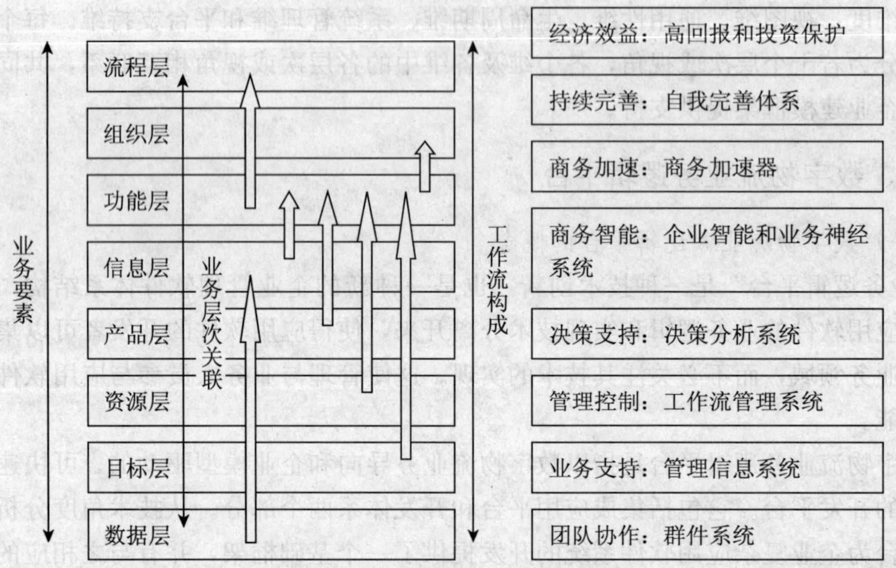

图 7－12　依据业务逻辑引导软件设计

以业务架构平台为基础的开发方式主要以建立模型为主，而且以业务架构平台为基础的模型不同于以往的计算模型，其建立的模型首先是业务模型，而不是为编程服务的程序结构模型。另外，其业务模型是可以理解模型的运行环境，也就是说，在业务架构平台里，一个完整应用系统的应用内容与运行部分是相分离的。

第五节　数字物流电子商务与信息门户平台

一、数字物流电子商务

数字物流电子商务是指物流企业利用数字化技术并采用条码、射频、地理信息系统、全球定位系统等信息技术，来实现空间数据和非空间数据动态信息的交互式管理，能够进行信息搜索、谈判处理、物流单证处理、信息采集与识别的自动化、车辆的自定位、跟踪调度，每一件货物从生产地到最终客户的物流活动全过程（包括发运、到站、进仓、出仓、包装等）中信息服务、支付等商务活动的管理信息平台。

（一）数字物流电子商务平台结构

数字物流电子商务平台的一般结构如图 7－13 所示，主要由物流企业门户、物流企

业信息系统、上、下游客户、认证中心、支付中心和互联网组成。

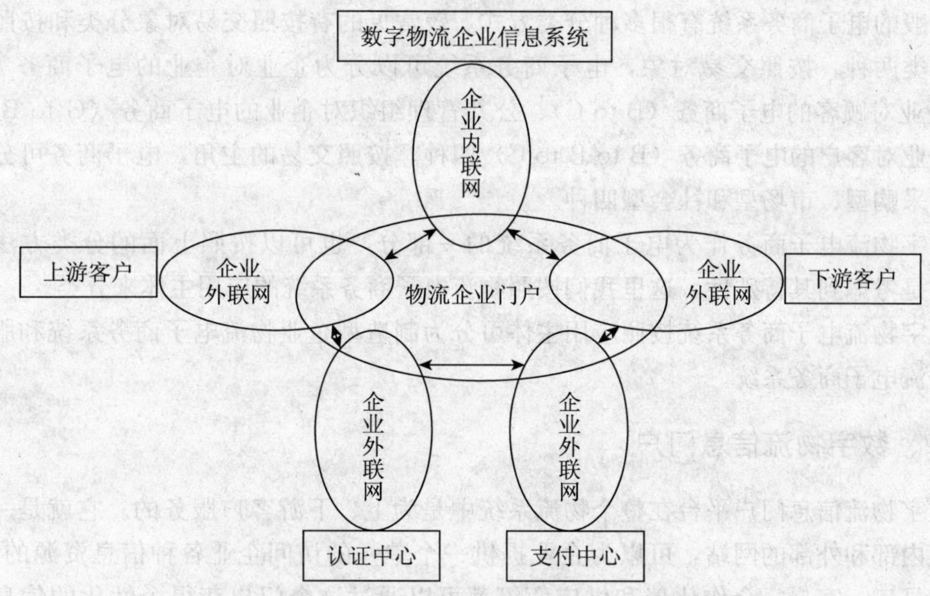

图 7－13　数字物流电子商务平台的一般结构

数字物流电子商务平台是一个有机的整体，各组成部分相互联系，不可分割。其中，互联网是物流电子商务平台中最重要的组成部分，企业与其上、下游客户、认证中心、支付中心的所有信息传递和共享都是通过互联网来实现的。

（二）数字物流电子商务平台的组成

数字物流电子商务系统没有一个固定的组成模式，根据企业业务的不同各有其侧重点，但是不同企业的数字物流电子商务系统也有通用的组成部分。

1. 通用部分

通用部分主要包括信息服务和公共服务。信息服务主要包括宣传企业静态信息、动态信息，支持企业远程办公，提供关于整个物流电子商务系统各种功能的使用指导，实现企业与门户的信息交互。公共服务部分主要完成支付、认证、报税、报关等功能。物流电子商务系统提供与支付中心、认证中心、税务机关以及海关等部门的接口，以便实现上述功能。

2. 第三方物流电子商务系统

对于第三方物流企业来说，物流电子商务系统主要实现的功能包括：支持用户在线向物流企业进行业务委托；支持用户在线向物流企业进行业务委托；支持用户远程实时获知物流服务的进展情况；用户就可能的服务变更与企业取得联系和磋商，并及时获取企业的反馈；用户和企业在线了解发生的成本费用情况，并进行结算和提供支付信息等。

3. 制造型企业物流电子商务系统

对于制造型企业来说，资源协调是重中之重，企业根据生产计划和订单情况安排，

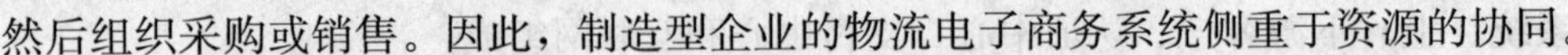

然后组织采购或销售。因此，制造型企业的物流电子商务系统侧重于资源的协同。

（三）数字物流电子商务平台的分类

一般的电子商务系统有很多种分类方式。较常见的有按照交易对象分类和按照交易主角分类两种。按照交易对象，电子商务系统可以分为企业对企业的电子商务（B to B)、企业对顾客的电子商务（B to C)、公共管理组织对企业的电子商务（G to B)、企业对企业对客户的电子商务（B to B to C）四种。按照交易的主角，电子商务可分为销售型、采购型、市场型和社会型四种。

数字物流电子商务作为电子商务系统的一部分，也可以按照上面的分类方法来分类。但是考虑到其特殊性，这里我们按照物流电子商务系统的应用主体来分类。

数字物流电子商务系统按照应用主体可分为制造型企业物流电子商务系统和服务型企业物流电子商务系统。

二、数字物流信息门户

数字物流信息门户平台在整个物流系统中是为上、下游客户服务的。它就是一个连接企业内部和外部的网站，可以为企业提供一个单一的访问企业各种信息资源的入口，企业的员工、客户、合作伙伴和供应商等都可以通过这个门户获得个性化的信息和服务，可以通过Web进行各种信息查询，进行信息共享，而且可以进行基于不同角色的访问及共享信息。

（一）数字物流信息门户的功能

企业的信息门户对企业内部是管理和查询日常业务的公用平台，通过它，员工可以访问企业的生产信息、销售信息、库存信息、客户信息和财务信息，以最低的成本共享和利用企业的所有信息；对外则是企业网站，企业通过它及时向客户和合作伙伴提供产品、服务的信息，并不断开拓网上业务，成为推动企业开展电子商务的强大工具。

1. 统一的访问渠道

企业信息门户成功地解决了不同系统间需要不同访问界面的问题。它可以进行有效的流程接口链接，把ERP、SCM、CRM、人力资源管理、项目管理、财务管理、工作流程管理、资产管理等现有的系统高度集成在一个统一的基于Web的界面当中，一方面可以从企业信息门户中获取这些系统中的数据；另一方面也可以从企业信息门户中将数据输入到这些系统中去，从而完成企业相应的业务流程和资源管理。

2. 强大的内容管理能力

企业信息门户支持几乎所有类型的结构化和非结构化的数据，能够识别近百种关系型和OLAP数据库中的数据，并可以搜索和处理合同、文件、模板等各种格式的文档。

3. 提供个性化信息服务

企业信息门户的数据和应用可以根据每个用户的要求进行定制，可以过滤掉用户不感兴趣的内容，每个用户看到的是他们感兴趣的信息，而不再需要在浩如烟海的企业数

据中苦苦寻找自己需要的信息，节省了大量的时间。同时不同的用户在企业信息门户中还可以根据自己的需求或喜好设置页面样式、显示语言等，展现给用户的则是个性化的界面。

4. 畅通的协作与沟通渠道

企业信息门户可实现不同系统之间的协同工作。它通过数据与应用的集成及个性化的控制，为管理者、雇员、供应商、用户、分销商等提供一个唯一的企业接入点，通过该接入点提供全方位的企业信息和应用。不同信息系统之间可以实现对接，例如，销售人员可以向客户分发具有针对性的产品目录和报价，客户可以递交相应的采购或服务请求。信息门户的知识库可动态维护，满足用户之间知识积累和共享的要求，用户还可以通过 E-mail 或在其交流区域中发布公告，讨论问题等，实现在线实时交流。企业领导者也可以通过查询各部门的运营信息来对各部门进行即时监控。

5. 灵活的导航功能

在信息集成环境下的信息数量是不可估量的，为了查询方便，企业信息门户还设置了强大的导航功能，把信息按其内容进行分门别类，通过预定义路标和搜索引擎进行精确的数据查询，并把结果返回给用户。

6. 不间断的服务

通过企业信息门户的无线访问模型和网络安全机制，用户在任何时间、任何地点、用任何设备（计算机、智能终端、手机等）都可以访问企业的信息和应用，保证企业的运转永不停顿，将网络经营的优势发挥到极致。

7. 高度的可扩展性

企业信息门户的功能，能根据企业人事和部门的调整而作相应的调整，能随企业业务的调整和扩展而作相应的调整和扩展。

（二）数字物流信息门户建设的技术

1. 信息归类技术

随着 Internet 技术的发展，各种各样的信息资料不断增长，人们要从海量的信息当中找到对自己有用的资源，而企业信息门户可以通过自动过滤，从多种源数据中摘录元数据，供用户检索。元数据是一种关于数据结构化的数据，它是一种对对象数据进行描述和管理的数据，通过元数据的共享，对象数据可以存储在地方资源点中，当用户需要某种信息时，可以采用元数据方式搜索，再利用中央调动系统调出所需的信息，这样不仅可以减少元数据的存储空间，还可以提高检索的准确率和高效性。

2. 访问和搜索技术

通过企业信息门户快速地访问人们所需的信息，是人们对企业信息门户的基本需求，而搜索引擎正是满足人们这一要求的一个基本工具。企业信息门户使用的是基于 XML 的引擎，通过来自标准通用标记语言（Standard Generalized Markup Language，SGML）的 XML 的接口，可以很好地实现对不同数据库资源的访问与搜索。此外，XML 数据容易转换，可以将数据从一种 Schema 规范转换成另一种规范，并且可以有多种输出格式，如 HTML 和 PDF，使得企业信息门户具有文本自动转换功能。

3. 安全管理技术

企业信息门户安全管理的目标是保护系统的硬件、软件及系统中的信息资源，不因偶然因素和恶意原因而遭到破坏、更改、泄漏，并保证系统能连续工作，确保数据的机密及完整性，保障企业业务正常运转。企业信息门户安全管理技术主要涉及访问控制技术与信息加密技术等两大类技术。访问控制技术是为了防止非法用户使用系统及合法用户对系统资源的非法使用。

第八章　数字物流与供应链信息化

信息技术的迅猛发展，推动了数字物流的形成。现代物流的发展促成了供应链物流形式的多样化，多方（N方）物流形式将会长期并存，这不仅是数字物流多样化的表现，更是社会多样化的表现。数字化已逐渐成为物流全过程中不可缺少的驱动因素和未来物流业发展的重要特征。本章从数字物流与供应链、数字物流园区、虚拟物流三个方面探讨数字物流对供应链信息化的推动作用。

第一节　数字物流与供应链信息化

一、数字物流与第三方物流

第三方物流（Third Party Logistics，3PL），是指为企业提供全部或部分物流服务的外部供应商。通常，3PL供应商提供的物流服务包括运输、仓储管理、配送等。在此过程中，3PL供应商既非生产方，又非销售方，而是在从生产到销售的整个物流过程中进行服务的第三方，它一般不拥有商品，而只是为客户提供仓储、配送等物流服务。

（一）3PL是建立在现代电子信息技术基础上

信息技术的发展是3PL出现的必要条件，信息技术实现了数据的快速、准确传递，提高了仓库管理、装卸运输、采购、订货、配送发运、订单处理的自动化水平，使订货、包装、保管、运输、流通加工实现一体化；企业可以更方便地使用信息技术与物流企业进行交流和协作，企业间的协调和合作有可能在短时间内迅速完成；常用于支撑3PL的信息技术有：实现信息快速交换的EDI技术、实现资金快速支付的EFT技术、实现信息快速输入的条码技术和实现网上交易的电子商务技术等。

（二）数字物流与第三方物流有效结合的原因

针对第三方物流的特点及其发展现状，将数字物流与第三方物流有效结合，并融合到第三方物流的业务活动中去，是突破此窘境的有效途径，具体原因如下所述。

（1）数字物流信息技术可以提高第三方物流的服务质量和运作效率，提高了客户的满意度。现代物流更强调准时（JIT）和可视性（Visibility），及时配送和货物实时追踪业务等依赖于先进的信息技术手段。信息技术降低了物流成本，减少了企业的无效物流，大大缩短物流配送的前置期（Leadtime），提高订单满足率（Fillrates）和更加妥善处理延迟订单（Backorder）等，从而提高客户满意度。

（2）数字物流可以促进第三方物流的扩张。众所周知，数字物流具有信息化、自动化、网络化、智能化和柔性化的特点，这些特点可使第三方物流企业突破企业资金、规模等方面的限制，达到快速扩张的目的；与数字物流结合的第三方物流企业凭借其强大的灵活性，可有效地利用社会闲散的物流资源。同时，数字物流信息技术的应用与发展给第三方物流提供了新的业务领域，许多第三方物流提供商将业务拓展到数字物流信息技术、数字物流信息系统支持与软件开发领域等。也就是说，数字物流促进了第三方物流的发展。

目前，我国第三方物流企业参与现代物流服务的比较实际的方法就是采用数字物流经营。这不仅可以使企业获得更大的市场份额、多元化的物流服务，而且通过与其他企业合作，还可以提高自己的管理和潜在的合理化作业能力，消除企业间不必要的竞争，获得资产的使用权。可见，数字物流将为第三方物流带来新的春天。

二、数字物流与第四方物流

（一）第四方物流及其特点

第四方物流（Fourth Party Logistics，4PL），是1998年美国埃森哲咨询公司率先提出的，是专门为第一方、第二方和第三方提供物流规划、咨询、物流信息系统设计、供应链管理的活动。

第四方并不实际承担具体的物流运作活动，而是一个供应链的集成商，提供专业化的咨询服务，是供需双方及第三方物流的领导力量。它不是物流的利益方，而是通过拥有的信息技术、整合能力以及其他资源提供一套完整的供应链解决方案，以此获取一定的利润，具体来说，它能帮助企业实现成本降低和资源的有效整合，并且依靠优秀的第三方物流供应商、技术供应商、管理咨询以及其他增值服务商，为客户提供独特而广泛的供应链解决方案。

第四方物流的主要特点有：①4PL在整个过程中可以不用投入任何资本；②4PL提供了一整套完善的供应链解决方案；③4PL产生的价值将惠及供应链上的各个企业。

第四方物流的三种运作模式：协同运作模式、方案集成商模式和行业创新模式。

（二）第四方物流与数字物流的关系

信息化是物流的灵魂，而信息化又离不开数字化。因此，第四方物流的发展必须与数字物流相结合，只有充分利用现有的先进数字物流技术，借助数字网络平台，才能最有效地整合整个供应链的物流资源，并对供应链的各个环节进行管理与控制，做到与客户、第三方物流公司以及其他互补性服务商进行无缝链接，实现信息共享，达到对整条供应链提出完善的物流服务解决方案的目的。反过来，第四方物流的发展也促进数字物流的进步，扩大了数字物流的应用范围。总之，两者是相辅相成的。

三、数字物流与第五方物流

（一）第五方物流及其特点

第五方物流（Fifth Party Logistics，5PL），的概念最早源于物流业界实践，2002年由JP摩根史丹利在香港网丰物流集团进行投资调研的时候提出来的，当时其主要内容

是指在实际运作中提供电子商务技术去支持整个供应链，并且能够组合各接口的执行成员为企业提供供应链协同服务。

迄今为止，关于第五方物流的认识还不成熟，学术界还没能形成完整而系统的认识。有人认为它是从事物流人才培训的一方，也有人认为它是专门从事物流信息服务的一方，是从第四方物流中分化出来的，为供应链提供物流信息管理和全程物流解决方案的咨询服务的企业。目前，我们可以认为第五方物流是指在物流实际运作中提供电子商务技术去支持整个供应链，并且能够组合各接口的执行成员为企业提供供应链协同服务，是物流界对业内未来发展趋势的评价，是专门为第一方、第二方、第三方和第四方提供物流信息平台、供应链物流系统优化、供应链集成、供应链资本运作等增值性服务的活动。其基本特点是提供物流电子商务服务，以物流电子商务网站的形式出现。例如，锦程物流网、网络产品网、物流软件网、国际航运网等。

（二）第五方物流与数字物流的关系

随着电子商务的发展，物流电子商务成为阻碍物流继续发展的瓶颈。基于第五方物流的数字物流信息平台是一种新的模式，在该模式下，第三方物流作为第五方物流服务提供商来建立一个独立、开放、安全、可扩展并能向各电子商务平台和各第三方物流服务提供商的信息平台。通过规范的接口标准，随时将各电子商务平台和各第三方物流服务提供商的信息服务整合在一起，如图 8－1 所示。此模式的建立极大地提高了物流电子商务的效率，从而解决物流发展的瓶颈问题。

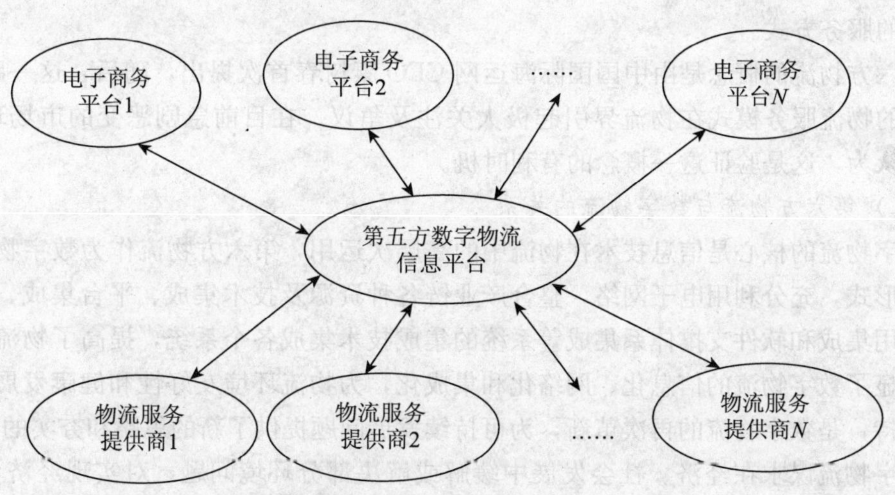

图 8－1　基于第五方物流的数字物流信息平台

基于第五方物流的数字物流信息平台的服务具备第五方物流的特点，具体包括：多种组合，构成多接口、多用户、跨区域、无时限。

1. 多种组合

包括电子商务通过该平台实现与物流信息的整合，与非电子商务平台的交易系统实现接口达到其物流信息的整合，以及与 B to C，C to C，B to B 等模式的电子商务系统进行接口。

2. 多接口

支持现存的各电子商务平台及各第三方物流公司的信息平台，支持不同的操作系统和数据库管理信息系统，支持B/S模式和C/S模式系统的连接。

3. 多用户

将可以支持所有基于互联网或局域网的各客户和供应商。

第五方物流作为数字物流的一种表现形式，与供应链物流、电子商务物流、信息网络以及虚拟物流密切相关。它虽不拥有物流实物资产，却能在物流实际运作中借助电子商务、网络以及信息技术等数字物流技术为客户组合整个供应链上的各个环节，实现用户之间可以寻求多种组合，构成多接口、多用户、跨区域、无时限的数字物流信息平台，并将此平台融入客户的实际运作中，收集实时信息，以达到评估、监控、快速反馈运作信息的作用，对供应链进行整体协调，提高物流作业效率。同时，它还能为第一方、第二方、第三方和第四方提供物流信息平台及全程物流解决方案，这不仅促进了数字物流标准化的实现，还使得第五方物流作为数字物流表现形式的深度和广度得以延伸。

四、数字物流与第六方物流

（一）第六方物流及其特点

第六方物流（Sixth Party Logistics，6PL），是一个新的物流概念，它是以电子网络为服务平台，将产业链和第三方物流进行资源组合和系统集成，为用户提供高效全程物流操作的服务方式。

第六方物流的概念是由中国国际海运网CEO康树春首次提出，随后，这一跨时代、颠覆性的物流服务模式在物流界引起极大关注及争议。在目前急剧恶变的市场环境下，康树春认为，这是验证这一概念的有利时机。

（二）第六方物流与数字物流的关系

数字物流的核心是信息技术在物流中的高层次运用，第六方物流作为数字物流的一种表现形式，充分利用电子网络，整合产业链各种资源及技术集成、平台集成、信息集成、应用集成和软件支撑体系集成等系统的集成技术集成各个系统，提高了物流作业效率，凸显了数字物流的信息化、网络化和集成化，为物流环境友好性和健康发展提供了重要支持，是数字物流的再次革新，为可持续发展问题提供了新的思路和夯实的基础。

数字物流谋求在经济、社会发展中缓解或解决部分环境问题，对实现经济、社会、生态环境的协同可持续发展起重要支持作用。第六方物流的出现不仅促进了数字物流的可持续发展，而且也为社会、经济、生态环境的可持续提供了重要支持。

前面提到的多方物流形式将会长期并存，这不仅是数字物流多样化的表现，更是社会多样化的表现。在数字物流的推动下，第三方物流在物流活动中的作用将越来越重要，而第四方、第五方、第六方物流随着知识经济社会的到来，必将成为数字物流发展的新领域。同时，第一方和第二方物流仍然会与新兴的物流方长期共存下来，以满足社会某些方面的特殊需求。值得注意的是，从事第三方物流的企业可以同时从事第四方、第五方、第六方物流的业务，从事第四方物流的企业也可以同时介入第五方、第六方物流的业务。

五、数字物流与供应链可视化管理

（一）供应链可视化管理的内涵

可视化管理这个概念对于很多人还比较模糊，一般人认为可视化就应该是出现某些图形界面之类的，其实他们把可视化的概念狭义理解了，随着可视化概念的不断拓展，由最开始的计算机领域发展到管理领域，JonLassera 和 DeborahTharinger 指出可视化管理是："利用 IT 系统，让管理者有效掌握企业内外部信息，实现管理上的透明化与可视化，这种管理效果可以渗透到企业人力资源、供应链、客户管理等各个环节。"

供应链可视化管理（Supply Chain Management Visualization）是指对供应链中的各种关键流程或事件进行实时地、微观地监控、测量、模拟，并向管理者实时地提供所产生的信息，分析这些事件并且给出具体的建议，以便进行决策。简单地说，供应链可视化管理就是一个企业具有的收集、分析和控制供应链信息，提出具体的符合其战略的建议的能力，而不仅限于数字信息向三维图像的转换。

可视化管理理论是一种适合于各种需求和管理内容的行之有效的方法，一般可以分成以下四个步骤或层次展开，如图 8-2 所示。

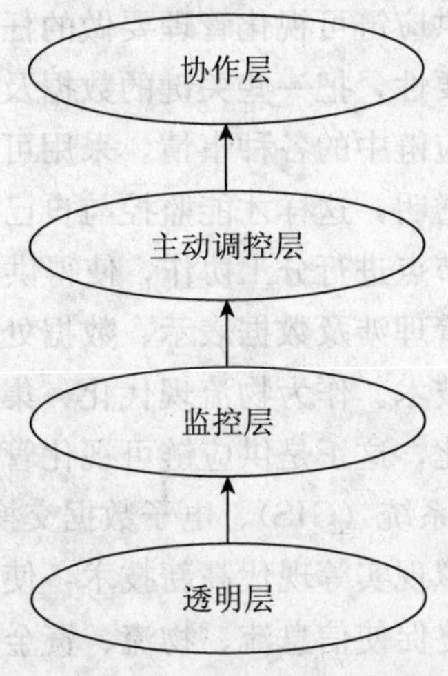

图 8-2　供应链可视化管理的框架体系

1. 透明层

供应链可视化管理的第一层就是透明化，也就是说要管理和控制供应链并继而对其加以改进，首要的工作是对供应链本身进行剖析和全面的了解，只有在了解的基础之上才能对它进行进一步的分析和改进。

2. 监控层

在完成对供应链的分析和改进工作的基础上，还需要实时地对其发展过程进行监控。因为和供应链相关的数据和信息都是非常巨大的，所以必须集中精力监控那些反映供应链发展过程的关键数据和信息。可见，监控工作的首要任务就是正确确定监控的内容和监控的时间。

3. 主动调控层

外界因素的干扰经常使供应链的运行偏离正常的轨道或者预期的目标，主动调控层就是要求管理者在问题出现后能在第一时间内发现问题找到原因并迅速提出解决问题的方案，使供应链的运营恢复到原先的状态。

4. 协作层

任何一个供应链都是由多个企业构成的一个复杂的关系网络，上、下游的企业之间有着千丝万缕的关系。可视化管理的进一步工作就是要通过加强供应链内部各企业间的协作和配合，从而扩展和提高供应链的竞争力和运营效果。

供应链可视化管理能让企业的流程更加直观，使企业内外部的信息实现可视化，并能得到更有效的传达，从而实现管理的透明化。确切地说，可视化管理在很大程度上并不是一种独立的管理理论，更像是管理者工作中所期望达到的目标，以及为了达到此目标管理者需要进行的一系列改进工作。

（二）供应链管理可视化与数字物流的关系

随着供应链和物流系统的规模变得越来越大，而且也更加复杂，很多企业为了应付瞬息万变的商业环境，不断增加一些应用和工具，但是越来越多的系统和应用反而会把一些关键的信息给淹没掉，而供应链可视化管理要做的任务就是把一些分散的和模糊的数据收集起来，辨别数据的重要性，把一些关键的数据及时呈现出来，只有这样企业才可以更快更好地应对发生在供应链中的各种事情。采用可视化供应链管理的主要思路就是，先使信息得到最大限度的透明，这样才能监控与自己相关的事情，进而可以主动调控，最后整个供应链中的企业节点进行分工协作，使得供应链利益最大化。

众所周知，供应链可视化管理涉及数据表示、数据处理、数据传输、决策分析和供应链管理等一系列问题的综合技术。作为物流现代化、集成化的必由之路，数字物流将物流全过程进行信息化、透明化，这正是供应链可视化管理所必需的。数字物流应用全球定位系统（GPS）、地理信息系统（GIS）、电子数据交换（EDI）、条码技术、计算机、网络通信、互联网、仿真和虚拟现实等现代高新技术，使得物流操作数字化、物流商务电子化、物流经营网络化，最终促使信息流、物流、资金流和商流融为一体，是具有信息化、网络化、智能化、集成化、透明化和可视化等特征的技术系统。数字物流作为供应链可视化管理的技术手段，可以使管理者较快并直观地确定自身所处的状态，可以帮助管理者提高对事物的了解和控制能力，达到管理的最高境界——随心所欲的境界。供应链管理者借助数字物流，可以了解自己在工作中存在的不足或了解业务流程中存在的问题，在学习的基础上完善和优化流程设计，确定系统流程业绩的关键评估指标使系统的运行更加稳定，并能对潜在的问题进行预测和预防，从而达到对系统流程的完全掌控。

可见，数字物流不仅促进了供应链可视化的实现，帮助企业客户更及时地察觉到价值链中的供求变化，实时地作出反应，从而优化业务运行，抓住市场机会，并有效消除潜在的供应链漏洞，还推进了供应链管理的时效性、合理化和柔性化，使供应链管理向着要将客户所需的正确的产品（Right Product）能够在正确的时间（Right Time）、按照正确的数量（Right Quantity）、正确的质量（Right Quality）和正确的状态（Right Status）送到正确的地点（Right Place），并使总成本达到最佳的方向发展。

第二节　数字物流园区概述

一、数字物流园区的概念

目前，数字化不断兴起，并逐渐向各行各业渗透，物流园区的运营也离不开数字化。数字物流园区是指利用全球定位系统（GPS）、地理信息系统（GIS）、电子数据交换（EDI）、条码技术、计算机、网络通信、互联网、仿真和虚拟现实等现代高新信息技术整合物流园区内部的业务流程，使物流业务操作数字化、物流商务电子化、物流经营网络化，向着规模经济化、运作智能化的方向发展，最终实现信息流、物流、资金流和商流一体化的物流园区。简单地说，数字物流就是把数字化信息技术和现代物流技术相结合的具有信息化、网络化、智能化、集成化和可视化等特征的物流园区，它比普通物流园区更注重物流信息资源的整合，其关系结构如图 8－3 所示。

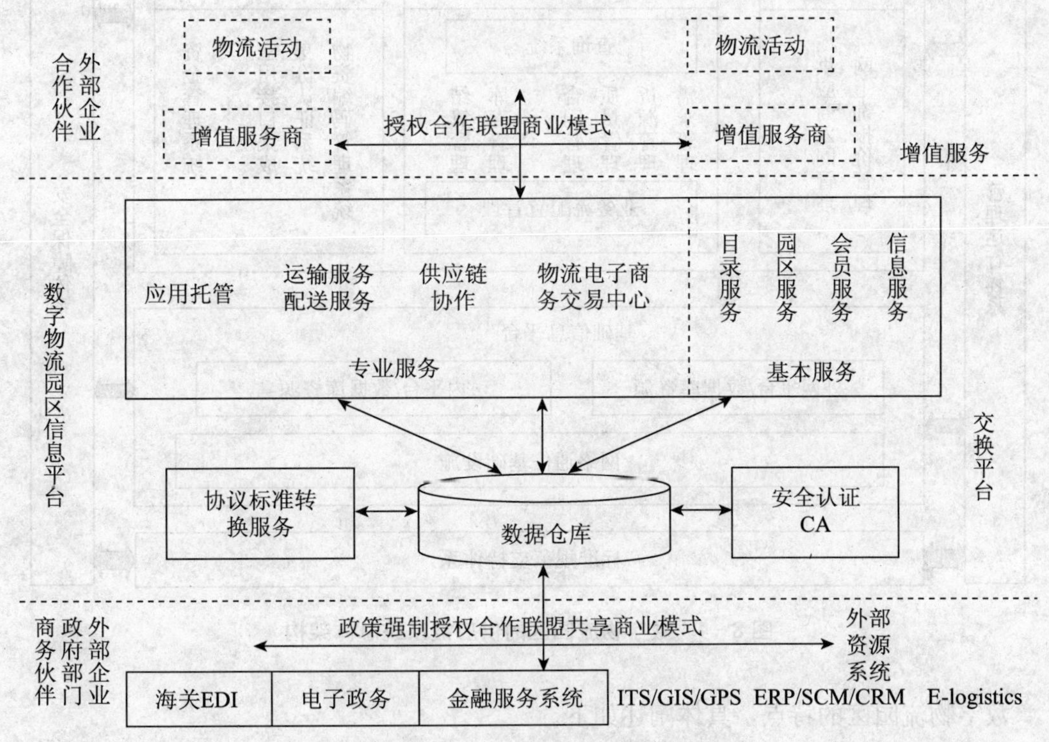

图 8－3　数字物流园区的关系结构

数字物流园区作为物流中心或配送中心集中布局的场所，是多种物流设施和不同类型物流企业在空间上集中布局的场所，不断成为具有一定规模和综合服务功能的物流集结点，不仅是传统物流园区的物流功能、服务功能、运行管理体系等多方面的综合，更是高度现代化、多功能化、社会化的集结。当然，具体到各数字物流园区独有的现代化、专业化程度存在差异，但数字物流园区将成为物流现代化、集成化、智能化的必由之路，这是一个不争的事实。

二、数字物流园区的特点

数字物流园区作为物流供应链的重要组成部分，其供应链系统总体架构如图 8-4 所示，借助园区内外部信息网络与园区数字物流信息平台，实行专业化和规模化经营，发挥整体优势，凸显独特特征，促进物流技术和服务水平的提高，共享相关设施，降低运营成本，提高规模效益。

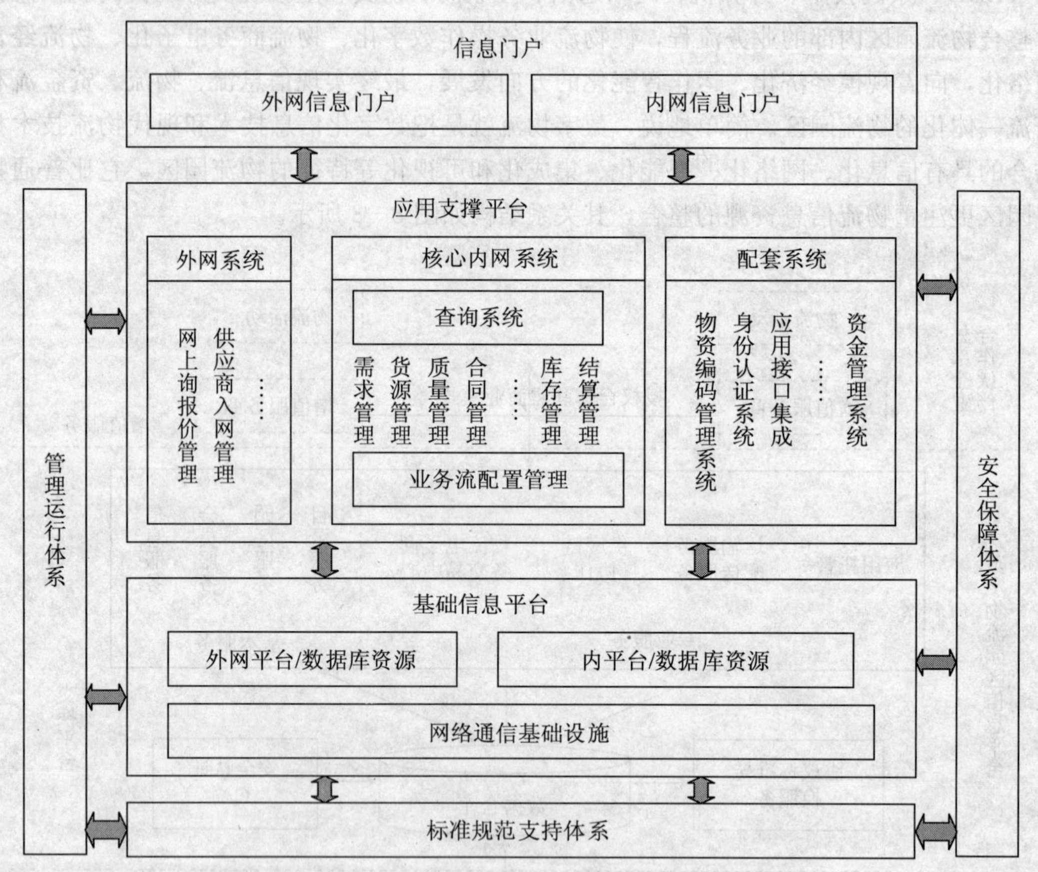

图 8-4　数字物流园区的供应链系统总体架构

数字物流园区的特点，具体阐述如下。

（一）信息化

信息化时代，物流信息化是数字物流园区的必然要求。物流信息化表现为物流信息的商品化、物流信息收集的数据库化和代码化、物流信息处理的电子化和计算机化、物流信息传递的标准化和实时化、物流信息存储的数字化等。数字物流园区应用的相关技术包括条码技术、数据库技术、电子订货系统（EOS）、电子数据交换（EDI）、快速反应（QR）及有效的客户反映（ECR）、企业资源计划（ERP）等，这些技术都与数字物流信息分不开。可见，物流信息化是数字物流园区的特点之一，没有物流的信息化，任何先进的技术设备都不可能应用于数字物流领域，物流的数字化趋势也就无从谈起。

（二）网络化

数字物流园区网络化的特点有两层含义，一是物流园区与配送网点的网络化，企业根据自身的营销范围和目标，通过详细的分析、选择与优化，逐渐建立全国范围的物流和配送网络，提高物流系统的服务质量和配送速度；二是数字物流系统的计算机通信网络，包括外部网和内部网。外部网（基于 Internet 的电子商务网络平台），主要用于数字物流园区与上游供应商或制造商的联系，以及与下游顾客间的联系；内部网（Intranet），主要用于企业内部各部门间的信息传输。

数字物流园区的网络化是物流信息化的必然，是数字物流的主要特点之一。当今世界 Internet 等全球网络资源的可用性，以及网络技术的普及为数字物流的网络化提供了良好的外部环境，数字物流园区网络化不可阻挡。

（三）虚拟化

物流实体的网络化为物流虚拟化提供了平台基础，电子商务、信息通信技术的飞跃式发展则提供了数字物流园区的虚拟化发展的技术基础，同时也正是这些高新技术的发展引导了客户需求，推动了数字物流园区虚拟化的进程。数字物流园区的虚拟化是指园区实际物流过程在计算机上的本质体现，即采用计算机仿真与虚拟现实技术，在计算机上群组协同工作，建立物流过程的三维全数字化模型，服务于数字物流园区。

虚拟化的特点，是数字物流园区的现实物流系统在虚拟环境下实现的影射，既具有身临其境的真实性，又具有超越现实的虚拟性，达到沉浸其中，超越其上的效果。

（四）智能化

智能化物流是指利用集成智能化技术，使物流系统能够模仿人的智能，具有思维、感知、学习、推理判断和自行解决某些物流经营问题的能力。数字物流园区的智能化特点是物流自动化、信息化的一种高层次应用。数字物流园区物流作业过程中大量的运筹和决策，如库存水平的确定，运输（搬运）路径的选择，自动导引小车的运行轨迹和作业控制，自动分拣机的运行，物流配送中心经营管理的决策支持等问题都需要借助大量的知识才能解决。在数字物流的进程中，物流智能化是不可回避的技术难题，也是数字物流的重要特点之一。

数字物流园区通过改善物流作业方式，使之表现得更为人性化，减少了部分不安全因素，有利于人与人的和谐。数字物流园区智能化运营以及推动物流作业方式的改善，减少了传统物流过程中诸多不必要的环节，从这个层面上看，数字物流园区内的作业也是一种高安全性的物流作业方式。

三、数字物流园区的作用

数字物流园区是物流行业发展的必然趋势，数字化与网络化高新信息技术为它注入了新鲜血液，使它不仅继承传统物流园区各个子系统所具有的基本能力（如运输、储存、装卸搬运、包装、流通加工、信息处理等）和增值能力（如报关、结算、预测、咨询、教育培训等），并且有了新的内容，现归纳阐述如下。

（一）提高物流业运作效率

在现代物流概念中，物流行业急需依托信息网络来提高单位成本的运作效率，这使得物流行业数字化建设很迫切。仓储资源的合理整合是为了缩小供应与需求之间的时间与数量偏差，运输资源的整合则是为了达到即时供应的效果。所有的这些资源的整合都可以通过信息化、数字化来实现。总之，数字物流园区建设能大大提高整个物流业的效率。

（二）推动物流行业标准的建设

在物流园区内，存在很多不同实力和不同水平的物流企业，尤其是一些行业领先者在物流园区的驻扎，不断地给物流行业带来新的物流设备与技术应用经验。同时园区管理部门则不断关注最新的物流业技术发展动向，并通过各种信息共享平台将所掌握的技术信息传播给各企业，从而促进行业内的技术交流和传播。数字物流园区还通过建立各种物流辅助设施生产企业，引入国家标准，统一托盘、条码、电子标签等的规格，将标准化的技术结合到物流产业中，推动整个产业的技术标准化进程。

（三）推动物流行业数字化管理

综合性、大规模的物流园区是指挥、管理和信息的中心，通过信息平台将信息集中，实现指挥调度的功能。现代物流企业面向的是供应链管理环境，没有良好管理信息系统的支持，几乎无法参与当前的市场竞争，但是数字化的风险和巨额的投资又使一些物流中小企业观望不前。数字物流园区通过引入技术较为成熟的信息技术与信息系统，一方面再次引入这些中小企业，同时也将这些企业的能力和管理资源整合起来，在此基础上整合物流园区内各企业的信息系统，形成一个统一的指挥管理中心，进而提高整个园区的工作效率。另一方面数字物流园区运用先进的信息技术，可以获得数字化、信息化管理带来的优势，并在此基础上逐步建立起具备现代管理水平的企业制度和文化，从而推动整个物流业管理的数字化。

（四）降低物流成本，并推动物流发展

通过数字物流园区的公共物流信息平台，物流企业可以发布、查询和接收物流运作信息。这有助于提高各物流作业环节运行的透明度，减少物流信息交换的环节，缩短物流运作的周期，大大改善了物流企业的工作效率和业绩。另外，它有助于使专业物流企业与多个物流代理商建立长期伙伴合作关系。当代理商提出物流请求时，可迅速建立起供应链链接，提供相关的物流服务，有利于提高闲置物流资源的利用率，实现物流规模效益，也利于物流中小企业向现代化、网络化、信息化的平稳过渡。数字物流园区运用

先进物流信息技术与物流设施设备，现代化作业可以降低物流园区整体运行的成本，为客户提供全方位的物流供应链服务和增值服务。这有利于改善投资环境，扩大招商引资，促进物流业的发展。

此外，数字物流园区建设有利于区域物流信息化标准工作、物流信用体系建设，有利于各物流监管部门之间协同工作机制的建立，有利于建立标准的物流园区来推动物流业的发展与规范。

从总体上来看，由于网络还不够普及、人们对数字物流园区认识的浅薄、复合型数字物流人才的缺乏和基础设施设备的滞后。同时，我国数字物流园区功能还不够完善，除了POS和条码技术外，其他先进的信息技术在园区的应用程度普遍较低，特别是数字信息平台建设滞后，物流信息分散，资源不能有效整合，形成了大大小小的“信息孤岛”，这制约了数字物流园区的发展。可见，推动数字物流园区发展任重而道远。

第九章　数字物流与电子物流开发应用案例分析

在最后一章，我们将通过介绍联邦快递 FedEx 的物流电子商务应用、大连港集团的数字物流港建设、新加坡的电子物流产业链开发等案例，来联系实际分析数字物流与电子物流的开发与应用。

第一节　国外数字物流典型案例
——联邦快递的物流电子商务

一、案例背景

FedEx Corp，是一家市值逾 221 亿美元的控股公司，专门提供全球性运输、电子商贸及供应链管理服务，并通过旗下多家独立营运的附属公司提供综合商业方案。全球最大的速递运输公司 FedEx 联邦快递是其主要的附属公司。联邦快递已经建立了全球的快速交付网络，业务遍及全球 214 个国家，在全球聘用超过 21.5 万名员工和独立承包商，每天平均处理 500 万件货件。

最初，联邦快递运营过程中存在的主要问题有以下三个方面。

(1) DHL、UPS、TNT 等国际快递巨头纷纷加大对中国市场的投入，是联邦快递的有力的竞争对手。

(2) 中国邮政的本土化优势，是联邦快递不得不正视的一个问题。

(3) 网络不完善是国际快递企业独资的软肋。

联邦快递之所以实施物流电子商务，是基于以下几个原因。

(1) 网络全球化的影响。网络已经成为影响经济发展的又一个重要因素，各种网络基础设施建设的日渐完善，经济活动网络化的趋势增强。电子商务是网络经济时代兴起的一种新的商务活动形式，它采用现代信息技术手段，以通信网络和计算机装置替代传统交易过程中纸介质信息载体的存储、传递、统计、发布等环节，从而实现商品和服务交易以及交易管理等活动全过程的无纸化和在线交易。

(2) 来自多方面的挑战。随着互联网时代的到来，FedEx 主营的文件速递市场在因特网时代面临着极大的威胁。速递文件的电子化转移速度比美国邮政一类邮件的电子化转移速度要快得多。而且，由于新的、更复杂的软件使得企业能够更好地管理库存，这将降低对于昂贵的物品速递的需求。同时，美国邮政的优先邮件越来越被市场看好，因为，优先邮件的性价比优于次日递送业务。另外，UPS 与惠普公司合资建立的文件交换

服务公司，预计到 2003 年将分流 23%的航空速递业务量，FedEx 同样面临着极大的挑战。

(3) 国际产业结构的调整、产业链转移的大趋势。全球制造中心的转移，给物流业带来的转移并不是简单的远程货运量的增加，也不是配货难度的增加，而是要求其能跟得上诸多企业产、供、销节奏的变化。而许多发展中国家企业虽然在生产能力上达到了跨国公司的要求，但在产、供、销方面的水平远远达不到世界先进水平，于是造成其库存增加，供货节奏满足不了下游企业的要求，而又因这些企业受资金和管理水平等的限制，无法引进如 SAP 等一类的软件，在这种情况下，与企业经营联系密切相关的物流公司提供的先进的管理系统，必然受到这些企业的欢迎。FedEx 就适时开发了“FedEx EC—存货透明化”、“FedEx EC—仓库管理”、“FedEx EC—生产透明化”等管理系统，为企业提供不同的服务。

二、解决方案

联邦快递公司的数字物流网络是建立在传统行业之上的。也就是说，它先有传统的运输业，由于业务和管理的需要，网络的发展则是水到渠成的事。数字物流网络和运输相辅相成，共同促进。

(1) 建立了自己的主页——FedEx. com。在联邦快递创始人施伟德明确的“互联网经营”路线上。联邦快递在 1994 年就建立了自己的主页——FedEx. com。FedEx 网站注重与客户的亲和力，将网站定位在宣传“整体大于部分之和”的营销理念、力求与客户协同运作、共谋最佳效益的目标上。网站在刚开通时只有两页，一页是输入跟踪号码的方框，另一页显示的是包裹所在的地点。

FedEx 开创了快递产业中的“基地源泉”，史无前例地将智能化、数字化物流引入该行业中。FedEx 主推“服务、技术、与顾客协同拓展市场”的营业理念，成为在当今快速、竞争、全球一体化市场上，唯一能向顾客提供其需要的“综合性物资调运解决方案”的企业。

(2) 开发了一套免费的联邦快递船（FedEx Ship）软件。任何人只要拥有一台电脑和一个调制解调器就可以使用该软件订购商品。由于该软件可以用于任何计算机上，所以货运处的业务进一步扩展了。为处理加急订单，负责制订生产计划的人员需要了解供货详情，通过该软件，他们可以随时掌握供货时间以及产品预计抵达的时间。

(3) 满足频繁和有多个寄件人的公司处理托运工作——FedEx Ship Manager（以下简称 FSM）软件。FSM 软件是一个独立的、可由客户自己安装、基于 Windows 的软件包，它允许客户快速托运、追踪和报告自己的日常托运活动。它拥有先进的功能和简单易用的界面，并为客户的电脑带来全面的托运解决方案。而联邦快递提供的线上交易软件更可协助客户整合线上交易的所有环节，从订货到收款、开发票、库存管理一直到将货物交到收货人手中。

(4) 提供邮件包裹百分之百的跟踪和每站单据查询服务——三套电子商务系统邮件跟踪、查询系统和地面运行系统。目前，很多快递公司都不能对邮件包裹进行百分之百的跟踪，并在邮件包裹快递过程中的每个点上提供单据查询服务，但联邦快递凭借这三套电子商务系统的应用，却能够提供这两项服务。以邮件跟踪和查询为例，联邦快递在包裹投递过程中要对包裹扫描十次以上，每一次都将数据从运货车传送到600个美国城市快递站点中的任一个站点，使用无线信号将数据传送到HP9000服务器和工作站上。而其呼叫中心和Internet Ship程序是联邦快递帮助客户实现跟踪和查询的两大渠道。在美国，联邦快递有16个呼叫中心为客户提供服务；Internet Ship则能够使客户从邮件收取到交货，一直跟踪其邮件包裹的状态，实现每天自行制作单据，制备专门化管理报告。

联邦快递已配备了第三代速递资料收集器型DIAD——这是业界最先进的手提式计算机，可同时收集和传输实时包裹传递信息，也可让客户及时了解包裹的传送现状。司机只需扫描包裹上的条码、获得收件人的签字、输入收件人的姓名，并按动一个键，就可同时完成交易并送出数据。

（5）联邦快递的数字化智能网上系统能与用户企业网无缝连接。联邦快递电子商务网站真正的核心力来自深刻理解用户的需求。联邦快递网站注重的是它与用户，尤其是企业用户间的亲和力和吸引力，这对其发挥数字化智能运输控制作用是至关重要的。对于企业用户，联邦快递的智能网上系统能与用户企业网无缝链接，或通过Web页面直接介入到用户物资运输中去；而对于个人用户，联邦快递网站的规范化作业流程使他们方便地进行自我服务。可以接发订单、提交运输业务、跟踪包裹、收集信息和开账单。

（6）依靠庞大的信息技术和信息网络，已达到实时反应。联邦快递把对额定载货量、实际载货量、目的地、预计到达时间、价格、装卸费用等信息的准确把握，放在与货物安全运送同等重要的地位。联邦快递的海、陆、空运输系统中始终伴随着一个能够提供市场行情的信息网络。这个网络是由镭射扫描仪、柱状图和各种软件、电子通信设备组成的复杂系统。依靠庞大的信息技术和信息网络，联邦快递很好地满足了对时间和业务状态查询的诉求，甚至已经达到实时反应。2005年，联邦快递公司推出了基于GPRS技术的“掌上宝”——无线掌上快件信息处理系统，协助客户查询货件的运送时间，以选择最合适的货运方式。使用这种叫做“FedEx Power Pad”的手持设备，在取件过程中，通过蓝牙扫描器获得包裹信息，比原来采用的手持机与数据槽相连的方式每件减少了约10分钟。

三、实施效果分析

在当前信息时代，一个公司的先进系统、运作模式和处理的信息其价值远不止于在公司内部使用。联邦快递能在“整体大于部分之和”的物流电子商务营销理念下，借助于国际互联网冲破无数企业在行业范围、物理形态和地理行程上的差异，彼此在虚拟的作业环节上实现无缝链接。借助于这种虚拟链接，一个企业可以通过其先进的管理技术和战略资源，比如，在时间管理、信息管理、复杂的后勤规划、庞大的空中与陆上储运资源等，对其他无数企业产生如天体黑洞那样的无穷吸引力。同时FedEx还表明，在物流业中，先进的信息系统和技术仍需以充满亲情的人与人的面对面交往为基础。公司力

求最大限度地调动员工积极性，让他们在举手投足间将企业的好形象借助电子商务物流传递出去。

FedEx 将其优势建立在数字化智能服务体系上，深度介入到客户的物资调运业务中去，提供能与之协同运作的“整体解决方案”，让客户与股东俱欢颜，从而在强大的对手面前领先一步而发展壮大起来。

第二节 国内数字物流典型案例
——大连数字物流港

一、案例背景

大连港位于辽东半岛南端的大连湾内，港阔水深，冬季不冻，万吨货轮畅通无阻。大连是哈大线的终点，以东北三省为经济腹地，是东北的门户，也是东北地区最重要的综合性外贸口岸，拥有国际国内集装箱航线 85 条，航班密度为 300 多班/月，东北三省 90％以上的外贸集装箱均在大连港转运。大连港因其独具的地理、规模优势和整合物流生产要素的资源优势，已经初步实现从传统货流到人流、货流、商流、资金流、技术流、信息流的全面大流通，成为货物、资金、技术人才、信息的聚焦点。

目前，大连港正处于“生产业务型”向“战略管控型”的转型时期，且原有的信息水平难以满足港口的生存发展的需要，大连港集团公司正在积极组织实施建设“大连数字物流港”工程。大连港集团公司在大连市政府指导和规划下领先建设数字物流港，是以港兴市、港城互动的重要举措，这对提升港口信息化水平有着强烈的要求。

数字物流港的内涵主要体现在三个方面：一是如何利用和发挥港口资源优势促进区域经济发展，即如何使稀有的港口资源社会效益最大化；二是如何为港口、口岸相关产业、临港产业、物流企业等和以港口为核心节点的物流链如外向型企业、加工型企业、运输企业等提供一个服务高效、低成本的运作平台；三是如何提供一个持续和良好的政策法规环境。以港兴市，以信息化促进港口和物流业的联动发展是新一轮港口发展的主要特征。数字物流港就是立足于口岸未来发展整体规划而构筑的区域物流的信息网络，同时，也是建设“数字大连”这一国民经济信息化和社会信息化战略目标的重要支撑平台。数字物流港的目标是实现口岸经济信息化和电子商务化，使得区域经济的信息流、资金流和商品流高效低成本运作，最终推动区域经济新商业模式的建立。

建设数字物流港是以港兴市、港城互动的重要举措。根据大连市建设“大大连”和区域性国际航运中心的战略取向，根据以信息技术为核心的现代物流业的现实需要，大连港集团公司提出了建设数字物流港的战略规划。这一规划重点是充分发挥港口的基础平台功能，在政府的指导与协调下，组织社会各方力量统一规划和组建以口岸公共信息平台为核心的整个城市的公共信息平台，实现“大交通、大口岸、大物流”和全面提升口岸服务水平，进而把大连建成区域性国际航运中心和实现“东北物流中心”的城市发展目标。

概括来说，“大连港数字物流港”战略的总体目标是建设数字物流港，实现管理数字化，具体目标如下所述。

（1）口岸业务电子化：与电子口岸相协调的信息服务中心。

（2）资源管理数字化：与生产系统相配套的两级 ERP 系统。

（3）决策支持智能化：提升数据挖掘，建设决策支持系统。

（4）客户服务网络化：建设客户关系管理系统。

（5）办公管理无纸化：推广应用内部办公网站。

（6）网络运行安全化：整合优化资源，建设网络安全系统。

二、解决方案

（一）大连港建设数字物流港的基础

数字物流港建设需要体制改革作支撑。传统的港口产业已初步发展成现代港口物流产业，其在自身发展的同时，凸显了对行业重组和资源优化配置以及对行业整体信息建设的需求。如何使这种需求尽快成为现实需要改革的动力，需要相适应的政策环境。换句话说，数字物流能否达到相应的物流服务高效和低成本，该区域经济的商业模式水平起到了至关重要的作用。从这个意义上讲，体制改革是非常关键的。例如，目前港口体制改革释放的能量将会促进港口业务的发展。港口体制改革后，管理下放地方，将会使港口发展和城市经济建设更好的结合，在区域经济整体发展的布局下，优化港口资源配置，提升港口企业的竞争性，从而促进港口行业服务质量的提高和服务成本的降低。

数字物流港的建设需要有强大的行业依托。港口间竞争的一个明显特征是为了争取更多的货源，港口服务已延伸到相应的腹地。港口间点与点的竞争，已经演变成含港口节点的物流链的竞争。这也是新一轮口岸经济竞争的特点。因此，物流链的资源整合和配置优化程度，信息网络化水平和政策环境成为竞争的要素。

数字物流港建设需要各单位通力合作，海关总署牵头、国家多部门参与的电子口岸工程要求口岸物流必须以信息化平台为基础，这为实施数字物流港提供了最坚实的行业基础。物流链上许多节点特别是核心节点操作已经信息化。

（二）具体方案

大连口岸业务是以大连口岸为核心向东北内陆和环渤海区域进行辐射的物流网络。据此，数字物流港应该是以口岸为核心，向外延伸的信息网络，其主要包括四个方面。

（1）一个公共信息平台：口岸公共信息平台。

（2）四个专业信息平台：海铁联运平台、陆海联运平台、支线干线海运中转平台、空陆联运平台。

（3）三个核心系统：空港综合业务系统、铁路货运站综合业务系统、海港综合业务系统。

(4) 二个保障体系：口岸政策法规标准、口岸安全保障体系。

该框架保障由操作实体和专业平台进行电子商务间信息交换由口岸公共信息平台形成口岸门户，形成一个虚拟的大口岸。

简单地说，“1432”所构筑起的数字物流港，充分体现了跨行业性、整体性推进区域经济的信息网络化发展，港口自身信息化网络、港内社区电子商务网络、内陆干港协同作业网络、区域组合港资源共享与协作网络是“大连港数字物流港”建设的四项主要内容。

1. 港口自身信息化网络

港口自身信息化建设总体框架结构图，如图 9-1 所示。

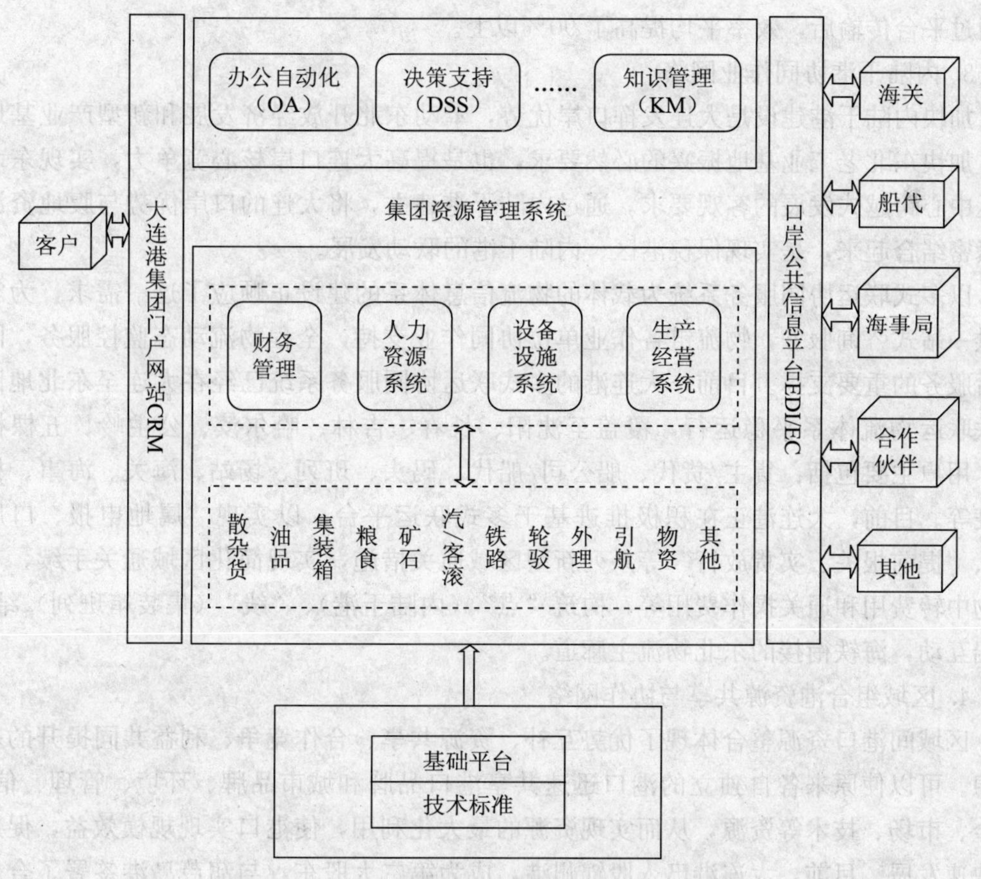

图 9-1　大连数字物流港信息化建设总体框架结构

信息自动采集、数据传输、监控跟踪、智能控制等技术不断被应用于物流操作信息化中，实现了码头操作开放可视化，高效智能化，提升了港口综合服务能力。以大窑湾三期集装箱码头为例，该码头信息系统为大连港集团自主开发，多项功能技术水平国际领先。通过系统应用，实现单船作业效率 52～65 自然箱/小时，并支持 3 个码头同时操作，该系统代表了国际上集装箱码头的智能化、自动化水平。

2. 港内社区电子商务网络

大连要打造东北亚航运中心，除了要具有国际航运市场、腹地经济、先进的港口设施、深水航道和完备的集疏运体系外，还必须有完善的管理和服务体系，具备提供高效、便捷的口岸监管服务、金融服务和信息服务的能力。

从 2000 年开始，大连口岸率先搭建起公共社区平台——大连口岸物流网，将货主、代理、监管单位、物流集疏运商、金融保险等集成在一起，实现了单证的共享、信息的共享和业务的共享，是大连口岸外贸集装箱操作的在中枢神经系统。在口岸物流网的有力支撑下，口岸物流业务及技术标准体系日趋完善，口岸业务流程不断规范优化，操作流程更为透明，为口岸业务带来了现实的效率和效益的提升。公共社区平台搭建以后，口岸的总体操作效率提高了 80%～90%。以码头为例，各类码头业务单据在实现电子化和通过平台传输后，效率平均提高了 90%以上。

3. 内陆干港协同作业网络

加快内陆干港建设是大连发挥口岸优势，牵动东北开放经济发展和新型产业基地建设，加快东北老工业基地振兴的必然要求，也是提高大连口岸核心竞争力，实现东北亚航运中心跨越式发展的客观要求。通过内陆干港建立，将大连的口岸优势与腹地资源优势紧密结合起来，是实现保税港区、内陆干港的联动发展。

以多式联运协同服务系统为载体的物流信息体系的建设正顺应了这一需求，为客户提供一站式咨询服务，物流链各作业单位协同作业支持，全程物流动态监控服务，同一售后服务的重要支撑。目前，大连港的多式联运协同服务系统已经在大连至东北地区的海铁联运物流体系平稳运行，覆盖至沈阳、长春、吉林、哈尔滨、公主岭、五棵树等地。用户主要包括：货主/货代、船公司/船代、码头、班列、场站、海关、海事、检验检疫等。目前，大连港正在积极推进基于多式联运平台，以实现“属地申报、口岸验放”、“提前报关、实货放行”等系列新型区域通关措施，实现简化区域通关手续，节省货物中转费用和通关操作费用等，构筑“点”（内陆干港）、“线”（集装箱班列）结合，车船互动，海铁衔接的东北物流主廊道。

4. 区域组合港资源共享与协作网络

区域间港口资源整合体现了优势互补、资源共享、合作竞争、利益共同提升的基本思想。可以使原来各自独立的港口迅速共享港口品牌和城市品牌、环境、管理、信息、资金、市场、技术等资源，从而实现资源的最大化利用，使港口实现规模效益，促进口岸快速发展。目前，大连港已入股锦州港，成为第二大股东，与葫芦岛港签署了合作协议，并在葫芦岛新港主岛进行了开发，同时与辽渔、旅顺、丹东等其他港口之间的资源共享整合工作也在积极推进中。港口之间的整合除了港口投资、港口建设、差异化发展之外，很重要的一点是对港口信息能够实现有效地共享。大连港与区域各港的信息共享，如图 9-2 所示。通过辽宁沿海海运中转及内贸物流公共信息服务网络建设，加强港口间、各地企业间合作与联系，一方面完善大连港集疏运网络建设；另一方面促进各港间资源共享、信息共享和业务协同。

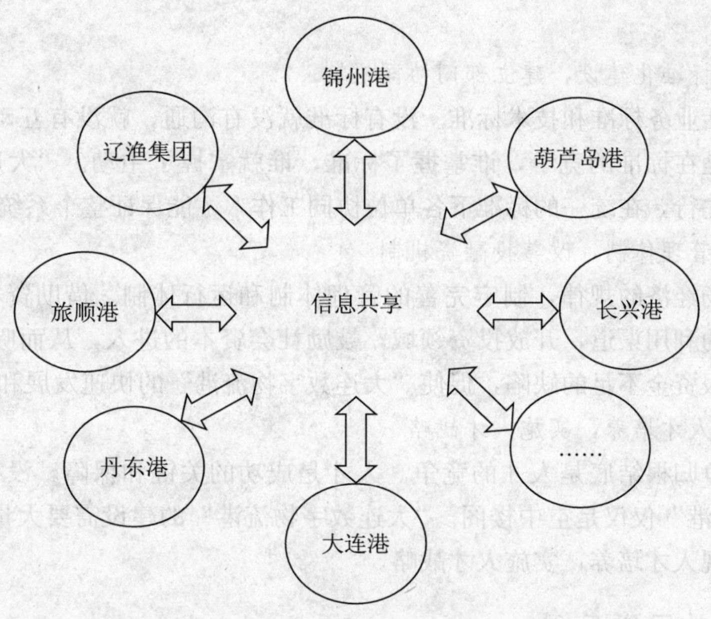

图 9－2　大连港区域组合港

综上所述，大连数字物流港作为“数字大连”中的重要组成部分，应符合“数字大连”整体结构，必须与其他平台建立通畅的信息交换体制，必须充分地利用其他平台提供的服务。数字物流港是建立在网络之上的信息系统，通过互联网技术将物流信息进行交换。同时，城市的宽带网络的建设，使得供交换的物流信息量增大，如图形图像信息、视频音频信息等，这些信息丰富了数字物流港的功能。在构建数字物流港时要将物流行业的法律法规、流程标准、信息标准和信用体系作为“数字大连”的政策法规和安全保障体系中的一个环节重点研究。随着“数字大连”政策法规和保障体系的逐渐完善，其制定标准和规定也会随之更新。

三、实施保障措施

为保障大连数字物流港规划的顺利实现，可采取如下保障措施。

（一）加强领导，加大宣传

争取省、市政府对“大连数字物流港”建设的支持，集中政府、企业和社会各方力量，统一规划、协调工作，切实推动“大连数字物流港”建设。同时，加强港口行政管理，理顺港政管理和港务业务的关系，为“大连数字物流港”建设制订相关方针政策与法规，以利于资源的合理使用。另外，应当大力宣传数字物流港，将数字物流港的理念、目标和标准，不断地向企业向政府宣传，使之深入人心，成为工作中的理念和标准。

（二）建设信息交换机制

“大连数字物流港”作为“数字大连”中的重要组成部分，必须符合“数字大连”整体结构，必须与其他平台建立通畅的信息交换体制，必须充分地利用其他平台提供的服务。

（三）进行标准化建设，建立部门协同机制

标准，包括业务标准和技术标准。没有标准就没有沟通，就没有互动。未来企业之间的竞争主要是在标准的竞争，谁掌握了标准，谁就掌握了主动。“大连数字物流港”建设应该标准先行，在统一的标准下各单位协同工作，才能保证整个系统的正常运转。

（四）完善管理体制，改善投融资机制

要按照市场经济的规律，制定完善的管理体制和运行体制。借助资本市场的力量，增加各种资金的利用渠道，开放投资领域，鼓励社会资本的进入，从而吸收和利用社会闲散资金，克服资金不足的缺陷，促使“大连数字物流港”的快速发展和应用。

（五）重视人才培养，实施人才战略

企业的竞争归根结底是人才的竞争。人才是成功的关键和保障，没有人才来实施，“大连数字物流港”仅仅是空中楼阁。“大连数字物流港”的建设需要大量各种各样的人才，这就要重视人才培养，实施人才战略。

四、实施效果分析

建设数字物流港是以港兴市、港城互动的重要举措，不仅促进大连周边作为一个高度信息化、智能化和网络化的港口综合物流信息系统，“大连数字物流港”使大连港以更先进的信息技术与理念，不断完善其信息服务系统与管理系统，以迅速快捷、高效的服务水准，促进东北亚航运信息与综合物流中心的建设，同时也为东北老工业基地振兴和东北亚国际航运中心建设提供了重要的港口环境支撑和信息化技术保障。数字物流港作为“数字大连”的最重要组成部分，体现了港口及以港口为核心口岸物流行业发展的迫切需要，体现了跨行业、整体性推动区域经济信息网络化的时代发展特征，是发展区域经济的重要战略举措。

第三节　电子物流产业链案例
——新加坡力图成为全球电子物流网络中心

下面以新加坡的电子物流为例介绍电子物流产业链的形成及其带来的价值。

一、新加坡电子物流现状及建设目标

近年来，新加坡已成为领先亚太地区的物流国家。如今，面临电子商务给全球带来的机遇与挑战。新加坡政府已认识到，为了保持其在现代物流领域内的竞争优势，必须使现代物流更好地融入到全球电子商务之中，并成为领先的集成物流运营的枢纽中心。

新加坡力图成为全球电子物流网络中心并非一时心血来潮。早在2000年3月，为了推进电子物流在本国的发展，新加坡贸易发展委员会就联合IDA（新加坡信息发展机构）共同发布了“IT行动规划”，该规划旨在帮助物流企业进行企业资源整合，加强企

业间的协作和推动企业间的国际合作。

“IT 行动规划”的所有目标都是为给物流产业应用电子商务与信息技术提供一个强大的技术集成与应用框架。“IT 行动规划”力图采用下面的主要三种途径实现八大关键目标。

（1）通过企业外部整合来提高物流竞争力。

（2）通过加强企业内部各业务环节的无缝链接来提高企业的团队作战能力。

（3）通过加强国际交流与合作，使新加坡成为全球电子物流的枢纽。

新加坡物流界人士认为，上述三种途径实现的关键在于要认识到：物流服务商必须拥有能充分利用 IT 机遇的人力资源。

新加坡经济局物流及交通署署长吴永义对外表示，由于新加坡在信息科技和金融设施等方面都比较有优势，他们特别希望借此能把一大批从事电子物流运作的企业吸引到新加坡来，有了这些物流企业的加盟，必将会大力促进新加坡电子商务与现代物流的协同、快速发展。同时，新加坡也希望凭借本国良好的投资环境，大量熟练的技术劳动力，以及快速发展的物流业，吸引更多的企业投资于本国的电子物流新领域，为新加坡成为亚太地区乃至全球电子物流的领导者奠定坚实的基础。

这样，新加坡的传统物流产业、软件产业、集成企业和以提供物流方案的物流咨询企业在“IT 行动规划”下借由电子商务技术和信息技术，形成长而柔性的链条，奠定新加坡全球电子物流中心的地位。

二、“IT 行动规划”的电子物流产业链初步形成

（一）新加坡政府企业纷纷响应“IT 行动规划”

显然，发展电子物流离不开与物流相关电子信息技术的支撑，而电子通信、资讯科技及互联网技术也可大幅提升物流产业的生产力，所以新加坡政府投入了大量的人力、物力和财力资源以发展物流科技，目前已建立起了国家级的物流公共电子信息与交易平台，使物流行业参与者能以较低的成本进行电子数据交换，已建成的公共电子信息与交易平台包括：Portnet 系统、Tradnet 系统及将会推出的空运业电子发票及电子付款系统（E-Commerce Payment and Invoicing for Aircargo System，EPIC）及空运业电子数据交换系统（INPECTRA）。公共电子信息与交易平台的构筑确保了电子物流在新加坡的快速发展。

目前，在新加坡已有数家走在其他企业前面的电子物流运营商，如 GFX（主要提供基于因特网支持的航空业务）公司、Li&Fung（配送中心）公司、KWE（提供全球速递业务）公司等，它们都属于第三方物流服务提供商。其中，GFX 公司已在为客户提供增值服务方面取得了不小的成就，而 Li&Fung 配送中心和 KWE 公司则积极应对电子商务，已经成功实现了业务重组和创新。这些公司也因此成为新加坡电子物流领域内的佼佼者。

（二）“IT 行动规划”后物流产业链升级

2003 年，新加坡贸易发展委员会和信息发展机构等部门共同组织了一次企业调查，

目的是调查“IT行动规划”实施以来，电子商务技术与信息技术在各种企业物流活动中的应用情况。结果表明如下。

（1）绝大多数被调查企业在日常的物流经营活动中，都使用了基本的计算机操作和处理系统。

（2）被调查企业当中，将近25%的企业计划将电子商务与物流管理系统有机结合起来。

（3）被调查企业普遍认为，利用信息技术来提升物流运作效率，以及在物流产业中挖掘新的商业机会，具有巨大的可能性。

（4）被调查企业一致认为，电子物流将加速新加坡的物流产业升级，并提供更多的就业机会。

“IT行动规划”的推出及实施仅仅是一个开始。作为新加坡物流与交通运输行业的领导机构，新加坡贸易发展委员会宣称，它将不遗余力地帮助物流企业更好地利用电子商务在推动现代物流方面的巨大杠杆作用。

（三）建设观察与效果

在过去的两年里，该规划一直致力于提升信息技术在电子商务和现代物流中的集成应用，该规划目的在于提高企业的联合库存管理能力、发展全程跟踪与监控技术、使物流与供应链上的活动保持协调一致等。在实施过程中，“IT行动规划”主要由新加坡的贸易发展委员会和信息发展机构共同负责实施，同时，该规划也受到了新加坡民航局（CAA）、新加坡海事港务局（MPA）和新加坡标准、生产力及创新委员会等的协助支持。在规划具体实施过程中，新加坡政府十分重视对成功案例的示范、宣传及推广。从实践效果来看，成功案例的推广已大大加速了该规划在物流产业内的应用推广。总体来看，“IT行动规划”经过近两年的实施已初见成效。

三、电子物流产业链带来的价值

（一）电子物流产业链的形成使得新加坡相关行业快速发展

以前，当企业利用网上商店作为新的销售渠道时，需要投入大量的人力、物力去管理，既要为客户提供24×7×365的服务，又要兼顾信息技术支持，当然还必不可少地涉及后台物流的一系列服务。现在处在电子物流产业链中的企业从其中所获得的将是：高效的供应链体系；较低的资金投入或是无须物流基础设施建设；较高的资本回报率；有利于开拓国际业务；为顾客提供更多的增值服务；及时获得市场信息并有利于新产品的适时推出。

给之前缺乏竞争力的中小企业带来机遇，原本电子商务起步早的、信息化较健全的企业，将在电子物流产业链中大展手脚，引导其产业升级。给产业链的中的企业带来的利益有三点。

（1）有利于企业可以利用好社会关系降低外部风险。

（2）有利于实现利益相关者价值实现企业目标。

（3）有利于学习其他企业的知识与文化。

这样，这条广而柔的电子物流产业链越发壮大，吸引更多的企业投资加入，而链上的企业也日益壮大，慢慢变成新加坡经济的支柱。

（二）对新加坡经济的影响

新加坡在信息科技和金融设施等方面的优势进一步放大，一大批从事电子物流运作的外国大型企业被吸引到新加坡来，有了这些物流企业的加盟，必将会大力促进新加坡电子商务与现代物流的协同、快速发展。

同时，新加坡凭借本国良好的投资环境，大量熟练的技术劳动力，以及快速发展的物流业，吸引更多的企业投资于本国的电子物流新领域，为新加坡成为亚太地区乃至全球电子物流的领导者奠定坚实的基础。

总之，新加坡经济与电子物流产业相互促进、相互影响，共同进步。

中国国内很多企业由于认识到电子物流将带来的市场机遇，传统的提供仓储分拨业务、运输业务的服务提供商纷纷涉足电子物流业务解决方案开发的市场，更有一些新进入该领域的服务提供商十分看好其发展潜力，希望能在电子物流市场上分一杯羹。但目前还没有任何一个电子物流服务供应商能够提供全部的电子物流服务，大部分厂商是通过利用自身的力量或者寻找业务合作伙伴来向客户提供端到端的电子物流服务解决方案。电子物流的道路仍很漫长。

第四节　电子采购应用案例分析
——精明医药厂商的选择

必联采购网由必联（北京）电子商务科技有限公司独立运营。公司长期致力于信息网络技术在企业采购和供应链管理中的应用，拥有各种采购方式及供应链运作的研发和应用经验，是全国最早从事采购软件产品开发和提供专业供应链的公司之一。充分利用融合通信带来的优势，创造了集采购管理理念、采购管理软件、采购资源（供应商资源，价格行情信息资源）、管理咨询服务等内容为一体的新型电子商务平台。

目前，必联采购网已经涵盖了市场、信息、服务、先进技术四大方面，占据了包括医药、家电等行业的绝大部分市场份额。作为专业的电子采购管理平台，必联采购网的服务范围正在向各行各业拓展，尤其在医药、化工行业垂直电子商务领域表现卓越。经过近四年坚持不懈的努力，网站注册真实有效活跃会员达 1 万多个，平台交易物资超过 15 万种，成为行业内独具市场规模的新型采购管理平台。其中，石家庄市化学试剂有限责任公司作为在医药领域内强有实力的供应企业，经过与必联采购网的多次合作，全面实现了电子化营销管理，也为企业的营销工作带来了极大便利。

一、建设背景

石家庄市化学试剂有限责任公司，成立于 1993 年 11 月，是河北省最大的化玻批发零售企业。公司以经营精细化工、玻璃仪器、试验仪器为主，兼营化工原料、五金电料、仪器仪表、临床试剂、医疗器械。多年来公司在经营理念、管理体制、营销机制等一系列问题上发生了重大变革，利用电子信息技术改造和提升公司传统产业营销模式是其中一个重要方面，不断引入电子商务技术新思想，全面提升物资供应管理水平是石家庄市化学试剂公司的战略举措。始终坚持走在信息前沿，建立起优质品牌形象，赢得客户一致好评。

在供应部徐经理的直接领导下，经过短短四个月的艰苦努力，石家庄市化学试剂有限责任公司的物料供应于 2007 年年初在必联采购网上正式投入运行。公司领导对物资供应电子商务建设工作给予了充分肯定和赞扬。

为适应网上报价和与采购商的协同办公，石家庄市化学试剂有限责任公司对采购品进行统一编码，统一上传资质文件，规范物资供应标准。进而逐步提高网上业务处理速度，重新规范网上供应业务流程、建立了以物资编码为基础的数据结构体系，实现了客户分级管理和智能化引导操作、进一步突出了电子化商务功能。2008 年在必联采购网客服人员的帮助下又对系统进行了规范整理，进一步优化了网上供应业务流程，调整了网上物资品种，充分适应采购企业的采购要求，增加网上报价核心竞争力。进而赢得更多利润空间，节省更多消费成本。

二、发展状况

石家庄市化学试剂有限责任公司作为石药集团的核心供应商之一，于 2007 年年初开始使用必联采购网，在注册成为必联采购网核心会员后，一切与采购企业的业务往来均采用信息化的管理方式，所有线下操作业务都可在网上完成在线洽谈、报价、签订合同、交货等一些列交易行为，而且最关键是每当采购商有采购需求时，必联采购网的客服人员便及时与各供应企业取得联系，协助大家网上报价，快速的相应机制，为采供双方的交流搭建了良好的网络平台。经过一段时间的使用后，石家庄市化学试剂有限责任公司也充分了解到了采购单位目前的需求，想要节省采购时间，加强与供方的交流与沟通，尽量避免烦琐的比价过程，对于新型原料供应商的匮乏，过期的合格供应商信息的改变等。他们需要并已经在尝试新的采购模式。为了配合采购单位对采购模式的更新，石家庄市化学试剂有限责任公司也在紧跟时代步伐，开始走电子化商务营销模式，实现了大幅跨越式发展。

石家庄市化学试剂有限责任公司网上采购成交金额快速增长。截至 2008 年年底，网站累计成交达 1 亿元，年均增长率超过 30%。网上物资供应品种从开始的几十种迅速扩大到目前的几百种，采购商核心客户从 3 个发展到 6 个。经过坚持不懈的努力，石家庄市化学试剂有限责任公司主要化工原辅料、化工仪器、化工设备等都已全部实现网上供应，企业物资供应的电子商务发展模式正在向全球化采购商迈进。石家庄市化学试剂有限责任公司实施必联采购网前后采购模式对比表如下表所示。

石家庄市化学试剂有限责任公司实施必联采购网前后采购模式对比

目标建设	原有模式	现有模式
方便快捷式营销管理，减少销售人员工作量	发传真、打电话、上门洽谈	系统自动发送短信通知，由客服人员跟进通知供应商
	纯手工比对和处理结果	系统自动汇总报表结果
	工作繁杂，易于出错	提高准确度和时效性
缩短签单周期，减少销售过程总成本	待采购部确认采购计划、发布通知、确定报价，至少需要7天	网上查单、网上报价，网上签合同、网上发货、网上跟踪，最多需要2天
规范销售流程	供应商的反馈内容随时可见	供应商报价自动加密，只能到开标后才能解密
	采购商数据手工操作，费时、费力	不会出现丢单、错单现象，自动统计，方便快捷
高速信息窗口	企业及产品信息闭塞	整合网络资讯平台，及时发布企业资讯
	采购双方沟通不顺畅	充分利用网络桥梁，在线协同办公一体化

三、主要功能和业务流程

石家庄市化学试剂有限责任公司通过必联采购网享受到了各种便捷服务，包括快捷报价、快捷相应订单、简单清楚的报表统计、企业信息发布和形象推广，在第一时间可以取得与采购商的沟通，把自身广告做到核心采购商家门口，取得了惊人的销售业绩，节省了时间和空间成本。

（一）供应商管理平台简介

我要报价：供应商可选择不同议价模式（定价＼竞价＼询价）对采购品进行报价，方便快捷。

我的订单：必联采购网提供了一整套订单协同的功能，包括订单、收货、退货等流程。

我的报表：对采购项目进行统计查询。

我的客户：查询当前用户交易场状态管理，可以根据自己需求，申请进入新的交易场。

我的服务：收集所需信息，方便查找。

我的企业空间：完善基本信息，发布产品，宣传企业形象。

（二）业务流程改进前后的比较

石家庄市化学试剂有限责任公司传统采购交易流程，如图 9－3 所示。

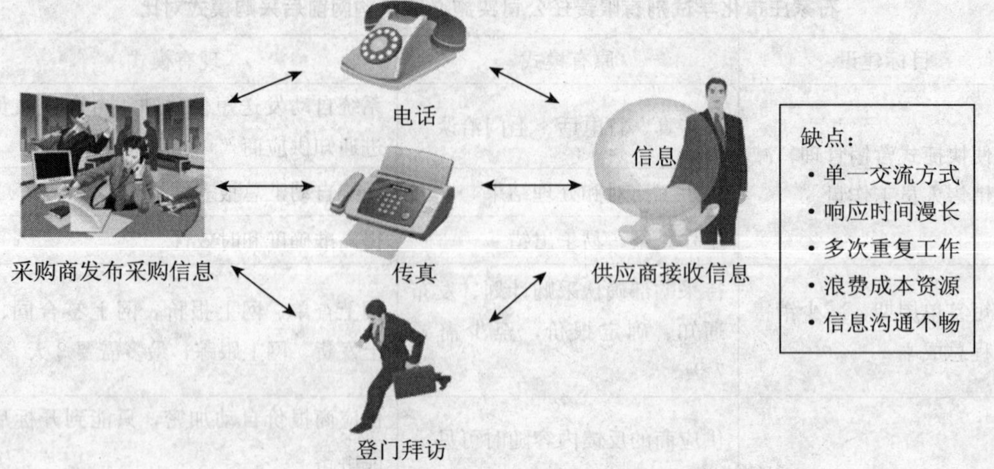

图 9-3　石家庄市化学试剂有限责任公司传统采购交易流程

必联采购网交易流程，如图 9-4 所示。

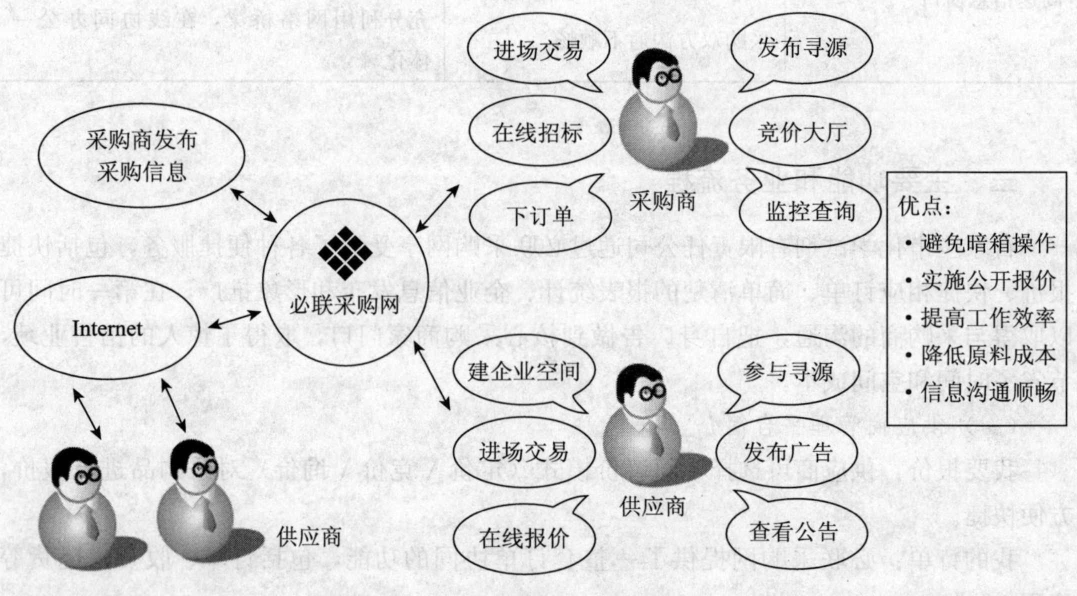

图 9-4　必联采购网交易流程

四、成效分析

石家庄市化学试剂有限责任公司在电子商务建设与发展上，带动了企业信息化与工业化的建设，利用网络信息技术改造和提升传统营销取得了重大成果，标志着公司已逐步开启网络营销新模式，全面进入网络化营销新时代。

与传统营销模式相比，必联采购网为供应企业提供了无可比拟的优越性，建立了统

一的采供平台，按照统一的采供流程，实施统一的供货管理，便利快捷。其带来的具体成效在以下五点体现的尤为突出。

（1）减少供货成本20%。

（2）与采购商实现无缝信息共享。

（3）规范供货渠道政策。

（4）增加销售机会。

（5）利于建立企业形象。

第五节　国际物流中心综合信息平台案例

——华南国际物流中心综合管理平台

一、项目概述

（一）背景介绍

华南国际物流园是宝安区重要的物流产业，投资规模9.03亿元人民币，位于梅林关外梅观高速公路东侧，规划面积55公顷，包括集装箱堆场、保税监管和生产配套三个功能区；规划仓储建筑面积11万平方米，其中保税仓2.7万平方米，监管仓8.3万平方米。目前，占地10万平方米的集装箱堆场已经投入运营，两栋海关监管仓库已投入使用。物流园区主要经营进口保税仓储、出口监管仓储、国际集装箱堆存中转、进出境转关接驳、国际货运代理、代理报关、代理报检等业务。

目前，园区已建成1号、2号、4号、6号、8号仓库，其面积已达到6.1万平方米，加在正在建设的3号、5号仓，面积4.6万平方米，园区的仓库使用总面积将达到10.7万平方米；而园区仓库的整体占地面积已达到15万平方米。现在已投入使用的1号、2号、4号、6号、8号仓，客户共有11家，平均每天进、出仓库的车辆达到240车次，而从2008年3号、5号投入使用后，估计客户将达到20家之多，而平均每天进、出仓库的车辆次数将达到600～800车次。

随着华南国际物流园业务进入快速发展期，其日常业务进、出仓单及报关单数据量呈现爆发的态势，现系统在业务协同和抗风险处理等能力方面的缺乏，无法满足业务增长的需要。且负载数据量的过快增长及其总量数据已经超过了目前“华南物流园两仓业务系统”主要运行服务器和业务系统当初上线时的设计处理容量范围，致使目前“两仓业务系统”的运作效能缓慢，从客观上影响了主管人员的办公效率，间接地也影响了两仓企业的运作效率。因此，项目投资方提出升级现园区作业系统的需求，推动园区一体化物流信息平台业务有实施。

（二）系统业务模式概述

基于系统的应用现状分析，目前在整个园区业务的运作过程中，作业人员、客户、司机、协管员、装卸公司等各岗位之间的信息流通基本上是依靠对讲机及电话通知，这种操作方式不但使业务的运作效率低下，且不利于客户服务水平的提高，更不利于园区的整体管理与运作。因此，有必要开通一个基于两仓业务的综合管理平台，该平台以华南国际物流园为中心，在满足海关监管业务的前提下，以建立集中的“单”、“货”、“车”服务体系为目标，实现统一的公共信息发布服务和车辆跟踪服务。其系统业务模式如图 9－5 所示。

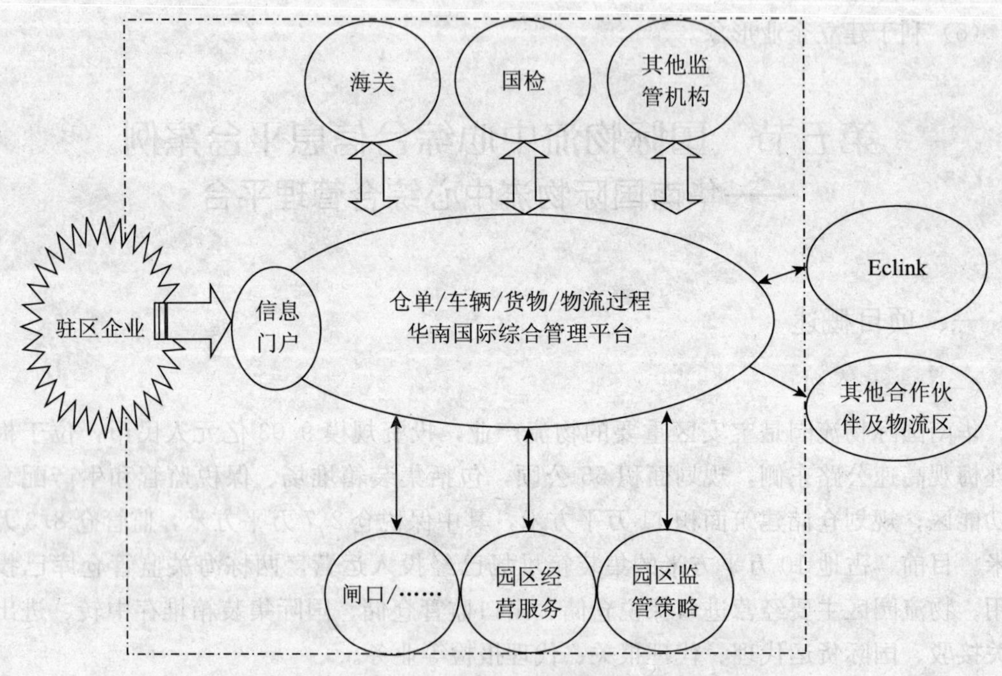

图 9－5　华南国际物流园系统业务模式

二、系统主要业务构成

（一）园区通关及物流服务

（1）实现客户、华南物流园、梅林海关的业务信息有机贯通，推动一体化物流链作业模式实现，实现“车”、“货”、“单”的关联，提升华南物流园对驻区企业的信息增值服务能力。

（2）实现电子闸口、IC 卡及车辆的联动管理，实时了解货物进闸后的报关情况及货物情况、车辆情况，支撑区内协作及调度业务需要。

（3）实现基于 SMS 短信、多功能报表及跟踪状态查询信息的发布和输出；提升园区、车辆、企业及海关的业务交互能力；支撑业务对于货物价值、种类、国家及业务类型等属性条件的期间查询和统计应用。

园区通关及物流服务流程如图 9－6 所示。

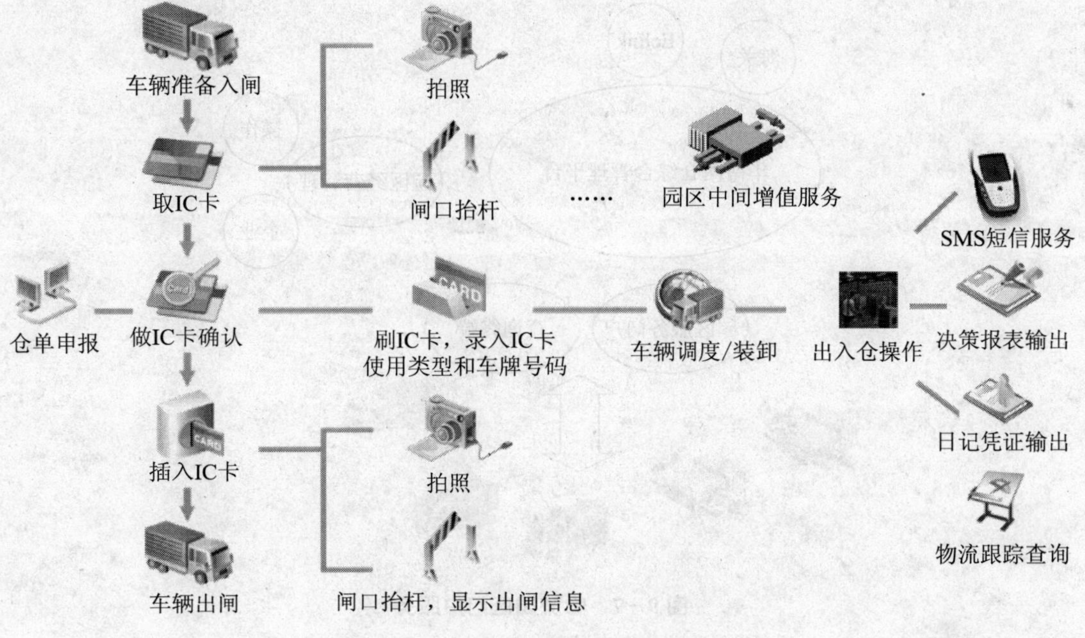

图 9－6　园区通关及物流服务流程

(4) 优化电子通关环境，实现由单一审批的结果式监管向过程式监管升级，支撑海关业务监管环节前提，建立支撑 7×24 小时电子通关机制，实现安全有效的多级电子账册监管、风险监控和事后查询机制。

(二) 园区经营风险控制服务

建立园区级海关通关风险控制应用，加强现仓单系统申报端的应用功能，实现对企业仓单的布控、预审批和核对，实现对特殊业务流程化申请和审批操作，支持对海关通关过程信息的查询和统计。同时，如下操作也必不可少。

(1) 对应海关业务的预处理，减少申报风险，实现车、货、单、封关、查验的协同审核。

(2) 支持基于 OA 流程式的多种特殊业务处理（如延期预警、入仓退税等），加强仓储自动化管理等业务应用。

(3) 实现通关账、仓储账和实物账的“三账合一”，提高两仓物流效率。

(4) 优化现系统的逻辑处理和 UI 界面操作性能，提升系统录单及操作效率。

(三) 物流园区门户服务及系统拓扑结构图

建立以两仓为主的统一服务和管理应用，涉及业务过程的可视化管理和操作压力报表管理应用，以及统一网站访问的门户式服务应用，实现对驻区客户评级和终端查询服务，华南国际物流园的门户服务如图 9－7 所示，而其系统网络拓扑结构如图 9－8 所示。

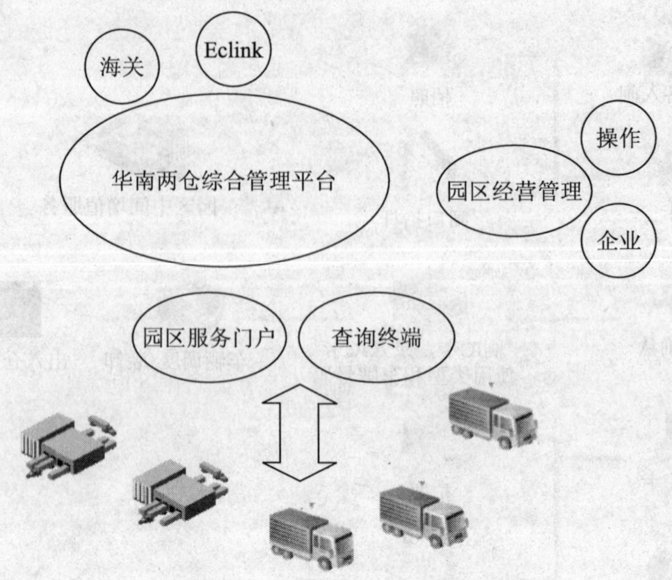

图9-7　物流园区门户服务

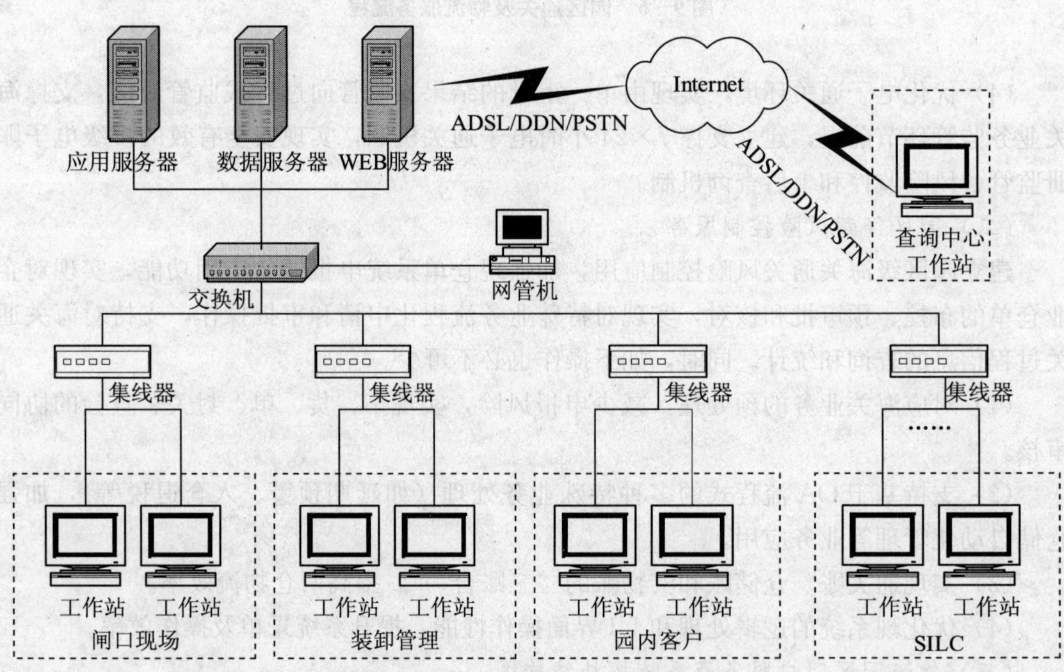

图9-8　系统网络拓扑结构

三、系统实施过程

项目的实施过程包括项目启动阶段的项目信息化战略咨询规划和预算（过程相对漫长，其主要原因为需求的来源和确认涉及对象较多，且系统接口较多，资金预算监管严格），项目执行及实施阶段所采用的策略包括以下几个方面。

（1）总体规划、分步实施（包括企业端应用、海关端应用、分拨及 MCC 业务、园区门户、跨境快速通关等众多集成业务）。

（2）组建项目实施小组。

（3）多方项目组成员：给出多方项目组成员组成。

（4）多方项目小组成员的稳定性：人员流动通知对方，申请多方认可。特别是相关负责人流动，需要多方确认。

（5）制定和实施的进度日程表：给出系统上线及里程碑日程表。

（6）明确多方会晤机制：定期会晤机制，1 周几次，还是每几天 1 次，每天 1 次。

（7）业务问题诊断机制：包括对现有系统的运行现状诊断和实施过程中出现问题时，如何协助甲方诊断问题的类别。当问题被诊断后，应该要求问题解决的时间，要求相关单位在规定时间内解决。如果问题不能在规定时间内解决，应该要考虑补救措施。

（8）需求控制及变更处理：甲方提出需求变更后，乙方应该作出判断，这个需求是否合理，是否超出了实施前制定的需求基线，如果超出了需求基线，就有可能需要追加预算了。

通过该系统平台的实施将车辆进入园区后的所有动态状况及客户的操作指令都体现在该平台，根椐相应的平台客户端，共享其相关的信息，并使其车辆进、出闸口实现无纸化。解决园区中各驻仓客户及关联各部门之间信息传递及查询问题，提高整个园区两仓的运作效率，建立国内领先的华南国际两仓综合管理业务平台，实现协同式电子化管理，给客户及所有园区的操作部门提供更方便、更快捷的服务。

四、效果分析

华南国际物流中心综合管理平台的实施，给企业给来了良好的效果，如下所述。

（1）降低园区经营风险，促进业务提升，降低通关风险，改善经营决策。建立风险机制，提高企业的应变能力和竞争地位，管理者可随时了解车辆、装卸及客户需求等方面的运行状况，同时为管理阶层的决策和预测提供帮助，变事后补救为事前预防。

（2）提升管理效率，降低业务管理成本。将管理人员从事务性的工作中解脱出来，使整个管理成本发生处于实时监控中，使事后成本变为事前成本。改变过去按现场人工方式进行管理的混乱局面，从根本上提升管理效率。

（3）优化通关环境，提高安全通关效率。建立适应海关通关新模式的监管体系，推动海关作业管理与企业管理相结合，实现海关能够对园内的车辆状态实时进行监管，提升海关对仓单监管的自动化程度和操作效率，让海关对园内操作更加放心，物流通关效率更高效。

（4）统一提供标准化企业端数据服务功能。综合管理跑平台集“录入、自审、申报”等功能于一身，减少了企业在各自信息系统的投入和开销，规范统一海关与企业的数据接口标准，同时也使企业与主管海关监管信息互动反馈得到实现。

（5）建立华南国际长期业务发展的具备高扩展、安全和实用结合的应用技术构架。

参考文献

[1] 黄秋爽，荀烨，李福奎，等．电子物流联盟研究［J］．物流科技，2010（2）：15－18.

[2] 李向文．物流信息系统开发与应用［M］．北京：中国物资出版社，2009.

[3] 黄淞，王丰，汤卫克．虚拟物流资源网格体系结构研究综述［J］．物流技术，网络与信息化，2009，3（28）：133－136.

[4] 李建树，汪贻生，王丰．虚拟物流组织结构模式研究［J］．科技进步与对策，2009，19（26）：25－28.

[5] 谢明，胡锋松．电子商务物流软件系统开发应用［J］．计算机技术与发展，2009（01）：248－250.

[6] 罗国华，毛良伟，邓辉舫．虚拟库存管理及协同物流配送技术研究［J］．中小企业管理与科技，2009（06）：215－216.

[7] 何黎明．中国物流园区［M］．北京：中国物资出版社，2009.

[8] 樊凡．南天物流公司电子物流组织模式分析［J］．经济与社会发展，2009，12（7）：9－13.

[9] 邓少灵，李燕，余思勤．电子物流［M］．北京：人民交通出版社，2009.

[10] 刘贵富．产业链形成机理的理论模型［J］．河南社会科学，2009，1（17）：49－52.

[11] 许宗意．淮矿现代物流企业模型的设计应用［J］．物流科技，2009（02）：102－104.

[12] 刘南，等．WebGIS原理及其应用［M］．北京：科学出版社，2009.

[13] 李欣茂．IT企业物流运作模式研究［J］．物流科技，2008（12）：126－129.

[14] 王春艳．电子商务下的物流运作模式选择［J］．吉林工商学院学报，2008（05）：74－77.

[15] 刑智毅，李辉．电子物流——第三方物流供应链管理新模式［J］．哈尔滨商业大学学报：社会科学版，2008（4）：52－54.

[16] 钱瑛．论电子物流发展与应用［J］．物流科技，2008（8）：8－10.

[17] 陈远军．面向B2B电子商务公共平台的第三方物流服务模式研究［D］．重庆大学，2008.

[18] 刘胜春，刘赉，张焰．浅析电子物流的内涵——从物流到流程外包［J］．物流科技，2008（2）：131－133.

[19] 龙云军，姜大立．虚拟物流研究概况及其发展［J］．商品储运与养护，2008，

1 (30)：12－14.

[20] 李家齐，缪立新．现代物流信息技术 [M]．北京：中国物资出版社，2008.

[21] 魏修建，黄秋爽．电子物流联盟的运行结构 [J]．法制与社会的管理视野，2008 (10).

[22] 白登顺，贺强，张忠伟．实施电子物流的要点探悉 [J]．科技资讯：学术论坛版，2008 (22).

[23] 孙君胜．面向电子商务的物流信息平台的构建 [D]．上海交通大学，2008.

[24] 桂学文，陈雪．我国数字产品研究综述 [J]．济源职业技术学院学报，2007 (01)：1－4.

[25] 杨艳．我国现代物流信息资源开发利用的策略研究 [J]．农业网络信息，2007 (10)：49－51.

[26] 黎亮．虚拟物流企业——现阶段物流企业运作的有效模式研究 [J]．物流工程，2007 (09)：78－79.

[27] 柴凤伟．物流信息化如何实现跨越式发展 [N]．现代物流报，2007－01－18 (5).

[28] 彭扬．物流信息系统 [M]．北京：中国物资出版社，2006.

[29] 徐贵宝，曹思嘉．公共物流信息平台建设与运营问题探讨 [J]．通信世界，2006 (39)：16－17.

[30] 董雷，刘凯．区域物流信息平台的构建、实施与运营研究 [J]．物流技术，2006 (04)：86－88.

[31] 邵晓峰，张存禄，李美燕．供应链管理 [M]．北京：机械工业出版社，2006.

[32] 宋杨．第三方物流模式与运作 [M]．北京：中国物资出版社，2006.

[33] 张孟才，王飞，刘玉梅．从电子商务价值源透视电子物流价值 [J]．商场现代化，2006，1 (454)：115.

[34] 刘彦平．仓储和配送管理 [M]．北京：电子工业出版社，2006.

[35] 麻志毅，陈乱婕．一种面向服务的体系结构参考模型 [J]．计算机学报，2006，29 (7)：1011－1019.

[36] DIRK KRAFZIG，KARL BANKE，DIRK SLAMA．面向服务架构的最佳实战 [M]．韩宏志，译．北京：清华大学出版社，2006.

[37] 许晓栋，李从心．基于 UML 的车间作业管理系统建模研究 [J]．计算机工程，2006，32 (15)：227－229.

[38] 崔春红．基于业务流程重组的企业应用集成方法研究 [D]．同济大学，2006.

[39] 杨泽腾，李继豪．IDEFO 功能建模及其在计算机辅助夹具设计中的应用 [J]．农机化研究，2006.

[40] 朱传波．专业市场电子商务物流运作模式及对策 [J]．江苏商论，2006 (4).

[41] 封一丁，姜俊．采用信息技术构建和优化基础数据平台 [J]．中国计量，

2005 (04): 30 - 31.

[42] 翁勇南，赵阿群. 打造物流企业自己的数字物流综合信息平台 [J]. 物流技术，2005 (11): 78 - 80.

[43] 姚国章. 电子化物流的功能需求与系统分析 [J]. 审计与经济研究，2005 (04): 85 - 88.

[44] 马晓星，余萍，陶先平，等. 一种面向服务的动态协同架构及其支撑平台 [J]. 计算机学报，2005 (4): 467 - 477.

[45] 李苏剑，游战清，郑利强. 物流管理信息系统理论与案例 [M]. 北京：电子工业出版社，2005.

[46] JAMES MCGOVERN，SCOTT W. AMBLER. 企业架构实用指南 [M]. 李琦，郭耀，译. 北京：清华大学出版社，2005.

[47] 中国软件信息网. 管理软件的新生存法则 [EB/OL]. http: //cnc. cnsoft. cn/Exploiture/softproject/System/yw/200508/8l24. html，2005.

[48] 刘艳. 电子物流——电子商务和物流的有机结合 [J]. 物流科技，2004，101 (27): 14 - 15.

[49] 杨永福，段红涛，张智革. 基于 Internet 的数字物流运作 [J]. 经济管理，2004 (15).

[50] 陈冲，胡嘉祺，韩燕. 浅谈数字物流 [J]. 甘肃科技纵横，网络信息，2004，4 (23): 46 - 47.

[51] 岳昆，王晓玲，周傲英. Web 服务核心支撑技术：研究综述 [J]. 软件学报，2004 (15): 428 - 442.

[52] 王卫东，王英林. 基于企业概念本体的 Web 知识获取 [J]. 计算机工程与应用，2004 (14): 191 - 195.

[53] 张金，付国良，李霞. 基于软构件的动态企业建模技术 [J]. 计算机工程与应用，2004 (01): 25 - 28.

[54] 吴会波. 基于产品过程模型的集成化企业建模方法的研究 [D]. 河北工业大学，2004.

[55] 张则强. 数字物流的信息化特征与驱动 [J]. 中国流通经济，2004 (06): 13 - 16.

[56] 田源，张文杰，林自葵. 电子商务下的物流管理 [M]. 北京：清华大学出版社，北京交通大学出版社，2003.

[57] 王伟. 电子物流——现代物流发展新趋势 [J]. 物流技术，2003.

[58] 胡兆杰，关忠良. 基于信息技术的数字物流体系的构建 [J]. 价值工程，2003 (z1): 133 - 136.

[59] 张则强，程文明，李涛，等. 数字物流的概念与关键技术研究 [J]. 起重运输机械，2003 (01): 31 - 34.

[60] 吕广超，关忠良. 数字物流体系结构研究 [J]. 数量经济技术经济研究，

2003 (08): 95 - 97.

[61] 孙宏，李一凡，李光辉．数字物流——现代物流的灵魂 [J]．中国物流与采购，2003 (06).

[62] 牛鱼龙．第三方物流：模式与运作 [M]．深圳：海天出版社，2003.

[63] 霍红．第三方物流企业经营与管理 [M]．北京：中国物资出版社，2003.

[64] 爱德华·佛莱哲利．物流战略咨询 [M]．任建标，译．北京：中国财政经济出版社，2003.

[65] FERGUS O' CONNELL. 成功的软件项目管理银弹方案 [M]．北京：机械工业出版社，2003.

[66] 计世资讯．2002—2003 年中国平台软件市场研究年度报告田 [EB/OL]．http: //www.ccwresearch.com.cn/, 2003.

[67] 胡向东，江志斌．物流公共实时基础数据平台设计 [J]．重庆邮电大学学报：自然科学版，2002 (04): 206 - 209.

[68] 吴洪庆，段成华．一种物流信息系统体系结构的探讨 [J]．计算机应用研究，2002 (1): 8 - 11.

[69] 柴晓路．Web 服务架构与开放互操作技术 [M]．北京：清华大学出版社，2002.

[70] 罗霞，何明璐．企业物流信息系统建设中的几个关键问题 [J]．公路交通科技，2002 (04): 148 - 151.

[71] 陈潇怡，欧阳电平．基于现代物流管理理念的信息系统设计 [J]．科技进步与对策，2002 (06): 91 - 92.

[72] 李俊森．物流与企业信息化 [J]．中国物流与采购，2002 (16): 39 - 41.

[73] 徐燕，傅新平．物流信息平台的功能模块设计 [J]．交通科技，2002 (03): 65 - 66.

[74] 冯天俊，龚国华．基于供应链的物流信息技术研究 [J]．物流科技，2002 (03): 12 - 13.

[75] 张晓辰．信息技术构筑现代物流新结构 [J]．中国物流与采购，2002 (03): 27 - 28.

[76] 戴勇．国外第三方物流的产业比较及特点 [J]．物流科技，2002 (02).

[77] 茆虎巍，新华．物流信息系统建设初探 [J]．软件世界，2001 (8): 96.

[78] 杨庆云．上海城市物流发展现状及其对策 [J]．上海综合经济，2001 (12).

[79] 易玲，刘薇．国外物流配送发展趋势 [J]．经贸导刊，2001 (12).

[80] 钱晓江．物流信息系统体系结构 [J]．东南大学学报：自然科学版，2001 (06): 40 - 44.

[81] 史文月．物流的价值与物流信息系统 [J]．信息与电脑，2001 (03): 14 - 16.

[82] 陈键．物流的信息化建设和系统模型 [J]．企业经济，2001 (07).

[83] 郭岩，刘根元．浅谈基于Internet网络的现代物流信息系统［J］．铁道货运，2001（04）：8-10.

[84] 何景华．物流信息系统的构筑［J］．世界海运，2001（01）：37-39.

[85] 薛伟贤，何枫，等．网络环境下TPL利用信息流整合物流的效应分析［J］．西安理工大学学报，2001（01）：101-104.

[86] 唐伟．用信息技术改造现代物流［J］．中国物资流通，2001（08）：33-34.

[87] 张亦池．信息经济与现代物流［J］．中国物资流通，2001（09）：9-11.

[88] 刘兴景，戴禾，等．物流信息平台发展规划分析［J］．物流技术，2001（01）．

[89] 李严锋．国外第三方物流的发展及经验借鉴［J］．物资流通研究，2000（11）：3-5.

[90] 王宝山．发挥政府调控作用营造物流发展环境［J］．物流科技，2000（1）：11-13.

[91] 吴颖菊．对国有物资流通企业转变经济增长方式的认识［J］．物资流通研究，2000（10）：2-3.

[92] 牛慧思，陈理．国外物流中心建设的一些经验和做法［J］．城市规划汇刊，2000（02）：65-67.

[93] 王成恩．供应链中物流及信息流管理［J］．中国管理科学，2000（04）：16-23.

[94] 吴金椿．信息化管理与现代物流［J］．市场与电脑，2000（08）：36-38.

[95] 许扬帆．物流信息化与物流流程重组［J］．物流技术与应用，2000（03）：7-9.

[96] ERIC NEWCOMER，GREG LOMOW. Understanding SOA with web services（中文版）［M］．徐涵，译．北京：电子工业出版社，2006.

[97] TAYLOR K L，O'KEEFE C M，COLTON J，et al. A service-oriented architecture for a health research data network［D］. Proceedings of the 16th International Conference on Scientific and Statistical Database Management，Creece，2004.

[98] DANG G，CHENG Z，JIN S，et al. A service-oriented architecture for tele-immersion［D］. Proceedings of the 2005 IEEE International Conference on E-Technology，E-Commerce and E-Service，China，2005.

[99] SARKISJ，MEADELM，TALLUR I S. E-logistics and the natural environment［J］. Supply Chain Management：An International Journal，2004.